Seychellen

W0177085

VERLAG KARL BAEDEKER

Sternchen (Asterisken) als typographisches Mittel zur Hervorhebung bedeutender Bau- und Kunstwerke, Naturschönheiten und Aussichten, aber auch guter Unterkunfts- und Gaststätten hat Karl Baedeker im Jahre 1846 eingeführt; sie werden auch in diesem Reiseführer verwendet: Besonders Beachtenswertes ist durch * einen vorangestellten 'Baedeker-Stern', einzigartige Sehenswürdigkeiten sind durch ** zwei Sternchen gekennzeichnet.

Farbige Streifen an den rechten Seitenrändern erleichtern das Auffinden der Großkapitel des vorliegenden Reiseführers: Die Farbe Blau steht für die Einleitung (Natur, Kultur, Geschichte), die Farbe Rot für die Reiseziele, und die Farbe Gelb markiert die praktischen Informationen.

Wenn aus der Fülle von Unterkunfts-, Gast- und Einkaufsstätten nur eine wohlüberlegte Auswahl getroffen ist, so sei damit gegen andere Häuser kein Vorurteil erweckt.

Da die Angaben eines solchen Reiseführers in der heute so schnellebigen Zeit fast ständig Veränderungen unterworfen sind, kann der Verlag weder Gewähr für die absolute Richtigkeit leisten noch die Haftung oder Verantwortung für eventuelle inhaltliche Fehler übernehmen. Auch lehrt die Erfahrung, daß sich Irrtümer kaum gänzlich vermeiden lassen.

Baedeker ist ständig bemüht, die Qualität seiner Reiseführer noch zu steigern und ihren Inhalt weiter zu vervollkommnen. Hierbei können ganz besonders die Erfahrungen und Urteile aus dem Benutzerkreis als wertvolle Hilfe gar nicht hoch genug eingeschätzt werden. Vor allem **Ihre Kritik, Berichtigungen und Verbesserungsvorschläge sind uns stets willkommen.** Sie helfen damit, die nächste Auflage noch aktueller zu gestalten. Bitte schreiben Sie in jedem Falle an die

Baedeker-Redaktion
Karl Baedeker GmbH
Zeppelinstr. 41
Postfach 31 62
D-73751 Ostfildern
e-mail: baedeker@mairs.de
http://www.baedeker.com

Der Verlag dankt Ihnen im voraus bestens für Ihre Mitteilungen. Jede Einsenderin und jeder Einsender nimmt an einer jeweils zum Jahresende unter Ausschluß des Rechtsweges stattfindenden Verlosung von einer Städtekurzreise für zwei Personen nach London teil. Falls Sie gewonnen haben, werden Sie benachrichtigt. Ihre Zuschrift sollte also neben der Angabe des Buchtitels und der Auflage, auf welche Sie sich beziehen, auch Ihren Namen und Ihre Anschrift enthalten. Die Informationen werden selbstredend vertraulich behandelt und die persönlichen Daten nicht gespeichert.

Titelbild: Strandlandschaft mit Palmen und herrlichem Meer

◀ *Titelseite: Auf der Insel La Digue leben bis zu 20 cm lange Sumpfschildkröten (Pelusius subniger), eine seltene Art der Landschildkröten.*

Vorwort

Dieser Reiseführer gehört zur neuen Baedeker-Generation. In Zusammenarbeit mit der Allianz Versicherungs-AG erscheinen bei Baedeker durchgehend farbig illustrierte Reiseführer in handlichem Format. Die Gestaltung entspricht den Gewohnheiten modernen Reisens: Nützliche Hinweise werden in der Randspalte neben den Beschreibungen herausgestellt. Diese Anordnung gestattet eine einfache und rasche Handhabung. Der vorliegende Band hat die Seychellen zum Thema.

Der Reiseführer gliedert sich in drei Hauptteile: Im ersten Teil wird über das Land im allgemeinen, Naturraum, Klima, Pflanzen und Tiere, die Unterwasserwelt, Staat und Bevölkerung, Wirtschaft, Geschichte, berühmte Persönlichkeiten sowie Kunst und Kultur berichtet. Eine kleine Sammlung von

An der Anse Intendance, einer Bucht der Insel Mahé

Literaturzitaten leitet über zum zweiten Teil des Reiseführers, in dem zunächst einige Vorschläge für Routen und Wanderungen gemacht werden, um dann die Reiseziele auf den Seychellen mit ihren Sehenswürdigkeiten zu beschreiben. Daran schließt sich ein dritter Teil an mit reichhaltigen praktischen Informationen, die dem Besucher das Zurechtfinden vor Ort wesentlich erleichtern. Sowohl die Reiseziele als auch die Informationen sind in sich alphabetisch geordnet.

Baedeker Allianz Reiseführer zeichnen sich durch Konzentration auf das Wesentliche sowie Benutzerfreundlichkeit aus. Die ansprechenden Bände enthalten eine Vielzahl eigens entwickelter Pläne und zahlreiche farbige Abbildungen.

Zu diesem Reiseführer gehört als integrierender Bestandteil eine ausführliche Reisekarte, auf der die zuvor im Textteil behandelten Reiseziele – schöne Inseln mit Buchten und Stränden –, leicht zu lokalisieren sind. Wir wünschen Ihnen mit dem Baedeker Allianz Reiseführer viel Freude und einen schönen Aufenthalt auf den Seychellen!

Baedeker
Verlag Karl Baedeker

Inhalt

Natur, Kultur Geschichte

Seite 8–61

Reiseziele von A bis Z

Seite 62–123

Praktische Informationen von A bis Z

Seite 124–171

Palmen, Meer,

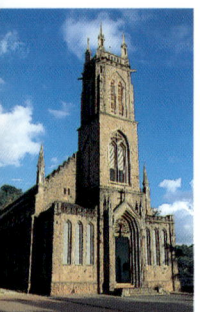

Architektur
*Neugotische Kirche
in Baie Lazare
Village auf Mahé*

Solche Urlaubsträume werden wahr auf den Seychellen, dieser vielbesuchten Inselgruppe im Indischen Ozean. Kilometerlange Strände mit feinem weißen Sand, unterbrochen von anheimelnden Buchten, säumen die Inseln im Norden des Archipels. Tiefe Eindrücke hinterlassen vor allem die Felsen an der Küste von La Digue, die manche für die schönste Insel der Seychellen halten: Hohe Wellen brechen sich hier an den roten Granitfelsen. Auch Praslin, die zweitgrößte Seychellen-Insel, kann mit atemberaubenden Stränden aufwarten, spektakulär präsentieren sich die Klippen von St Marie's Point an der Nordwestküste.

Das Zentrum des Fremdenverkehrs ist die Insel Mahé, auf der auch die Hauptstadt Victoria liegt. Gutgeführte Hotels mit Swimmingpool und anderen Annehmlichkeiten findet man an der Beau Vallon Bay, einem Eldorado für den Wassersportler. Angeln und Hochseefischen, Segeln und Paragliding gehören hier zu den Freizeitvergnügen. In den Tauchgründen im Umkreis der Insel leben in Spalten und Höhlen die verschiedensten Fische, dazu Korallen, deren Vielfalt und Farbenpracht sich zum Teil schon beim Schnorcheln in flacheren Gewässern erschließt. Das wohl interessanteste Tauchrevier im Umkreis von Mahé ist der Ste Anne Marine National Park. Als beliebtes Ziel bei Tauchern gilt auch das Wrack der "Ennerdale", eines Tankers, der 1970 auf Grund lief und später gesprengt wurde.

Boote
*in der Baie St. Anne
vor sanfter Bergkulisse
(Insel Praslin)*

Fels-
formationen
*am Strand einer
Bucht von La Digue*

heller Strand ...

Zu den Seychellen gehört noch eine Reihe von Koralleninseln, zum Beispiel das Aldabra-Atoll, eine flache Insel, auf der man Riesenschildkröten beobachten kann. Riesige Schwärme von Seevögeln, darunter Seeschwalben, Fregatt- und Tropikvögel, bilden die Attraktion von Bird Island. Unter den Bäumen und Pflanzen ist an erster Stelle die Seychellen-Palme zu nennen, deren Frucht, die Meereskokosnuß (Coco de Mer), eine stattliche Größe erreicht und von Legenden umrankt wird. Die meisten Palmen stehen im Vallée de Mai National Park auf Praslin, dessen Besuch auch Wasser- und Sportfans zu empfehlen ist.

Doch das friedvolle Bild soll nicht darüber hinwegtäuschen, daß die Seychellen einstmals Schauplatz feindseliger Handlungen waren und zweifelhafte Gestalten hier ihr Glück zu machen suchten. Eine solche Erscheinung war z.B. Olivier Levasseur, genannt 'La Buse', der Bussard. Nachdem er eine Zeitlang mit einem Haufen von Piraten und Abenteurern Schiffe im Indischen Ozean angegriffen und beraubt hatte, ließ er sich um 1720 auf der Insel Mahé nieder, wo er seine reiche Beute vergrub. Da er das Versteck nicht preisgeben wollte, ließen die Franzosen ihn hinrichten.

Doch das ist längst vorbei. Heute faszinieren die Seychellen, seit 1976 eine unabhängige Republik, den Besucher durch ihre Schönheit: Lassen auch Sie sich in ihren Bann ziehen!

Heiterkeit
*Freundliche Blicke begrüßen
die Besucher der Seychellen.*

Stille
*legt sich
am Abend über
das Wasser.*

Zahlen und Fakten

Vorbemerkung

Da die Seychellen im Laufe der Jahrhunderte unter der Oberhoheit der Franzosen und Briten standen, gibt es bei einigen Inseln verschiedene Schreibweisen des Namens. Im Sprachgebrauch wird der Zusatz 'Island' bzw. 'Île' oft weggelassen ('North' statt 'North Island' bzw. 'Aride' statt 'Île Aride'); der vollständige Name einer Insel ist bei den Hauptüberschriften des Teils 'Reiseziele von A bis Z' aufgeführt.

Allgemeines

Gebiets-bestimmung

Thema dieses Reiseführers sind diejenigen Inseln und Inselgruppen im westlichen Indischen Ozean, die unter dem Oberbegriff Seychellen zusammengefaßt werden.

Lage der Inseln

Die Seychellen erstrecken sich zwischen 3°43′ und 10°8′ südlicher Breite sowie 46°10′ und 56°20′ östlicher Länge. Die Hauptinsel Mahé liegt ca. 1 580 km östlich von Mombasa (Kenia), 930 km nördlich von Madagaskar, 2 800 km südwestlich von Mumbai (Bombay, Indien) und 2 260 km südlich von Aden (Jemen). Von der westlichsten Inselgruppe, dem Aldabra-Atoll, sind es dagegen nur 650 km bis an die Küste von Tansania, während Farquhar, die südlichste Insel, nur 400 km von der Nordspitze Madagaskars entfernt ist. Die Amiranten liegen ca. 300 km von Mahé entfernt, die der Farquhar- und Aldabra-Gruppe dagegen 800 bzw. 1 100 km.

◄ *Strand mit Kokospalmen*

9

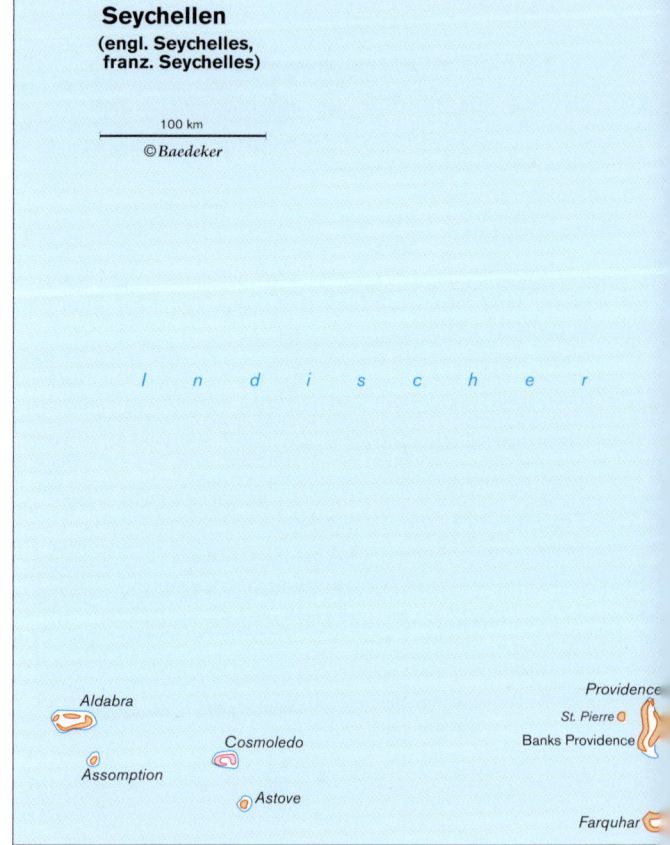

Seychellen
(engl. Seychelles,
franz. Seychelles)

100 km

©Baedeker

I n d i s c h e r

Providence

Aldabra

St. Pierre

Banks Providence

Cosmoledo

Assomption

Astove

Farquhar

Landfläche und Seegebiet

Das Staatsgebiet der Seychellen (engl. Seychelles, franz. Seychelles) besteht offiziell aus 115 benannten Inseln und Atollen sowie vielen unbenannten Kleinstinseln und Felsklippen, die eine Landfläche von insgesamt 455 km² (zum Vergleich: Freie Hansestadt Bremen 404 km²) haben und über ein Seegebiet von annähernd 400 000 km² verstreut liegen. Berücksichtigt man ferner die 200-Meilen-Wirtschaftszone (engl. The Seychelles exclusive economic maritime zone), so erstreckt sich das Seegebiet der Seychellen sogar über 1 Mio. km².

Namensherkunft

Vor der Inbesitznahme durch die Franzosen und später durch die Briten waren die Seychellen in der abendländischen Welt nur unter den portugiesischen Namen 'as sete irmas' ('die sieben Schwestern') oder 'os irmãos' ('die Brüder') bekannt. Auf den ältesten Seekarten, welche die Seychellen – oder zumindest Inseln, von denen man annimmt, es habe sich um die Seychellen gehandelt – verzeichnen, heißt die Hauptinsel 'Y. Rana'. Auch arabische Quellen aus dem 14. Jh. erwähnen in diesem Teil des Indischen

Bird Island   Denis Island
Aride
North Island   Praslin
   La Digue   Félicité
Silhouette
    Frégate
African Banks   Mahé
Rémire
D' Arros   St. Joseph
Poivre   Desroches
Amiranten-Gruppe   Île Plate
Marie Louise
Desnœufs
Iphonse
Bijoutier
François
Coëtivy

O   z   e   a   n

Agalega Islands
(Mauritius)

Namensherkunft
(Fortsetzung)

Ozeans eine Gruppe von Inseln, die 'zarin' ('die Schwestern') genannt werden. Der Name Aldabra stammt wahrscheinlich direkt von der arabischen Bezeichnung 'al khadra' ('die Grüne') ab.

Im Jahre 1744 nennt Lazare Picault auf seiner zweiten Erkundungsreise die Hauptinsel 'Mahé', der er zwei Jahre zuvor den Namen 'Île d'Abondance' gegeben hatte, nach Bertrand François Mahé de Labourdonnais, dem damaligen französischen Gouverneur der 'Île de France' (dem heutigen Mauritius), der die Erkundungsreisen Picaults veranlaßt und ausgerüstet hatte. Der gesamte Archipel erhält den Namen 'Îles de Labourdonnais'.

Den Namen 'Séchelles' – nach dem Contrôleur des Finances Jean Moreau de Séchelles, dem Finanzminister Ludwigs XV. und späteren Intendanten der Compagnie des Indes – gab den Inseln im Jahre 1756 Kapitän Nicolas Morphey. Erst unter der britischen Herrschaft wurde er im 19. Jh. anglisiert und in 'Seychelles' umgewandelt.

11

Naturraum

Granitinseln und Koralleninseln

Inselgruppen

Die Seychellen gliedern sich in sechs große Inselgruppen und zwei Einzelinseln. Zu ihnen gehören zum einen die Granitinseln des sogenannten Seychellen- oder Mahé-Plateaus, zu denen aufgrund ihrer geographischen Lage am Rande dieses Unterwassersockels auch die beiden Koralleninseln Denis Island und Bird Island gerechnet werden, zum anderen die Koralleninseln der Amiranten-, Alphonse- und Farquhar-Gruppe, des Aldabra- und des Cosmoledo-Atolls samt ihrer Nachbar- und Nebeninseln und die beiden Einzelinseln Île Plate und Coëtivy (s. Karte S. 10/11).

Granitinseln

Um Mahé herum liegen die 41 Granitinseln des Mahé-Plateaus (die sog. 'Inner Islands'). Es sind Mahé selbst (152,5 km², zuzüglich 1,24 km² Neulandgewinnung), ferner Praslin (37,56 km²), Silhouette (19,95 km²), La Digue (10,10 km²), Curieuse Island (2,86 km²), Félicité (2,68 km²), Frégate (2,19 km²), Sainte Anne (2,19 km²), North (2,01 km²), Marianne (0,95 km²), Grande Sœur (0,84 km²), Thérèse (0,74 km²), Aride (0,68 km²), Conception (0,60 km²), Petite Sœur (0,34 km²) sowie Cousin (0,29 km²) und Cousine (0,26 km²).

Die Inseln dieses Plateaus kann man wiederum in vier Gruppen unterteilen: Mahé und seine Satelliten, die beiden Inseln Silhouette und North, dann die Praslin-La Digue-Gruppe und schließlich Frégate und seine Nachbarn. Sie erheben sich auf der Basis eines 20000 km² großen Granitsockels, der nur 30 – 75 m unter dem Meeresspiegel liegt und sich etwa 400 km kreisförmig um Mahé herum ausdehnt. Am Rande dieses Sockels fällt der Meeresboden abrupt bis auf 1800 m Tiefe ab. Dieses Seychellen- oder Mahé-Plateau gehört zum sogenannten Maskarenen-Rücken, der sich wie eine

Rundgeschliffene Granitfelsen an der Anse Lazio (Praslin)

Art Unterwassergebirge in nord-südlicher Richtung von den Seychellen bis hin zu den Inseln Mauritius und Réunion erstreckt.

Die Granitformationen der Inseln des Mahé-Plateaus sind einzigartig in der Welt. Nirgendwo sonst gibt es Granitinseln von dieser Größe und Anzahl mitten im Ozean, Tausende von Kilometern entfernt vom Festland der umgebenden Kontinente. Die Gesteinstypen unterscheiden sich dabei von Insel zu Insel. Während auf Mahé ein grauer bis graubrauner Granit vorherrscht, bestimmt auf Sainte Anne blaßgrauer Gneis das Bild, und die Berge von Praslin und La Digue bestehen vor allem aus rötlichem Gestein. Der Granit von Praslin enthält dabei fast reine Quarzadern, während der Syenit La Digues keine Quarzbestandteile aufweist.

Die zweite Gruppe der Seychellen wird von Koralleninseln und -atollen gebildet, die erst zwischen 1903 und 1932 an die Mahé-Gruppe Anschluß fanden. Zu den Koralleninseln gehören auch Denis Island (1,43 km^2) und Bird Island (1,01 km^2), die jedoch wegen ihrer geographischen Lage am Nordrand des Mahé-Plateaus geographisch zur Seychellen-Hauptgruppe gerechnet werden.
Die übrigen Koralleninseln (auch 'Outer Islands' genannt) gliedern sich in fünf Hauptgruppen und -atolle: die Amiranten-Gruppe (6,61 km^2 Landfläche) mit dem St. Joseph-(1,22 km^2) und dem Poivre-Atoll (2,48 km^2) sowie den African Banks (0,30 km^2), das Aldabra-Atoll (153,80 km^2) mit der Insel Assomption (1,71 km^2), das Cosmoledo-Atoll (5,09 km^2) mit der Insel Astove (6,61 km^2), die Alphonse-Gruppe (1,74 km^2) mit dem St. François-Atoll (0,17 km^2) und Bijoutier (0,07 km^2), ferner die Farquhar-(7,99 km^2) und Providence-Gruppe (3,95 km^2). Zu den Koralleninseln gehören darüber hinaus Coëtivy (9,31 km^2) und Plate (0,54 km^2).

Bei den Koralleninseln muß wiederum zwischen verschiedenen Arten unterschieden werden. Zum einen gibt es die Korallen-Sandbänke, wie die

Koralleninsel im Indischen Ozean (Amiranten-Gruppe)

Naturraum

Koralleninseln
(Fortsetzung)

von Denis, Bird, Plate, Coëtivy und den Amiranten, die sich meist auf einem Meeresrücken in nur geringer Wassertiefe erheben und zum größten Teil nicht älter als 3000 Jahre sind. Daneben existieren aus großer Tiefe emporgewachsene Korallenriffe und Atolle – an den Kraterrändern versunkener Vulkane entstandene ringförmige Riffe – wie das Aldabra-Atoll; teilweise sind sie 150 000 Jahre alt oder älter. Wenn sich das Riff, das eine Lagune umschließt, in Inseln auflöst, ist die Lagune durch schmale Kanäle mit dem Meer verbunden.

Auf den meisten Koralleninseln liegt unter dem Oberflächensand und über dem Kalkmassiv der abgestorbenen Korallengerüste eine Süßwasserblase, die auf salzigem Grundwasser schwimmt und sich durch versikkerndes Regenwasser bildet, das sich aufgrund der langsamen Diffusion zwischen Salz- und Süßwasser nur ganz allmählich mit dem Seewasser vermischt.

Landschaftliche
Gliederung

Die Seychellen und insbesondere die Inseln der Mahé-Gruppe entsprechen in fast idealer Weise dem Traumbild exotischer Ferieninseln. Bildschöne und oft fast menschenleere Strände, das kristallklare, warme Meerwasser mit – vor allem an den Ostküsten, wo der aus Südosten kommende Äquatorialstrom für eine Zufuhr von frischem, warmem Wasser sorgt – ausgedehnten Korallenbänken dicht unter der Wasseroberfläche, die tropische Vegetation mit Palmenhainen und einer bunten Blütenwelt, die bizarr anmutenden Felsformationen der Granitinseln mit ihren steilen Bergmassiven, die kleinen Dörfer und die Fischerboote am Strand, aber auch die abgeschiedenen und zum größten Teil nur von wenigen Menschen bewohnten Koralleninseln bieten ein Erholungs- und Naturerlebnis wie nur wenige andere Reiseziele. Die Felsmassive mit ihren tiefen Schluchten und ins Meer vorspringenden Klippen bestehen aus geschliffenen Granitfelsen von meist grauer, graubrauner oder rötlicher Farbe. Die Strände liegen mit Ausnahme derer an der Nordwestküste Mahés meist in

Strand beim Mahé Beach Hotel

14

kleinen, von Felsen geschützten Buchten, 'Anses' genannt, und werden von reicher tropischer Vegetation zum Land hin abgeschirmt.

Beliebtestes Reiseziel ist die Insel Mahé, die sich durch steile, im Morne Seychellois bis auf 905 m ü.d.M. aufragende Bergmassive auszeichnet, die nur einem schmalen Küstenstreifen Raum lassen. Die Insel besitzt nur wenig kultivierbares Land, das immer wieder durch Feuchtgebiete und Mangrovenwälder unterbrochen wird.
Weitere beliebte Ferienziele sind die Inseln Praslin und La Digue, die im Gegensatz zu Mahé eine sehr viel sanftere Landschaftsgestalt mit Erhebungen von nur 367 bzw. 333 m Höhe aufweisen.

Die anderen Granit- und Koralleninseln empfehlen sich vor allem für diejenigen, die ihren Urlaub in Abgeschiedenheit vom Touristenrummel in einer Naturlandschaft voller seltener Pflanzen, Vögel und Meerestiere verbringen wollen. Die langen, weißen Sandstrände von Denis und Bird, die dichten Wälder von Frégate oder die Korallenriffe von Desroches bieten ein Naturerlebnis von einer Unmittelbarkeit, wie man es in Europa und vielen anderen Reisegebieten der Welt nicht mehr vorfindet.

Viele der abgelegeneren Koralleninseln sind jedoch Naturschutzgebiete oder in Privatbesitz und für den Tourismus nicht erschlossen. Teilweise ist der Zutritt zu ihnen auch gänzlich verboten oder nur mit ausdrücklicher Genehmigung erlaubt.
Die Regierung der Seychellen hat in den vergangenen Jahren für mehrere dieser Koralleninseln sehr anspruchsvolle Entwicklungsprogramme verabschiedet, die die Ansiedlung kleinerer Wirtschafts- und Touristenbetriebe vorsehen. Auf den Inseln Desroches, D'Arros, Marie-Louise, Rémire, Alphonse, Astove, Farquhar und Coëtivy gibt es Landebahnen für kleinere Verkehrsmaschinen. Die anderen Inseln sind allerdings nur mit dem Boot zu erreichen.

An der Anse Consolation (Praslin)

Das Granitplateau von Mahé stammt aus der Zeit des Präkambriums und ist vor ca. 650 Millionen Jahren entstanden. Das dunklere granitähnliche Syenitgestein der Felsformationen von Silhouette und North entstand dagegen erst im Tertiär, d.h. vor weniger als 60 Millionen Jahren. Generell wird heute angenommen, daß die Seychellen als Inselgruppe entstanden, als vor ca. 200 Millionen Jahren der einstige Urkontinent 'Gondwanaland' in die Kontinente Südamerika, Afrika, Indien, Australien und Antarktika auseinanderbrach. Eine geraume Zeit lang existierten an den Verbindungsstellen der neuen Landmassen noch Landbrücken, die allmählich im Meer versanken. Auch die Sage vom mythischen Land 'Lemuria', das von der See verschlungen wurde, könnte auf dieses Ereignis anspielen.

Die Landbrücke zwischen Afrika und Indien verschwand mit der fortschreitenden Kontinentalverschiebung. Ihre Reste bilden die heutigen Inseln des Indischen Ozeans, die alle zwischen dem 4. und dem 27. Grad südlicher Breite zu finden sind. Erst in einer späteren Periode spalteten sich dann Madagaskar von Afrika und Ceylon von Indien ab. Von Indien sollen sich auch die Granitinseln der Seychellen abgelöst haben.

An den entstehenden Grabenbrüchen in Ostafrika und im Indischen Ozean kam es zu verstärkter vulkanischer Tätigkeit, die zur Entstehung der Inseln Mauritius und Réunion, der Komoren und auch der Atolle Aldabra und Cosmoledo führte. Die Malediven-Gruppe zum Beispiel entstand dagegen durch den langsamen Aufbau von Korallenbänken vom Meeresboden aus.

In der letzten Eiszeit, als das Niveau der Ozeane fast 100 m unter dem heutigen Meeresspiegel lag, war das Mahé-Plateau wahrscheinlich eine einzige, ausgedehnte Landfläche, denn die Meerestiefe beträgt dort generell heute nicht mehr als 60 bis 75 m.

Indischer Ozean

Der Indische Ozean ist der drittgrößte Ozean der Erde und hat einen Anteil von ca. 20% an der Wasseroberfläche der Weltmeere. Je nachdem, ob das Antarktische Meer mitgerechnet wird oder nicht, was umstritten ist, beträgt seine Oberfläche ca. 45 bzw. 72 Mio. km². Er ist etwa halb so groß wie der Pazifik und etwas kleiner als der Atlantik. Er erstreckt sich von der Trennungslinie zum Atlantik bei Cap Agulhas in Südafrika (auf 20° östlicher Länge) bis nach Tasmanien (auf 147° östlicher Länge), wo er an den Pazifik angrenzt. Im Norden erreicht er im Persischen Golf und im Roten Meer 30° nördlicher und im Süden 70° südlicher Breite.

Seine größte Tiefe beträgt ca. 8500 m. Die Zugänge zu diesem Ozean sind die Straße von Malakka und die Timor-See zwischen Indonesien und Malaysia bzw. Australien, das Kap der Guten Hoffnung im Süden Afrikas und der Sueskanal im äußersten Nordwesten.

Aus politischen und ideologischen Gründen wird der Indische Ozean auch gelegentlich Afro-Asiatischer Ozean, Indonesischer Ozean oder auch – in jüngster Zeit und in Anlehnung an die beiden Namen Pazifik und Atlantik – kurz 'Indik' genannt.

Die Inseln des Indischen Ozeans bilden drei große Ketten. Die erste, fast kreisförmige dieser Ketten reicht von den Amiranten über die Seychellen-Gruppe, die Cargados-Gruppe und Mauritius bis Réunion. Die zweite Inselkette, die sich über eine Strecke von über 2300 km in Nord-Süd-Richtung auf beiden Seiten des Äquators ausdehnt, besteht aus Korallenbänken. Zu ihr gehören die Lakkadiven, Minicoy, die Amindiven, die Malediven und die Tschagos-Inseln mit Diego Garcia. Die dritte Kette schließlich umfaßt die Inselgruppen zwischen Myanmar (Birma) und Sumatra und besteht aus den Kokos-Inseln sowie den Andamanen und den Nikobaren.

An den Ufern des 'Indik' lebt ein Drittel der Weltbevölkerung, davon fast drei Viertel auf dem Indischen Subkontinent und 16% in Südostasien. Die Bedeutung dieses Ozeans wird vor allem durch seine Rohstoffvorkommen und die seiner Anrainerländer bestimmt: Hier liegen zwei Drittel der Welt-ölreserven (Japan ist zu 90% von den Fördergebieten der Region abhängig, Deutschland zu 62%), 60% der Uran-Vorkommen, 40% des Goldes und 98% der Diamanten. Andere wichtige Rohstoffe sind Thorium, Kohle, Eisen, Kupfer, Mangan, Zinn, Bauxit, Nickel, Chrom, Asbest, Vanadium, Jute und Gummi. Viele dieser Rohstoffe liegen unter Wasser auf und in dem breiten Kontinentalsockel, der fast fünf Prozent der gesamten Fläche des Ozeans ausmacht. Ihr Abbau hat die Region allerdings auch vor erhebliche ökologische und demographische Probleme gestellt: Vor allem die Meeresverschmutzung durch das Bevölkerungswachstum in den Küstengegenden und durch den explosionsartig angestiegenen Tankerverkehr ist zu einem der existentiellen Probleme geworden.

Außerdem besitzen die Länder am Rande des Indischen Ozeans ein Fünftel der landwirtschaftlichen Nutzfläche der Erde und das Meer selbst Fischbestände, die auf insgesamt 15 Mio. t geschätzt werden und eine jährliche Fangquote von 2,5 Mio. t erlauben.

Dagegen ist die Industrialisierung der 'Indik'-Anrainer noch recht unterentwickelt. Nur eine Handvoll der 47 Staaten besitzen eine nennenswerte industrielle Infrastruktur (Indien, Südafrika, Pakistan, Singapur, Australien und Indonesien). Der Handel der Staaten dieser Region wird daher auch von deren Wirtschaftsbeziehungen zu solchen der sogenannten 'ersten' Welt bestimmt, wohingegen der Binnenhandel im Gebiet des Indischen Ozeans selbst nur etwa 10% des gesamten Handelsvolumens ausmacht.

Wirtschaftliche Bedeutung

Diese erhebliche wirtschaftliche und politische Bedeutung des mittleren der fünf Weltmeere hat eine lange Geschichte. Während die eigentliche weltgeschichtliche Bedeutung des Atlantik erst mit dem 18. Jh. einsetzte, die des Pazifik sogar erst in diesem Jahrhundert, spielte der Indische Ozean bereits im 15. Jh. eine wichtige Rolle als Handels- und Kommunikationsraum zwischen den verschiedenen Weltmächten der Epoche. Vor der Entdeckung Amerikas war er der Ozean mit der dichtesten Seefahrt. Über ihn fand ein reger Austausch der Kulturen statt, weshalb beispielsweise die Sprache des afrikanischen Somalia viele Begriffe der indischen Sprachen aufweist.

Eigentlich aber geht die Bedeutung des 'Indik' noch weiter zurück. Schon die Pharaonen hatten im Jahre 2300 v.Chr. die Seefahrt auf ihm begonnen. Der wichtigste Verbindungsweg vom Mittelmeer in den Fernen Osten, der spätere Sueskanal (1869), wurde seit Sethi, dem Sohn von Ramses I., viermal neu gebaut; schließlich aber ließen zwei Kalifen die Zufahrt zum Indischen Ozean versanden, um diesen vor dem Ansturm der 'Ungläubigen', d.h. der Christen zu schützen. Die Phönizier stießen bei ihrer Suche nach Gold, Silber, Elfenbein und Sklaven bis nach Sri Lanka und Malaysia vor, und vom Ende des 7. Jh.s an segelten Araber bis Indonesien und gar nach China. Schon im Jahre 851 besaßen die Araber ein Seefahrtsbuch des Indischen Ozeans, das ein Seefahrer namens Suleiman verfaßt hatte.

Historisches

Die Winde in der Region, die das gesamte Jahr über relativ konstant und berechenbar sind und sechs Monate aus der einen, sechs aus der anderen Richtung wehen, begünstigten die Handelsschiffahrt auch unter den Bedingungen noch wenig entwickelter Segeltechniken. Diese gewann ihre Bedeutung für Europa vor allem nach dem Sieg der Chinesen über die Mongolen im Jahre 1370 und der darauffolgenden Unterbrechung der Handelswege zwischen Europa und China. Allerdings hatte das Osmanische Reich mit dem Fall Konstantinopels die Kontrolle über die Seewege gewonnen. Europas Herrscherhäuser und neue Mittelklassen waren bereit, selbst die aufgrund dieser monopolistischen Handelskontrolle enorm hohen Preise für die begehrten Gewürze und Duftstoffe aus dem Fernen Osten zu zahlen. Der Versuch der gewürzimportierenden Länder, das Handelsmonopol der Araber und des mit ihnen liierten Venedigs zu

Schiffahrt

Klima

durchbrechen, um an den enormen Gewinnmöglichkeiten teilzuhaben, führte zum Zeitalter der Entdeckungen. Portugiesen und später Holländer erkundeten die Seefahrtsverbindungen um die Südspitze Afrikas herum, und die Holländer schafften es, ihrerseits ein Gewürzmonopol aufzubauen. Vorher hatten eine Zeitlang die Chinesen den Indischen Ozean fast vollständig beherrscht. Zwischen 1405 und 1432 führte China sieben Züge gegen die Küsten des östlichen und mittleren 'Indik', bei denen das Land bis zu 60 Kriegsdschunken mit 28 000 Mann Besatzung in den Kampf schickte.

In den letzten Jahrhunderten war der Indische Ozean dann ein Spielball der französischen und britischen Kolonialmächte; von 1900 an hatten die Briten eine so ausgeprägte Vormachtstellung, daß der Ozean als 'British Lake' ('britischer See') bezeichnet wurde. Die britische Präsenz wurde erst im Jahre 1971 abrupt durch einen Beschluß der Labour-Regierung beendet, die auf jegliche militärische Anwesenheit Großbritanniens 'east of Suez' ('östlich von Sues') verzichtete. Frankreich ist noch heute in bescheidenem Rahmen, aber mit erheblicher strategischer Bedeutung in der Region präsent (La Réunion, dt. Réunion; Mayotte, dt. Mahoré) und hält das französische Kulturerbe vieler Inseln der Region durch eine aktive Kulturarbeit wach (Seychellen, Mauritius).

Entwicklung
im 20. Jahrhundert

Nach dem Zweiten Weltkrieg errangen die meisten der Anrainerstaaten des Indischen Ozeans die Unabhängigkeit von ihren Kolonialmächten: Indien, Pakistan, Birma und Ceylon in den Jahren 1947 und 1948, Indonesien 1949, Malaysia 1957, Singapur 1963, Somalia 1960, Tanganjika 1961 (heute zusammen mit Sansibar und Pemba 'Tansania'), Kenia 1963, Südjemen 1967 (heute Teil von Jemen), Mauritius 1968 und schließlich die Seychellen im Jahre 1976. Die erstarkende Bewegung der 'Blockfreien' war dann 1963 einer der Hauptgründe für die Entsendung der 7. US-Flotte aus Anlaß des Indisch-Chinesischen Grenzkonfliktes im Jahre 1962. 1970 wurden in der Folge der verstärkten sowjetischen Marine-Präsenz in der Region vom US-amerikanischen Kongreß Mittel für den Bau des Marinestützpunktes von Diego Garcia bereitgestellt, der zwei Jahre später in Angriff genommen wurde. Die Ereignisse im Iran und in Afghanistan sowie im Irak haben in der jüngsten Zeit die geopolitische Bedeutung und Rolle des Indischen Ozeans noch einmal einschneidend geändert.

Alfred T. Mahan, ein amerikanischer Admiral, der Ende des 19. Jh.s lebte, sagte, der Indische Ozean sei der Schlüssel zu sieben Meeren und das Schicksal dieser Erde werde im 21. Jh. auf seinen Wassern entschieden werden.

Klima

Allgemeines

Das tropisch-äquatoriale Seeklima der Seychellen, besonders der Mahé-Gruppe, weist wegen der äquatornahen Lage der Inseln das ganze Jahr hindurch kaum nennenswerte Schwankungen auf. Im wesentlichen unterscheidet man drei klimatisch nur leicht voneinander verschiedene 'Jahreszeiten': die kühlere und trockenere von Mai bis Oktober, in welcher der teilweise recht starke Südostmonsun weht, die feuchtere und heißere Zeit des Nordwestmonsuns von Dezember bis März und schließlich die Übergangsmonate April und Mai bzw. Oktober und November.

Temperaturen

Die mittlere Jahrestemperatur auf Mahé beträgt 26,6° C, wobei die durchschnittliche Höchsttemperatur bei 30,3° C und die mittlere Tiefsttemperatur bei 25° C liegen. Temperaturen von 31 oder 32° C werden vor allem in den windstillen Monsun-Umschlagsmonaten April und Mai erreicht. Die beiden Monate Juli und August verzeichnen mit ca. 27° C die niedrigsten Tagestemperaturen. Die höchsten und niedrigsten jemals gemessenen Temperaturen betrugen 34 bzw. 19,8° C.

Die Wassertemperatur hält sich über das ganze Jahr bei 26 bis 30° C und garantiert damit in jeder Saison Badefreuden, während die Luftfeuchtigkeit ständig zwischen 75 und 81% beträgt und damit deutlich niedriger und erträglicher ist als in anderen tropischen Reisegebieten. Die durchschnittliche tägliche Sonnenscheindauer beträgt sieben Stunden und bleibt ebenfalls ganzjährig relativ stabil.

Auf den Seychellen fallen im Durchschnitt ca. 1500 bis 2200 mm Niederschlag im Jahr. Dabei regnet es auf den Granitinseln in den hohen Bergen erheblich mehr als auf den flachen, oft weniger als einen Meter über den Meeresspiegel ragenden Koralleninseln. Die meisten Niederschläge werden auf der Insel Silhouette verzeichnet, aber auch in den höchsten Lagen Mahés können bis zu 4000 mm Regen fallen. Obwohl die Niederschläge ungleichmäßig über die einzelnen Jahreszeiten verteilt sind – die größten Mengen fallen in den Monaten Dezember bis April – ist die tägliche Sonnenscheindauer relativ stabil, da der Regen in jenen Monaten zwar heftiger ist, aber meist nie länger als ein, zwei Stunden dauert. Nur in den seltensten Fällen kann es vorkommen, daß mehrere Tage oder gar eine ganze Woche verregnen.

Die Seychellen liegen – mit Ausnahme der südlichsten Inselgruppen Farquhar, Cosmoledo und Aldabra – außerhalb des Zyklongürtels; sie bleiben deshalb von den schweren Wirbelstürmen verschont, die periodisch Mauritius oder Réunion und andere subtropische und tropische Reisegebiete heimsuchen. Nur leichte Sturmausläufer wirken sich gelegentlich bis zur Insel Mahé und zur Seychellen-Hauptgruppe hin aus. Der einzige bekannte heftige Zyklon der Geschichte, der in Victoria erheblichen Schaden anrichtete und Menschenleben kostete, ereignete sich im Jahre 1862.

Wie in dem größten Teil des 'Indik'-Beckens herrschen auch auf den Seychellen sogenannte Monsunwinde vor, die jeweils vier Monate lang mit relativ gleichbleibender Kraft aus derselben Himmelsrichtung blasen: im europäischen Sommer aus Südosten, in den Monaten Dezember bis März dagegen aus Nordwesten. Die Beständigkeit dieser Winde, die in Zeiten noch wenig ausgebildeter Segel- und Navigationskunst die Handelsbeziehungen im Indischen Ozean überhaupt erst ermöglichten und ihren Rhythmus bestimmten, trug ihnen den Namen 'trade winds' ein.

Die plausibelste Theorie erklärt die Entstehung der Monsunwinde durch die andauernde Hochdruckzone, die im Gebiet des südlichen Indischen Ozeans vor allem in den Monaten April bis Oktober herrscht. Wenn die Sonne über der Nordhalbkugel der Erde steht, entwickeln heiße, aufsteigende Luftmassen über dem asiatischen Kontinent einen Sog, der Luft aus dem Süden heranführt. Dieser beständige Strom wird aufgrund der Erddrehung nach Nordwesten abgelenkt und so zum Südostmonsun. Der Südostmonsun ist relativ kühl, da der Luft durch die Verdunstung des Meerwassers Wärme entzogen wird.

In den Monaten November/Dezember bis März führt derselbe Effekt im Süden der Erdhalbkugel zum umgekehrten Phänomen des Nordwestmonsuns. Der Nordwestmonsun ist jedoch wesentlich unbeständiger und weniger heftig als der Südostmonsun und führt große Regenmengen mit sich. Zwischen den beiden Monsunperioden herrscht relative Windstille, da die Sonne dann senkrecht über dem Äquator steht. In dieser Zeit ist auch das Meer am ruhigsten und klarsten und bietet ideale Bedingungen zum Tauchen, Hochseefischen, Schnorcheln und Schwimmen.

Aufgrund der starken Regenfälle verfügen die bergigen Granitinseln der Seychellengruppe über ausreichende Wasservorräte. Früher floß das Wasser ungehindert und recht schnell über die steilen Felswände und durch die kurzen, tiefen Schluchten ins Meer ab, weshalb besonders in Zeiten anhaltender Trockenheit oft Probleme mit der Wasserversorgung entstan-

Pflanzen

Klima,
Wasserversorgung
(Fortsetzung)

den. In den letzten Jahren wurden jedoch auf Mahé zahlreiche Staudämme gebaut, welche die Zufuhr regulieren. Auf der Insel Praslin, die zum größten Teil mit dem Regenwasser, das in der Vallée de Mai fällt, versorgt wird, kommt es noch gelegentlich in den Monaten Mai und Juni zu Wassermangel in den Hotels. Auch auf La Digue, wo die Wasserversorgung aus dem Grundwasser gesichert wird, tritt manchmal Knappheit auf.

Die Koralleninseln, die insgesamt deutlich weniger Niederschläge verzeichnen, beziehen ihr Trinkwasser aus Regenwasser-Reservoirs und ihr Brauch- und Waschwasser aus der Wasserblase, die unter dem Sand auf dem salzhaltigen Grundwasser schwimmt. Dieses Wasser ist jedoch auch relativ salzhaltig, weshalb es auf vielen Inseln – wie Bird und Denis Island – kein warmes Wasser gibt: Das salzhaltige Wasser würde die Heizungsanlagen binnen kürzester Zeit zerfressen. Meerwasser-Entsalzungsanlagen gibt es zur Zeit nur sehr wenige: zum Beispiel im neuen Bungalow-Hotel auf der Insel Desroches.

Klimatabelle*)				
Monat	Durchschnitts-temperatur max. °C	min. °C	Niederschlag (mm)	Durchschnittliche Sonnenscheindauer (Stunden pro Tag)
Januar	29,8	24,2	387	4,7
Februar	30,4	24,7	283	6,2
März	30,9	24,9	177	6,8
April	31,3	25,1	186	7,6
Mai	30,6	25,5	107	8,4
Juni	29,2	24,8	61	7,7
Juli	28,3	24,1	64	7,5
August	28,5	24,1	101	7,5
September	29,0	24,3	120	7,6
Oktober	29,6	24,4	216	7,1
November	30,1	24,0	217	6,7
Dezember	29,9	23,9	296	5,5
Temperatur (Jahresmittel)	30,3	25,0		
Sonnenschein (Tagesmittel)				7,0
Niederschlag (insgesamt)			2215	

*) Durchschnittswerte aus den Jahren 1972 bis 1988, gemessen am internationalen Flughafen von Pointe La Rue

Pflanzen

Allgemeines

Die Flora der Seychellen ist nicht sehr artenreich: Sie umfaßt nur ca. 400 verschiedene Pflanzen, die sich allerdings durch eine große Vielfalt von Formen und Farben auszeichnen. Interessant sind insbesondere die 81 endemischen Pflanzen, d.h. solche, die nur auf dieser Inselgruppe, oft sogar nur auf einer oder zwei Inseln vorkommen.

Die Vielfalt der Natur zu erleben gehört neben Sonne und Meer zu den größten Attraktionen der Seychellen: Vögel und andere Tiere in ihrer ursprünglichen Umgebung, seltsame Pflanzen, Fische und eine reiche Unterwasserwelt bilden den natürlichen Rahmen für einen Besuch auf diesen Inseln. Die Tiere sind, vorzugsweise auf den unbesiedelten Koralleninseln, oft so zutraulich, daß man sie aus nächster Nähe beobachten kann.

Naturschutz

Die Regierung der Republik Seychellen hat vor allem in den letzten Jahren die Notwendigkeit eines systematischen Naturschutzes erkannt und – zum Teil in Zusammenarbeit mit oder auf Initiative von internationalen

Organisationen – zahlreiche Naturreservate (u.a. Nationalparks) eingerichtet. Diese Politik steht in engem Zusammenhang mit den Bemühungen, eine 'naturfreundliche' und naturnahe Tourismusindustrie aufzubauen, die Gesamtzahl der Gästebetten zu begrenzen und die Außeninseln nur behutsam und in kleinen Schritten zu erschließen.

Naturschutz (Fortsetzung)

Zum Angebot der für Besucher zugänglichen Inseln gehören deshalb Naturführungen – zum Beispiel auf der Vogelinsel Cousin oder im Vallée de Mai auf Praslin – oder aber vom Fremdenverkehrsamt eingerichtete und markierte Natur-Wanderwege wie auf Mahé.

Ursprüngliche Vegetation

Früher waren alle Granitinseln von einem tropischen Urwald mit hohen Bäumen und dichtem Laubwerk bedeckt. Tiefgreifende Veränderungen des gesamten Ökosystems infolge der Besiedlung führten jedoch vom 18. und 19. Jh. an dazu, daß an die Stelle der ursprünglichen Pflanzen fast durchgehend neue Arten traten. Nur die höheren Lagen der Berge und einige der abgelegenen Koralleninseln vermitteln noch ein Bild der ursprünglichen Vegetation.

Man kann für die Zeit vor der Kolonisierung auf den bergigen Granitinseln vier Vegetationszonen unterscheiden: An der Küste dominierten über weite Strecken Sümpfe und Mangrovenwälder, danach dehnte sich bis in eine Höhe von ca. 300 m ein dichter Wald mit bis zu 40 m hohen Bäumen aus, dem ein zweiter, niedrigerer Waldgürtel (mit Orchideen) bis in 600 m Höhe folgte. In den Gipfellagen war der Bewuchs noch niedriger (bis 15 m), man fand hier die typischen Pflanzenarten der tropischen Feuchtwälder (z.B. die charakteristische, fleischfressende Kannenliane).

Die Mangrovenwälder, die früher vor allem in der Bucht von Victoria einen ununterbrochenen Gürtel von Pointe Conan bis Pointe La Rue bildeten, sind bis auf kleinere Flächen (v.a. um Port Launay und südlich von Mont Fleuri an der Straße von Victoria zum Flughafen) fast verschwunden. Die eindrucksvollen Mangrovenpflanzen – 'mangliers' genannt – findet man heute vor allem noch auf dem fast unangetasteten Aldabra-Atoll. Man unterscheidet hauptsächlich vier Arten: Manglier hauban (Rhizophora mucronata), Manglier jaune (Ceriops sagal), Manglier gros poumon (Brugiera gymnorhiza) und Manglier fleur (Sonneratia caseolaris); ihnen ist gemeinsam, daß sie in den flachen Salzwassersümpfen an der Küste mit dem wenigen Süßwasser, das ihnen die kleinen Bach- und Flußläufe zuführen, überleben können.

Mangrovenwald

Entsprechend dem Rückgang der Mangrovensümpfe im Küstenbereich hat sich auch die Zahl der ursprünglichen Pflanzen in den Inlandzonen während der letzten 200 Jahre stark verringert. Die Kolonisierung hatte für das Ökosystem der Inseln höchst nachteilige Folgen: rücksichtsloses Fällen der Edelhölzer innerhalb von nur 25 Jahren (auf den Seychellen wurden immerhin Schiffe bis zu 300 t Größe gebaut), Abbrennen der Wälder in den mittleren und höheren Lagen durch die in den vierziger Jahren des 19. Jh.s befreiten Sklaven, die hier ihre eigenen, bescheidenen Äcker und Gärten anlegten, nachdem sie die Plantagen an der Küste verlassen hatten, und später das Überhandnehmen der Zimtbäume, die fast die gesamte übriggebliebene einheimische Vegetation verdrängten. Hinzu kam das rasche Überhandnehmen eingeführter und verwilderter Pflanzen – wie der Albizzia, der wilden Ananas, des schwarzen Pfeffers und dann des Tees –, die teilweise zur regelrechten Plage wurden.

Heutige Vegetation

Heute herrscht an der Küste eine relativ einheitliche Flachlandvegetation bis in eine Höhe von ca. 300 m vor. Hier findet man vor allem die ausufernden Plantagen von Kokospalmen (Cocos nucifera), die einst wichtigster

Pflanzen

Heutige Vegetation
(Fortsetzung)

Wirtschaftsfaktor der Seychellen waren. Die Kokospalmen nehmen noch immer fast das ganze landwirtschaftlich genutzte Land, d.h. ein Viertel der Landoberfläche der Seychellen, ein (vor allem auf den Koralleninseln bilden Kokospalmen oft die einzige Vegetationsform); ihre Existenz auf den Inseln ist schon seit 1609 belegt. Außerdem gibt es Takamaka-Bäume, auch Alexandrinische Lorbeerbäume genannt (Calophyllum inophyllum) und Kasuarinen (Casuarina equisetifolia), von denen man nicht weiß, ob sie eine einheimische Art sind oder ob ihre Samen bei vermuteten früheren Besuchen indonesischer Bevölkerungsgruppen eingeführt, eventuell sogar über die weite Entfernung vom Meer angespült wurden. Im feuchten Küstenstreifen hat sich die Raphia-Palme angesiedelt, die ihren Ursprung auf Madagaskar und in Ostafrika hatte. Diese Palme, deren Blätter bis zu 20 m lang werden, blüht nur einmal und stirbt dann ab. Etwas weiter oberhalb wachsen die einheimischen Bäume Bois blanc (Hernandia ovigera) und Bois rouge (Noewormia ferruginea), die auf ein Dutzend Exemplare reduzierte endemische Art Bois de fer, der Eisenholzbaum (Veteria Seychellarum), der eine Höhe von über 40 m erreicht, sowie die importierten Arten Eukalyptus (Eucalyptus sp.) und Albizzia (Albizzia falcataria), ein schnellwachsender Baum, dessen schüttere, weite Krone für das Landschaftsbild Mahés charakteristisch geworden ist. Gelegentlich findet man auch Banyan-Bäume (Ficus benghalensis) mit ihren gigantischen Luftwurzeln, deren Samen auf anderen Pflanzen keimen und diese im Laufe der Jahre regelrecht ersticken. Außerdem gibt es in dieser Zone eine große Anzahl 'exotischer', d.h. von den Siedlern eingeführter Zierpflanzen, wie Flammenbaum (Delonix regia), Hibiskus (Hibiscus sinensis), Bougainvillea (Bougainvillea spectabilis), Katzenschwanz (Acalypha hispida) sowie Begonien (Begonia ulmifolia und Begonia humilis).

In den mittleren Lagen zwischen 300 und 600 m Höhe wachsen vor allem die einheimischen Palmenarten: so die Palmiste (Deckenia nobilis), aus deren weichem, oberem Stammende der berühmte Millionärssalat bereitet

Albizzia, ein Baum mit weiter Krone

wird, und zwei der in anderen Teilen der Welt äußerst seltenen Latanier-Arten (Nephrosperma vanhoutteeana und Phoenicophorium borsigianum). Hier findet man auch Schraubenpinien, 'Vacoas' genannt (Pandanus sp.), die 40 bekannten Exemplare des berühmten endemischen, wenngleich wenig spektakulären 'Quallenbaums' ('Jelly fish tree'), der bis zu 8 m hoch werden kann und dessen Blüten an Quallen erinnern (er wurde von den Biologen zur eigenständigen Art erklärt: Medusagyne oppositifolia). Ferner gibt es in dieser Zone die ebenfalls sehr seltene und in Südamerika bereits ausgestorbene Wright Gardenia, auch Bois Citron genannt (Rothmania annae), die angeblich nur auf der Insel Aride vorkommt, deren weiße Blüten man aber auch an der Einfahrt zum Wanderweg auf den Gipfel der 'Trois Frères' auf Mahé bewundern kann. An der Seychelles Mission Lodge auf der Forêt Noire Road (Insel Mahé) wachsen zwei Reihen der mächtigen 'Drachenblut'(Sandragon)-Bäume (Ptecarpus indicus), und das Unterholz wird von Zimtbäumen (Cinnamonum zeylanicum) den schon erwähnten Albizzien und Latanierpalmen, verschiedenen Orchideenarten, darunter eine wilde und eine importierte Vanille-Art, und schließlich von den merkwürdigen Ikakopflaumenbäumen (Crysobalanus icaco) gebildet; letzere werden hier 'coco plums' oder 'prune de France' genannt, ihre roten Früchte enthalten weißes, mehliges und geschmackloses Fruchtfleisch.

In der dritten, der obersten Vegetationsstufe findet man einen typisch tropischen Nebelwald, in dem auch die kleinste der Latanierpalmen vorkommt. Die Latanier Hauban (Roscheria melanochaetes) wächst nur auf den Berggipfeln von Mahé und Silhouette und wird 2 bis 3 m hoch, bei einer Stammdicke von nur 5 cm.
Die bemerkenswerteste Pflanze in diesen Höhen, die sich vor allem auf den kahlen Felsspitzen der Granitmassive angesiedelt hat, ist die fleischfressende Kannenpflanze oder Kannenliane (Nepenthes pervillei), 'pitcher plant' genannt. Ihre Blütenmitte ist wie ein Becher geformt, dessen Flüssigkeit mit ihrem Duft Insekten anzieht. Wenn diese an dem klebrigen Saft

Kannenliane oder 'pitcher plant'

Männliche ...　　　　　　　　　　　　　*... und weibliche 'Coco de Mer'-Palme*

**Heutige Vegetation
(Fortsetzung)**

hängengeblieben sind, schließt sich der Deckel des Bechers und der Saft löst die Insekten auf. Es gibt jedoch eine Moskitoart, die hiergegen quasi 'immun' ist und die den 'Magensaft' der 'pitcher plant' sogar als Brutstätte benutzt.

**Meereskokosnuß
('Coco de Mer')**

Die Seychellennuß, 'Coco de Mer' (Meereskokosnuß) genannt, ist die Frucht der Seychellen-Palme (Lodoicea maldivica oder seychellarum), einer endemischen Pflanze, die nur in der Vallée de Mai auf Praslin und in wenigen Exemplaren auf Curieuse Island und La Digue vorkommt. Mit ihrer bis 50 cm langen zweigeteilten Nuß (Doppelnuß bzw. Doppelkokosnuß) ist sie die spektakulärste Pflanze des Indischen Ozeans.

Da die Herkunft der Doppelfrucht, die die Form eines 'weiblichen Hinterteils' hat, bis zum Jahre 1768 unbekannt war, setzte sie die Menschen einst dort, wo sie vom Meer angeschwemmt wurde, in Erstaunen. An den Meeresufern von Indien, Ceylon und Indonesien rankten sich deshalb zahlreiche Legenden um diese Frucht. So sollte die eigenwillige Kokosnuß die Frucht eines riesigen Unterwasserbaumes sein, weshalb man ihr den Namen 'Coco de Mer', Kokosnuß des Meeres, gab. Wegen ihrer Seltenheit, ihrem rätselhaften Ursprung und ihrer Form, die sexuelle Bedeutung zu haben schien (man schrieb der Nuß auch eine aphrodiasische Wirkung zu), wurde die Seychellennuß zu einem der begehrtesten Handelsobjekte Asiens, und lange Zeit zahlten Käufer regelrechte Phantasiepreise für eines der seltenen Exemplare. Kunstvoll verzierte Meereskokosnüsse findet man noch heute in den Museen von London und Dresden.

Erst während der französischen Besiedlung der Seychellen im 18. Jh., als man auf die Seychellen-Palme stieß, wurde das Rätsel der 'Coco de Mer' gelöst; der massive Export der Nüsse ließ deren Marktpreis dann schlagartig fallen. Die rücksichtslose Ausbeutung der Palmen auf der Insel Praslin führte rasch zum fast vollständigen Aussterben der Pflanze. Heute gibt es noch ca. 4000 Exemplare, vor allem in der Vallée de Mai auf Praslin, die unter strengstem Schutz von Seiten der Regierung stehen. Die amtlich

Meereskokosnuß ('Coco de Mer')

kontrollierte jährliche Ernte darf 3000 Nüsse nicht übersteigen, die zum größten Teil immer noch nach Indien exportiert oder aber als Souvenirs an Touristen verkauft werden. Das Gelée im Inneren der noch unreifen Früchte ist bei den Seychellois als Süßspeise sehr begehrt.

Die 'Coco de Mer'-Palme besitzt einen bis zu 40 m hohen, kerzengeraden Stamm, sehr große Blätter (bis zu 16 m²) und die charakteristischen zweigeteilten Früchte, von denen eine einzige bis zu 20 kg wiegen kann: Es sind mit Abstand die schwersten Früchte der Welt. Die größte je gefundene Nuß wog 23 kg und war 60 cm lang. Die Palme ist getrenntgeschlechtlich, d.h. 'männliche' und 'weibliche' Samen- und Fruchtstände befinden sich auf verschiedenen Pflanzen. Die 'männlichen' Palmen sind ca. 6 m höher als die 'weiblichen' und haben kolbenartige gelbe Samenrispen, die aus dem dichten Blattwerk heraus nach unten hängen. Die 'weiblichen' Bäume tragen zwischen drei und fünf, manchmal auch zehn Nüsse.
Wachstum und Fortpflanzung gehen bei der 'Coco de Mer'-Palme sehr langsam vonstatten. Von der Befruchtung bis zu Reife der Nuß vergehen jeweils sieben Jahre. Es dauert drei Jahre, bis die Keimung abgeschlossen ist und der Sproß sich nicht mehr aus der Nuß ernährt. Ihre ersten Früchte kann die – 'weibliche' – Palme erst nach ca. 25 Jahren tragen, und ihre volle Größe erreicht sie erst nach 1000 Jahren. Das Alter der höchsten Palmen in der Vallée de Mai wird auf 800 oder gar 1000 Jahre geschätzt.
Abgesehen vom langsamen Reproduktionszyklus hat auch das große Gewicht der Nüsse eine weitere Verbreitung verhindert. Die Nüsse sind so schwer, daß sie im Wasser entweder sofort untergehen, oder aber – und das gilt für die Früchte, die an den Küsten Indiens oder Hinterindiens angeschwemmt wurden – innen schon ausgetrocknet sind.

Die sexuelle Symbolik des 'männlichen' Samens und der 'weiblichen' Früchte hat zur Bildung mannigfaltiger Legenden geführt, darunter auch der Mythos von der angeblichen 'Vermählung' der 'männlichen' und 'weib-

Pflanzen,
Meereskokosnuß
(Fortsetzung)

lichen' Pflanzen in stürmischen Nächten, wenn die Blätter laut klatschend aneinanderschlagen. Kein Mensch hat diese Vereinigung freilich bisher beobachten können, und das – so der Glaube der Bevölkerung – ist auch gut so, denn er würde auf der Stelle sterben.

Gewürzpflanzen

Gewürzpflanzen wurden zum ersten Mal 1772 von Pierre Poivre bei seinen Versuchen, das Gewürzmonopol der holländischen Kolonie Batavia zu durchbrechen, auf die Seychellen gebracht. Auch in der Folgezeit wurden mit dem unterschiedlichsten Erfolg weitere Sorten importiert. Heute findet man die Vanille, eine Orchideenart – nicht zu verwechseln mit der einheimischen, wilden Vanille mit ihren großen, weißen Eintagsblüten –, den Zimtbaum, Pfeffer, Zitronenkraut, Patschuli (aus dem Parfum und Räucherstäbchen produziert werden), ferner die Muskatpflanze und den Gewürznelkenbaum, der aus Ceylon kam.

Giftpflanzen

Neben den Schmuck- und Nutzpflanzen gibt es auch eine Reihe giftiger Gewächse, die jedoch teilweise ihre Gefährlichkeit beim Kochen verlieren und zum Speiseplan der Inselbewohner gehören. Manche dieser Pflanzen haben eine berauschende Wirkung oder finden bei der Herstellung von Naturheilmitteln und Arzneien Verwendung. Oft gehört die vermeintliche Giftigkeit auch lediglich ins Reich der Magie. Zu den bekanntesten Arten zählen der Schwarze Nachtschatten, der Stern von Bethlehem sowie der Strychninbaum (Brechnußbaum).

Tiere

Allgemeines

Die Tierwelt der Seychellen ist eine der großen Attraktionen des um einen 'sanften', also umwelt- wie auch naturfreundlichen Tourismus bemühten Landes. Wie bei den Pflanzen gibt es – vor allem bei den Landvögeln – eine Reihe endemischer Arten. Besonderes Interesse verdienen hier die Riesenschildkröten, die einst den gesamten Archipel besiedelten, heute auf der Mahé-Gruppe nur noch vereinzelt vorkommen, auf dem Aldabra-Atoll jedoch noch in einer Kolonie leben, die nach Zehntausenden zählt. Auch auf die Tierwelt übte sich die Tätigkeit der Siedler äußerst nachteilig aus. Kaimane, Krokodile und 'dugongs', die zutraulichen und leicht zu jagenden Seekühe mit dem schmackhaften Fleisch, die auch vor der Nordküste Australiens vorkommen und von denen vor allem vor der einstigen 'Seekuh-Insel' (Île aux Vaches Marines), dem heutigen Bird Island, große 'Herden' beheimatet waren, wurden innerhalb weniger Jahrzehnte ausgerottet. Schon im Jahre 1789 schätzte man, daß seit dem Beginn der Besiedlung, also nach knapp zwanzig Jahren, 13000 Riesenschildkröten verschifft worden waren, wozu noch der Eigenverbrauch der Kolonisten hinzuzurechnen ist.

Etwas günstiger steht es um die Vogelwelt der Seychellen: Von den ursprünglich beobachteten 15 oder 16 endemischen Landvogel-Arten haben trotz der Zerstörung des einstigen Biosystems 13, wenn auch teilweise in nur wenigen Exemplaren, überlebt. Sie wurden in den letzten zwei Jahrzehnten unter den Schutz internationaler Organisationen und der Regierung der Seychellen gestellt. Beeindruckend sind auch die Seevogel-Kolonien, vor allem diejenige auf Bird Island: Von Mai bis Oktober nisten hier Millionen von Seeschwalben und bieten ein eindrucksvolles und für den Besucher unvergeßliches Schauspiel.

Landvögel

Auf den Seychellen leben nur 21 verschiedene Arten von Landvögeln, von denen 13 nur hier vorkommen, während die übrigen teilweise erst in den letzten 50 Jahren eingeführt wurden. Die meisten der einheimischen Arten wurden vor allem von den Tieren (Katzen, Ratten, afrikanische Eulen) dezimiert, welche die Siedler mitbrachten; anderen wiederum raubte man den natürlichen Lebensraum (Wald, Sümpfe), oder sie wurden sogar als Landplage betrachtet und wie der Grüne Papagei ausgerottet bzw. wie die Holländische Taube zum sportlichen Vergnügen abgeschossen.

Landvögel (Fortsetzung)

Einer der interessantesten Vögel ist der Paradies(-fliegen-)schnäpper, auch Paradieswitwe der Seychellen genannt (Terpsiphone corvina). Er war bis auf wenige Exemplare dezimiert, für die dann auf La Digue ein eigenes Reservat eingerichtet wurde. Seit kurzem wird versucht, ihn auf Frégate und Praslin wieder anzusiedeln. Das Männchen des Paradiesschnäppers zeichnet sich durch seine lange, blauschwarze Schwanzfeder aus, während das Weibchen dreifarbig ist (weiße Brust, blauer Schnabel, nußfarbene Flügel) und ihm die 'Frackschöße' fehlen. Der Paradiesschnäpper nistet mit Vorliebe auf Badamier- und Takamaka-Bäumen in niedrigen Lagen, baut sein Nest, in das er ein einziges Ei legt, aus Spinnweben, und die beiden Partner teilen sich in die Brutpflege.

Noch weniger verbreitet ist die Seychellen-Grasmücke oder Insel-Amsel (Bebrornis seychellensis), ein recht unscheinbarer, grüngrauer Vogel. Sie kommt nur noch auf der Insel Cousin vor der Küste Praslins vor, die eines der interessantesten Vogelparadiese der Seychellen ist. Die Insel gehört seit dem Jahre 1968 dem Internationalen Rat für Vogelschutz, einer dem World Wildlife Fund angeschlossenen Organisation, und ist striktes Naturschutzgebiet, auf dem nur an bestimmten Tagen Besucher in begrenzter Zahl zugelassen werden. Seit die Insel ein Naturschutzgebiet ist, wuchs die Grasmücken-Bevölkerung wieder von 26 auf 300 Tiere an. Auch der Seychellen-Rohrsänger (Acrocephalus seychellensis) kommt nur auf den Seychellen und hier nur auf Cousin vor.

Der hübscheste der endemischen Landvögel ist die rot, weiß und blau gefärbte sogenannte Holländische Taube (Alectroenas pulcherrima), die nach der gleichfarbigen holländischen Nationalflagge benannt worden ist. Sie lebt vorwiegend auf den Höhen der Inseln Mahé und Frégate sowie in der Vallée de Mai auf Praslin. Auf Aldabra hingegen kommt die verwandte Art Alectroenas sganzini minor vor.

Ebenfalls auf dem Hochplateau von Frégate haben die wahrscheinlich letzten 19 Exemplare der schwarzen, leicht bläulich schimmernden und auf den Flügeln weiß gezeichneten Seychellen-Schamadrossel (Copsychus seychellarum), englisch 'Magpie Robin' genannt, überlebt. Es soll von ihr auch noch einige Tiere auf Aride, Praslin, Marianne und La Digue geben, aber die Angaben darüber sind sehr widersprüchlich.

Fast genauso selten ist der Brillenvogel, auch Bananenvogel genannt (Zosterops maderaspatana oder Zosterops modesta), ein Verwandter des ausgestorbenen Serin (Sirena). Er ist so groß wie ein Kolibri, von graubrauner Farbe und hat einen Ring weißer Federn um die Augen. Mit etwas Glück kann man sein klares, weittragendes Gezwitscher im Hochland von Mahé hören. Ein echter Kolibri ist dagegen der Seychellen-Nektarvogel (Nectarinia dussumieri), die stimmgewaltige, kleinste der endemischen Arten: Die Männchen bekommen in der Brutzeit eine blaugrüne Kehle und Brust sowie gelb-orangefarbene Achselfedern; auf allen größeren Inseln und sogar in Victoria kann man die Vögel beobachten.

Zwei endemische Vogelarten, die europäische Verwandte haben, welche in den letzten Jahrzehnten ebenfalls auf den Seychellen heimisch wurden, sind die Seychellen-Schwalbe (Collacalia francica elaphra), ein dunkelbrauner und auf der Brust etwas hellerer Artgenosse unserer Schwalbe und der einheitlich braune Seychellen-Weber (Foudia seychellarum), der dem Sperling ähnelt und dessen männliches Tier auf der Brust in der Brutzeit orangefarbene Flecke zeigt.

Kuhreiher ('Madame Paton')

Landvögel
(Fortsetzung)

Endemische Arten sind darüber hinaus der Seychellen-Turmfalke (Falco aerea), einer der kleinsten Raubvögel der Welt, der auf Mahé – und sogar in Victoria – vorkommt, und der Seychellen-Fluchtvogel, auch Bülbül genannt (Hypsipetes crassirostris), ein wuschelköpfiger, dunkelgrauer Vogel mit hellerer Unterseite, einem orangefarbenen Schnabel und gelben Beinen. Sein Schrei ist in den Hochlandwäldern aller Granitinseln zu hören.

Neben den endemischen Arten gibt es einige Unterarten, die nur auf den Seychellen existieren. Dazu gehört die Teichralle (Gallinula chloropus meridionalis oder sechellarum), die von der verwandten europäischen Art fast nicht zu unterscheiden ist; die Seychellen-Turteltaube (Streptopelia picturata rostrata) mit ihrem weinroten Kopf und Nacken, die man leicht mit der häufig vorkommenden Madagaskar-Taube verwechseln kann, mit der sie sich in den letzten Jahrzehnten so stark vermischt hat, daß sie als reinrassige Art fast verschwunden ist.

Auch der Kuhreiher (Bubulcus ibis sechellarum) – von den Seychellois 'Madame Paton' genannt und ein beliebter Dauergast auf dem Markt von Victoria –, ein schlanker, weißer Vogel mit gelbem Schnabel und schwarzen Beinen, der sich in der Brutzeit rosa verfärben kann, ist von seinen Verwandten in anderen Kontinenten nur schwer zu unterscheiden. Auf den Seychellen selbst hat er 'importierte' Artgenossen: den Seidenreiher (Egretta garzetta dimorpha) und den Purpurreiher (Aredea cinerea).

Der Seychellen-Vasapapagei, der auch Schwarzer Sittich genannt wird (Coracopsis nigra barklyi), ist die einzige Papageienart der Seychellen. Er lebt nur in der Vallée de Mai auf Praslin, wo er in ausgehöhlten, abgestorbenen Stämmen in der Nähe fruchttragender Bäume nistet. Auch den Reiher der Art 'Butorides striatus degens', ein kleiner dunkler Vogel mit grünlich gefärbtem Rücken, der bei Ebbe auf den Korallenbänken fischt und in den Mangrovenwäldern nistet, gibt es nur auf den Seychellen.

Rußseeschwalben

Die übrigen Landvögel seien nur summarisch erwähnt. Fast überall trifft man den Madagaskar-Weber (Foudia madagascariensis) an, dessen Männchen sich in der Paarungszeit ganz oder teilweise grellrot färben. Auf allen Inseln sind darüber hinaus der Rosenstar (Aeridotheres tristis) und das Sperbertäubchen (Geopelia striata) verbreitet. Steinwälzer (Arenaria interpres) dagegen, die in der Arktis brüten, findet man das ganze Jahr über vor allem auf der Insel Cousin.

Landvögel
(Fortsetzung)

Meeresvögel

Die Seychellen sind die Inseln der Seeschwalben. Außerdem findet man hier Vertreter der Familie der Tölpel, der Fregattvögel, der Sturmvögel oder Sturmtaucher und der Tropikvögel.

Ein sehr beeindruckendes Erlebnis ist die Ankunft der millionenstarken Schwärme von Rußseeschwalben (Sterna fuscata nubilosa) im April und Mai auf den traditionellen Brutplätzen innerhalb des Archipels, vor allem aber auf Bird Island, wo sie bis zum Oktober bleiben. Wo diese schwarz-grau-gemusterten eleganten Flieger dann den Rest des Jahres verbringen, weiß niemand. Es wird sogar vermutet, daß sie mehrere Monate auf dem offenen Ozean leben, ohne Land aufzusuchen.
Einer der schönsten Seevögel ist die weiße Feenschwalbe oder Silbermöwe (Gygis alba monte) mit ihrem blauen Schnabel und den schwarzen Augen, die nur ein einziges Ei legt, und das nicht in ein Nest, sondern meist ungeschützt auf einen Ast oder auf den offenen Felsen. Sie kommt auf fast allen Inseln vor und wurde nur auf Mahé durch die importierte afrikanische Schleiereule dezimiert.
Die Noddyseeschwalbe (Anous stolidus pileatus), ein etwas plumper, dunkelgrauer Vogel mit hellgrauer Kappe, hat ihren Namen wegen des typischen Kopfnickens ('to nod') während der Balz erhalten. Seltener ist die

Kleine Noddyseeschwalbe, auch Schuster genannt (Anous tenuirostris tenuirostris), ein schlanker Vogel mit längerem Schnabel, von dem während des Südostmonsuns auf Aride, Cousin und Cousine bis zu 100 000 Paare brüten. Die übrigen Vertreter der Seeschwalben-Familie sind die Eilseeschwalbe (Sterna melanauchen und Sterna bergi), die Benzoebaummöwe (Gygis candida), der Diamantvogel (Sterna sumatrana mathewsi), die Zwergseeschwalbe (Sterna albifrons), die Rosenseeschwalbe (Sterna dougallii arideensis), die mit ihren leuchtendroten Beinen und ihrem rotschwarzen Schnabel die bunteste aller Seeschwalben ist, und schließlich die Zügelseeschwalbe (Sterna anaethetus antartica), eine bräunliche Unterart der Rußseeschwalbe, die vor allem auf den rattenfreien Inseln Cousin und Aride lebt und nistet.

Aus der Familie der Tölpel, einer Vogelart mit kräftigem, plumpem Körper und Schwimmhäuten an den Füßen, kennt man auf den Seychellen den Rotfußtölpel (Sula sula rubripes), den Maskentölpel (Sula dactylatra melanops), den Graufußtölpel (Sula abbotti) und den Kapuzinertölpel (Sula leucogaster), die ausgezeichnete Fischer sind.

Die größten Seevögel der Seychellen sind die Fregattvögel, denen die Insel Frégate ihren Namen verdankt. Sie haben eine Flügelspannweite von bis zu zwei Metern und sind auf allen Granitinseln, vor allem aber über Aride und eben Frégate zu beobachten, wo sie auch brüten. Sie können nicht tauchen, weil ihr Gefieder nicht wasserabweisend ist, und jagen deshalb nur an der Wasseroberfläche oder stehlen anderen Seevögeln ihre Beute. Die beiden bekannten Arten sind der Binden-Fregattvogel (Fregata minor) und der Kleine oder Ariel-Fregattvogel (Fregata ariel).

Die Sturmtaucher aus der Familie der Sturmvögel hingegen sind kleine, schnelle Flieger mit einem kräftigen gedrungenen Körper, langen Füßen und einem kurzen, gekrümmten Schnabel. Während der größere Keilschwanzsturmtaucher (Puffinus pacificus chlororhynchus) dunkelgrau mit schwarzen oder rosafarbenen Füßen ist und nur auf rattenfreien Inseln wie Cousin und Aride in den Monaten November bis März nistet, hat der kleinere Audubonsturmtaucher (Puffinus lherminieri nicolae) eine weiße Brust und nistet das ganze Jahr über in Höhlen auf denselben Inseln.

Die letzte Gruppe der Seevögel stammt aus der Familie der Phaethontiden, der Tropikvögel. Der Weißschwanztropikvogel (Phaethon lepturus lepturus), der berühmte 'Paille en queue', ist mit seinen zwei langen Schwanzfedern einer der spektakulärsten tropischen Vögel überhaupt. Er brütete das ganze Jahr über an geschützten Stellen auf dem Boden auf Bird, Cousin, Aride und in den höheren Lagen von Mahé, und mit ein wenig Aufmerksamkeit wird man die silbergrau bis weißen, schwarzgemusterten Federknäuel der Jungtiere leicht beobachten können.

Der Rotschwanztropikvogel (Phaethon rubricauda rubricauda), etwas größer als der 'Paille en queue', ist der seltenste aller auf den Seychellen nistenden Seevögel. Er kommt auf Aride, Aldabra und Cosmoledo vor.

Andere Landtiere

Wie die Krokodile sind auch die Riesenschildkröten (Testuda gigantea) Überlebende der Saurierzeit. Diese auf der Welt einzigartige Tierart ist auf vielen der Seychellen-Inseln aufgrund der rücksichtslosen Vermarktung des begehrten Fleisches durch die ersten Siedler fast ausgerottet worden. Lediglich auf Aldabra gibt es noch eine riesige Kolonie von 150 000 bis 180 000 Exemplaren. Die Tiere wiegen über 50 kg und leben meist 60 bis 70 Jahre. Die größten und ältesten Exemplare erreichen jedoch ein Gewicht von bis zu 400 kg, werden 1,50 m lang und einen Meter hoch und können bis zu 150 Jahre alt werden. Das größte und älteste bekannteste

Riesenschildkröte

Gecko

**Tiere,
Reptilien
(Fortsetzung)**

Exemplar ist 'Esmeralda' auf Bird Island. Die einzige andere Landschild-krötenart ist die bis zu 20 cm lange Sumpfschildkröte (Pelusius subniger) von La Digue, die auch auf Cousin vorkommt.

Da Krokodile und Kaimane schon sehr früh ausgerottet wurden, sind neben den Schildkröten verschiedene Skink- und Gecko-Arten, zwei Arten kleiner Nattern (Boodon geometricus und Lycognathopi seychellensis) und die Schwarze Blindschlange (Typhlops braminus), ferner das Chamä-leon (Cameleo tigris) die einzigen Reptilien (Kriechtiere), die auf den Sey-chellen vorkommen. Allgegenwärtig sind die Skinke und Geckos.
Auf Mahé trifft man vor allem die weißlich-grauen, auf La Digue die leuch-tend grünen kleinen Geckos (Phelsuma astriata), die als Moskito- und Insektenjäger in den Häusern gern gesehen werden.

Auf den rattenfreien Inseln mit Seevogel-Kolonien gibt es dagegen Skink-arten wie den Natternaugenskink (Ablepharus boutonii) sowie den Scele-tes-Skink (Scelotes braueri) oder die beiden Mabuya-Arten (Mabuy sechellensis und Mabuy wrightii).

Insekten

Interessanter ist dagegen die Insektenwelt: 65% der ca. 300 Arten, die es dort gibt (das ist recht wenig), kommen nur auf den Seychellen vor. Dies spricht dafür, daß die Inseln seit einer erdgeschichtlich langen Zeit vom asiatischen und afrikanischen Kontinent getrennt sind.

**Säugetiere
('Fliegender Hund')**

Das einzige einheimische Säugetier der Seychellen ist eine Fledermausart, der Fliegende Hund (Pteropus seychellensis), englisch 'flying fox'. Diese große Fledermaus kann man nachts im Wald und am Strand sehen, in der Dunkelheit wird sie leicht mit großen Vögeln verwechselt.

Unterwasserwelt

Allgemeines

Die Unterwasserwelt der Seychellen gehört zu den schönsten wie auch interessantesten der Erde. 300 Fisch- und über 100 Korallenarten bilden ein Universum, das sich in seiner Vielfalt und Farbenpracht zum großen Teil schon beim Schnorcheln in flacheren Gewässern erschließt.
In Bezug auf die Gestalt der Unterwasser-Landschaft besteht ein deut-licher Unterschied zwischen den Gewässern um die Koralleninseln und denen im der Mahé-Gruppe, wo – wie in der Landschaft der Inseln selbst – Granitblöcke das Bild bestimmen. Dabei zeichnen sich gerade letztere, denen zwar der Formenreichtum der Korallenwelten des Roten Meeres, der Malediven oder des Great Barrier Reef in Australien fehlt, durch ihren großen Fischreichtum aus.
Jacques Yves Cousteau, der berühmte französische Meeresforscher und Dokumentarfilmregisseur, hat hier seinen bekannten Film "Monde du silence" (1955; "Die schweigende Welt") gedreht.

Hinweis

In dem Teil 'Praktische Informationen von A bis Z' dieses Führers wird auf Angeln und Hochseefischen (S. 159) sowie Tauchen und Schnorcheln (S. 161), ferner auf Tauchgebiete im Umkreis einiger Inseln (S. 167) hinge-wiesen.

Fische

Der Fischreichtum der Gewässer um die Seychellen-Inseln ist überwälti-gend. Dies wissen vor allem die Hochseefischer, die hier schon manchen Fangrekord gebrochen haben. Aber auch für denjenigen, der die bunten und formenreichen Fische nur beobachten will, gibt es genug zu sehen. Kaiserfische (Pomacanthus imperator), Picasso-Fische (Rhinecanthus aculeatus), Rasiermesserfische (Aeoliscus strigatus) und Rotfeuerfische

Rotfeuerfisch

Fische
(Fortsetzung)

(Pterois radiata) teilen sich das Terrain mit Papageienfischen (Scarus sp.), Riffhaien (Triaenodon obesus), Muränen (Muraenidae), Schmetterlingsfischen (Cheatodontidae), Riffhörnchenfischen (Myripristis adustus) und den merkwürdigen Schlammspringern (Periphthalmus), die an der Luft atmen und längere Zeit auf Sand und Fels liegend verbringen können.

Außerhalb der von den Riffen geschützten Lagunen begegnet man Haien: Es gibt hier ca. 18 Arten, darunter der gefürchtete weiße Hai, der Hammerhai sowie Menschen-, Tiger- und Blauhaie; darüber hinaus findet man die verschiedensten Thunfischarten, Barrakudas, Makrelen, Bonettfische, Goldbrassen, Heringe, Sardinen, fliegende Fische und Speerfische.

Der Steinfisch (Synanceia verrucosa) kann sich eine vollkommene Tarnung zulegen, so daß er sich von dem Korallen- oder Steinuntergrund nicht abhebt; für den Menschen ist es äußerst gefährlich, auf die sehr scharfen und langen Stacheln zu treten. Daher wird empfohlen, keine Wanderung in flachen Gewässern oder auf den bei Ebbe freiliegenden Korallenbänken ohne feste Schuhe oder Turnschuhe mit dicken Gummisohlen zu unternehmen. Wer auf einen Steinfisch tritt, sollte sofort einen Arzt aufsuchen.

Korallen und Korallenbänke

Korallen

Korallen sind entgegen dem ersten Anschein keine Pflanzen, sondern in riesigen Kolonien lebende Hohltiere (Polypen), die mit ihren Kalk'hüllen' jene bizarren, bunten und oft blumen- oder farnähnlichen Skelette bilden, welche die Unterwasserwelt in den tropischen Ozeanen zu einem farbenprächtigen Erlebnis werden lassen.

Korallen brauchen für ihr Wachstum Licht, frisches Wasser sowie ausreichende Nahrung (Plankton, Kleinstschalentiere); aus diesem Grund wachsen sie auf den Seychellen vor allem auf der Südostseite der Inseln besonders gut, wo der ständige und kräftige Zustrom frischen Meerwassers einen idealen Lebensraum schafft.

Papageienfisch

Korallen
(Fortsetzung)

Lebendige Korallen müssen unter dem Wasserspiegel liegen, nur ganz wenige Arten vertragen ein kurzzeitiges Auftauchen während der Ebbe. Korallenlarven lassen sich meist auf den Skeletten abgestorbener Korallen nieder und tragen so im Laufe von Jahrtausenden zur Bildung von riesigen Korallenbänken bei, die oftmals bis zu 4000 m vom Meeresboden aus in Richtung Wasseroberfläche wachsen.

Korallenbänke

Korallenbänke (Riffe) entstehen aus den Skeletten abgestorbener Korallen, aber auch aus Kalkablagerungen vieler anderer Meerestiere (Mollusken, Würmer, Algen, Schwämme). Einer der Hauptbestandteile des Korallenriffs ist eine Algenart (Halimeda), die sozusagen als Bindemittel wirkt. Andere Korallenarten setzen sich auf Felsen fest und bilden so die Grundlage für Saumriffe, die meist an Felsinseln oder auch an den Kraterrändern versunkener Vulkane emporwachsen, ein Vorgang, bei dem die Atolle entstehen. Nur wenige Arten können auch auf Sand siedeln.
Einziger natürlicher Feind der Korallen ist die Seesternart Dornenkrone, 'Crown of Thorns', deren Stacheln nicht wie die des Seeigels mit Widerhaken versehen und die deshalb für den Menschen weniger schmerzhaft sind. Die Dornenkrone, die die Korallen 'aussaugt', indem sie ihren Magen über die Kalkhülle der Polypen stülpt, kann zu einer wahren 'Land'plage werden und dann – wie es in Australien schon geschehen ist – ganze Riffe in kürzester Zeit in regelrechte Mondlandschaften verwandeln. Auf den Seychellen sind Dornenkronen in dieser besorgniserregenden Anzahl allerdings noch nicht gesichtet worden.

Muscheln und Schnecken

Es gibt auf den Seychellen 320 Muschel- und Schneckenarten, deren bekannteste und schönste die Porzellanschnecken (Cypraea mappa, Cypraea lamarcki, Cypraea walkeri, Cypraea tigris, Cypraea moneta,

Rote Zäpfchenkoralle

Cypraea annulus) sind. Auch die Kegel- und Trompetenschnecken sind teilweise bunt gemustert und haben harmonische Formen und Farben. Ihre bekannteste, das Tritonshorn (Charonia tritonis) steht unter Naturschutz, weil sie der einzige natürliche Feind des korallenfressenden Seesterns Dornenkrone ist. Der schönen Geographischen Kegelschnecke sollte man sich mit Vorsicht nähern, da sie mit ihren kleinen Stacheln ein Gift verspritzt, das tödlich wirken kann. Auch Exemplare, die man am Strand oder im flachen Wasser findet, sollte man niemals in der bloßen Hand halten, sondern nur mit Handschuhen anfassen und in festen Behältnissen transportieren.

Auch die anderen Arten, die Sturmhauben (Cassides), Turbiniden (Turbo argurostromus), Schraubenschnecken (Terebrides), Vasiden (Vasum turbinellus), die stachelbewehrten Klappmuscheln (Spondylides) oder die Fechterschnecken (Preoceres) mit ihren perlmuttbesetzten Fangarmen sind in den Gewässern um die Seychellen im Überfluß zu finden und tragen zu deren bunter Vielfalt bei.

Muscheln und Schnecken (Fortsetzung)

Schildkröten

Seeschildkröten wurden schon vor Jahrtausenden wegen ihres Schildpatts gefangen, die Ägypter stellten daraus einst Gebrauchsgegenstände (Kämme) her. In den Anfangsjahren der Kolonisierung wurden sie in großen Mengen nach Mauritius, Réunion und Indien exportiert. Bereits im Jahre 1800 hat man Fangquoten eingeführt, da sich die Bestände gefährlich zu vermindern drohten; aber noch zu Beginn des 20. Jahrhunderts wurden auf den Aldabra-Inseln pro Jahr bis zu 10 000 Tiere gefangen.

Am schönsten und daher begehrtesten ist die Echte Karettschildkröte (Eretmochelys imbricata) mit ihrem Panzer aus durchsichtigen Schildplättchen (Schildpatt); diese Schildkröte ist mit drei Jahren ausgewachsen und

Karettschildkröten

Unterwasserwelt,
Karettschildkröten
(Fortsetzung)

wird bis zu 1 m lang. Die Unechte Karettschildkröte (Caretta caretta) ist etwas größer und erreicht ein Gewicht von bis zu 350 kg. Die größte Seeschildkröte jedoch ist die Lederschildkröte (Dermochelys coracea) mit bis zu 2 m Länge und einem Gewicht von 600 kg.

Wegen ihres Fleisches (Schildkrötensuppe) sind die Grünen Schildkröten (Chelonia mydas) begehrt. Deren Weibchen kommen alle drei Jahre bei Nachteinbruch an die Strände der Koralleninseln und legen hier ihre Eier in Gruben ab, die sie mit ihren Flossen geschaufelt haben und die sie anschließend sorgfältig wieder zuschütten. Manchmal kann man sie dabei beobachten, sollte aber jede Aufdringlichkeit und jeden Lärm vermeiden, da die Tiere sich sonst gestört fühlen und ins Meer zurückflüchten. Nach etwa zehn Wochen schlüpfen dann die Jungen, die so schnell wie möglich in das tiefere Wasser krabbeln müssen. Auf diesem Weg fallen jedoch die meisten der Baby-Schildkröten den Vögeln und Krabben zum Opfer.

Artenschutz

Seeschildkröten stehen heute unter Naturschutz, in Europa ist die Einfuhr von Schildpatt streng verboten. Auch auf den Seychellen ist neuerdings jeglicher Handel mit Schildpattobjekte verboten.

Staat und Bevölkerung

Staatsform

Staatswappen
der Seychellen

Als Staat bilden die Seychellen eine Republik. Die offizielle Bezeichnung in den drei Staatssprachen Englisch, Französisch und Kreolisch lautet: Republic of Seychelles, République des Seychelles und Repiblik Sesel. Die Seychellen waren lange ein Einparteienstaat, mit der 'Seychelles People's Progressive Front' (SPPF) als einziger politischer Partei. Das Einkammer-Parlament (National Assembly) hat 33 Abgeordnete, die alle fünf Jahre neu gewählt werden. 1991 wurde die Verfassung zugunsten eines demokratischen Systems geändert. Staatsoberhaupt und Regierungschef ist seit 1977 bzw. 1993 France Albert René. 1979 von der SPPF nominiert und ohne Gegenkandidat gewählt, mußte René sich 1993 einer Mehrparteienwahl stellen, bei der er erneut zum Staatspräsidenten gewählt wurde. René wurde 1998 und auch bei der vorgezogenen Wahl von 2001 in seinem Amt bestätigt.

Das Staatsgebiet der Seychellen ist in 25 Verwaltungs- und Wahlbezirke untergliedert (Districts). Davon befinden sich 20 auf Mahé, zwei auf Praslin, einer auf La Digue.

Regierung

Flagge der
Seychellen

Die Regierung ist die Exekutive der Entscheidungen des Parlamentes. Neben den 13 Ministerien unterstehen dem Präsidenten drei und dem Vizepräsidenten vier Ministerien oder Staatssekretariate, die nicht von Ministern geführt werden. Die Geschäftsbereiche der Ministerien umfassen: Land- und Meereswirtschaft, Erziehung, Gesundheit, Jugend und Kultur, Verwaltung, Raumordnung und Bauwesen, Auswärtige Angelegenheiten, Fremdenverkehr und Zivilluftfahrt, Arbeit und Soziales, Sport und Kommunalverwaltung, Industrie und Außenwirtschaft. Dem Präsidenten unterstehen unmittelbar die Bereiche Justiz, Inneres und Verteidigung. Dem Vizepräsidenten bzw. dessen Staatssekretär unterstehen die Bereiche Kommunikation und Informationstechnologie, Finanzen, Wirtschaftsplanung sowie Umwelt und Verkehr.

Seit dem Staatsstreich von 1977, bei dem der jetzige Präsident France Albert René an die Macht kam, besitzen die Seychellen eine Armee und eine Miliz, die nach dem mißglückten Putsch südafrikanischer Söldner 1981 ausgebaut wurden. Die reguläre Armee zählt heute etwa 500 Mann. Die Militärausgaben belaufen sich auf ca. 6% des Bruttosozialprodukts.

Bevölkerung

Die Republik Seychellen hat rund 83000 Einwohner, von denen fast 90% auf der Insel Mahé und ihren unmittelbaren, kleinen Nachbarinseln leben.

Seychellois in der Market Street von Victoria ▶

Staat und Bevölkerung

Bevölkerung (Fortsetzung)

(mit Nebeninseln) zählt 6000 Bewohner (7,5%), La Digue 2400 (3%), Silhouette 250 und die übrigen Inseln der Mahé-Gruppe zusammen 250 Bewohner. Auf den Amiranten und den anderen Außeninseln leben insgesamt 660 Menschen (1%). Etwa ein Drittel der 'Seychellois' sind Stadt- und zwei Drittel Landbewohner. Die Bevölkerungsdichte beträgt gegenwärtig 176 Einw./km², auf Mahé jedoch 468 Einw./km², auf Praslin 158 Einw./km² und auf La Digue 240 Einw./km² (zum Vergleich: Deutschland 230 Einw./km²).

Bevölkerungswachstum

Das Bevölkerungswachstum ist mit einem Wert von knapp 0,5% relativ hoch. Dafür ist vor allem eine recht hohe Geburtenrate verantwortlich. Auf 1000 Einwohner kommen derzeit 18 Geburten pro Jahr. Demgegenüber liegt die Sterberate lediglich bei 7 Todesfällen pro 1000 Einwohner. Hinzu kommt, daß pro Jahr etwa 6 Insulaner pro 1000 Einwohner in andere Weltgegenden abwandern. Größere Seychellois-Emigrantengruppen gibt es heute in Australien, Großbritannien, Kanada sowie in einigen Gebieten Ostafrikas.

Multikulturelle Gesellschaft

Die Bewohner der Seychellen bilden eine ausgesprochen multikulturelle Gesellschaft, in der sich afrikanische, arabisch-orientalische, südasiatische und vor allem auch europäische (bes. französische und britische) Einflüsse widerspiegeln. Der größte Teil der Bevölkerung stammt von schwarzafrikanischen Vorfahren ab, die als Sklaven der Siedler oder der Piraten im 18. bzw. 19. Jh. auf die Inseln verschleppt worden waren, oder – nach ihrer Befreiung von Sklavenschiffen durch die britische Marine in der Zeit nach dem Verbot des Sklavenhandels – hier im wahrsten Sinne des Wortes 'abgeladen' wurden. Sie haben sich jedoch derart mit Menschen europäischer und asiatischer Abstammung vermischt, daß ein ganz eigener Menschenschlag entstanden ist. In jüngerer Zeit sind viele Ost- und Südasiaten (bes. Chinesen und Inder) zugewandert, die auf den Seychellen vielfach eigene Gruppen bzw. Gemeinschaften bilden.

Soziale Probleme

Ein besonderes soziales Phänomen der Seychellen-Bevölkerung ist die enorm hohe Rate außerehelicher Geburten (über 70%). Darüber hinaus hatte in den 1970er- und 1980er Jahren jedes vierte Neugeborene eine 'Teenager'-Mutter unter 18 Jahren. Damit nahmen die Seychellen einen Spitzenplatz in der Weltrangliste ein.
Besonderes Kopfzerbrechen bereitet den Regierenden der starke Alkoholkonsum, der im Gefolge der sozialen Wandlungen der 1960er- und 1970er Jahre erheblich anstieg. Einigen Statistiken zufolge stehen die Seychellen heute, was den Pro-Kopf-Verbrauch von Alkohol betrifft, auf einem der Spitzenplätze der Weltrangliste.

Altersaufbau

Etwa 30% der Seychellen-Bewohner sind jünger als 15 Jahre, insgesamt rund zwei Drittel jünger als 35 Jahre. Die Kindersterblichkeit (von Säuglingen unter einem Jahr) liegt bei 0,85%. Damit ist sie signifikant niedriger als in den meisten süd- und osteuropäischen Staaten. Die mittlere Lebenserwartung beträgt bei Männern knapp 65 Jahre und bei Frauen 76 Jahre.

Religionen

Es gibt auf den Seychellen keine Staatsreligion. Rund 90% der Bewohner bekennen sich zum katholischen Glaubens, 8% sind Anglikaner; die restlichen 2% sind Muslime, Hindu, Baha'i, Adventisten, Wiedertäufer und Zeugen Jehovas.
Weit verbreitet sind nach wie vor Praktiken, die ihre Wurzeln in afrikanischen Naturreligionen bzw. Synkretismen haben. Obwohl Zauberei und mystische Praktiken 1958 von der damaligen Kolonialregierung verboten wurden, gibt es auch heute noch viele männliche und weibliche Zauberer, Wahrsager und Wunderheiler ('bonnonm dibwa' bzw. 'bonhommes du bois' und 'bonnfanm dibwa' bzw. 'bonfemmes du bois'). Sie arbeiten mit Mythen und Methoden, die denen des westafrikanischen Voodoo-Kults nicht unähnlich sind: Ihre Hilfsmittel sind Amulette ('gri-gri'), Puder und Puppen sowie magische Zeichen.

Der Ethnologe Burton Benedict, der die Gesellschaft der Seychellen über Jahrzehnte hinweg erforscht hat, ist jedoch der Ansicht, daß diese Glaubensformen und Praktiken in ihrer heutigen Gestalt wahrscheinlich nicht nur aus der afrikanischen, sondern auch aus europäischen Kulturen stammen. Ihm zufolge war die Loslösung der Sklaven von ihren kulturellen Ursprüngen zu einschneidend, als daß festgefügte religiöse Systeme über die Jahrhunderte hinweg hätten bewahrt werden können. Die Riten der Afrikaner waren ursprünglich eng an die Sozial- und Wirtschaftsordnung ihrer Stämme gebunden (zum Beispiel Wachstums- und Fruchtbarkeitszyklen) und verloren in der Kolonialgesellschaft, die von den Sklaven nur passiv und als Opfer erlebt wurde, vollkommen ihre Funktion und Bedeutung. Benedict verweist auf Ähnlichkeiten zu europäischen Formen von Aberglauben und Hexerei, die wahrscheinlich, genauso wie der 'offizielle' Katholizismus, hierher importiert wurden. Eine exakte Unterscheidung zwischen den europäischen und den afrikanischen Einflüssen dürfte jedoch schwierig sein, da sich besonders die mystischen Praktiken in beiden Kulturkreisen in vielen Formen ähnlich sind.

Bevölkerung, Religionen (Fortsetzung)

Knapp 60 % aller Seychellois über 15 Jahren können lesen und schreiben. Auffallend ist dabei, daß Mädchen und Frauen mehr Bildung aufweisen als Jungen und Männer.

Analphabeten

Das Gesundheitswesen der Seychellen ist dank der erheblichen Anstrengungen in den letzten zehn Jahren für Dritt-Welt-Verhältnisse sehr gut ausgebaut. Es gibt Ärzte, Zahnärzte, Psychologen und medizinisch geschulte Fachkräfte (etwa eine Fachkraft pro 1000 Einwohner), ferner Arzthelfer und Krankenschwestern. Insgesamt stehen der Bevölkerung mehr als 420 Krankenhausbetten – davon etwa 250 alleine in Victoria – zur Verfügung. Fast alle Siedlungen haben kleine ärztliche Behandlungszentren ('clinics'); bei schwereren Krankheitsfällen können die Patienten mit einem Krankenwagen oder einem Flugzeug zum Zentralkrankenhaus in Victoria gebracht werden (s. auch die Angaben über 'Ärztliche Hilfe' in dem Teil 'Praktische Informationen von A bis Z' dieses Buches).

Gesundheitswesen

Besonders die älteren Seychellois haben oft noch eine gute Kenntnis der traditionellen Heilmittel und der zahlreichen Pflanzen – ihre Gesamtzahl wird auf 250 bis 500 geschätzt –, die eine heilende Wirkung besitzen. Da die Methoden der Naturheilkunde jedoch eng mit den vielfältigen Formen von Aberglauben und Hexerei verknüpft sind, die auf den Seychellen, wenngleich tiefverwurzelt, offiziell verboten sind, wird dieser Zweig der Medizin nicht gefördert.

Volksmedizin

Etwa zwei Fünftel der Bevölkerung gehen einer regelmäßigen bzw. saisongebundenen Arbeit nach, ca. 26 000 von ihnen stehen in festen Beschäftigungsverhältnissen. Ihre Löhne sind, gemessen an europäischen Verhältnissen, vergleichsweise niedrig. Die Arbeitslosenrate liegt nach neueren Schätzungen derzeit bei 10 %.
Nachdem der erste Bauboom im Gefolge der Eröffnung des internationalen Flughafens (1971) schon 1973 ein abruptes Ende fand, herrschte in den 1970er- und 1980er Jahren zeitweise eine beträchtliche Arbeitslosigkeit. Seitdem ist aber die Nachfrage nach Fachkräften und nach ungelernten Arbeitern so stark gestiegen, daß die Regierung erwägt, eventuell sogar ausländische Arbeitskräfte ins Land zu lassen.

Arbeitskräftepotential

Wirtschaft

Die Republik der Seychellen, ein Kleinstaat ohne eine ausreichende Wirtschaftsbasis, leidet an vielen der typischen Dritt-Welt-Krankheiten und hat – wie andere Insel- und Küstenstaaten im Indischen und Pazifischen Ozean – begonnen, ihr Heil im Tourismus zu suchen.

Allgemeines

Zur Zeit der französischen und britischen Kolonialherrschaft stellten zunächst Edelhölzer und Schildkröten die wichtigsten Ausfuhrgüter dar. Rücksichtsloser Raubbau an den Naturschätzen ließ diese Einkommensquellen jedoch schnell versiegen.

Später wurden dann Kokosnüsse und das aus ihnen gewonnene 'Kopra' zum Hauptwirtschaftsgut. Zu Beginn dieses Jahrhunderts erlangte der Zimt (und vor allem das aus den Blättern gewonnene Zimtöl) eine Vorrangstellung, die dieses Produkt zusammen mit der Kopra auch beibehielt, bis in den 1970er-Jahren der Tourismus zum wichtigsten Wirtschaftszweig und Devisenbringer wurde.

In jüngerer Zeit hat man auch die Voraussetzungen für die Fischereiwirtschaft, eine der traditionellen Aktivitäten der Seychellois, systematisch verbessert. Der Fischfang ist binnen kurzer Zeit – zusammen mit der industriellen Fischverarbeitung – zu einer der wichtigsten Säulen der Wirtschaft geworden. Hinzu kommt, daß die fischverarbeitende Industrie für die Handelsbilanz des kleinen Inselstaates wesentlich vorteilhafter ist als der Fremdenverkehr, da letzterer die Abhängigkeit der devisenschwachen Republik von importierten Waren in geradezu dramatischer Weise verstärkt hat.

Das Bruttoinlandsprodukt (2001: 573 Mio. US-Dollar) verteilt sich etwa folgendermaßen auf die einzelnen Wirtschaftszweige: Dienstleistungssektor (inkl. Gastgewerbe und Handel) 72,3%, Industrie 10,4%, Handwerk 14,4%, Fischerei, Land- und Forstwirtschaft 2,9%. Pro Kopf der Bevölkerung lag das Bruttoinlandsprodukt 2001 auf den Seychellen bei 6470 US-Dollar (zum Vergleich Deutschland: 23700 US-Dollar).

Von den ca. 26000 Beschäftigten in festen Arbeitsverhältnissen arbeiten zirka 30% in Industrie, Handwerk und Handel, etwa 25% im Dienstleistungsbereich, rund 20% im Öffentlichen Dienst, 12% in Fischerei, Land- und Forstwirtschaft, der Rest in anderen Wirtschaftsbereichen.

Nachdem in den ersten Jahren nach der Unabhängigkeit (1976) das Schwergewicht der Wirtschaftspolitik auf dem Ausbau sozialer Dienstleistungen – Schule, Gesundheit und Wohnungen – lag, erfolgte im Laufe der Zeit eine Verlagerung der Prioritäten zum industriellen Bereich hin. Darüber hinaus werden, nach einer Periode rascher und umfassender Verstaatlichungen, wieder private Investitionen – besonders 'joint-ventures' mit ausländischen Kapitalgruppen – gesucht und gefördert.

Landwirtschaft und Fischerei

Da in den ersten Jahrzehnten der Besiedlung auf den Seychellen Rohstoffe reichlich vorhanden waren, die die Siedler bis zum Letzten ausbeuteten, und da man aus den einfach und kostengünstig zu bearbeitenden Kokosplantagen ein gutes Einkommen erzielen konnte, wurde die Landwirtschaft auf den Seychellen nie in ausreichendem Maße entwickelt. In den letzten Jahren wurde das landwirtschaftlich nutzbare Land auf Mahé, das immer schon rar war, mit dem Hotelbauboom infolge des Flughafenbaus noch knapper. Auch die Abhängigkeit von Lebensmittellieferungen aus dem Ausland verstärkte sich durch die hohe Anzahl von Touristen. Die Einfuhr von Lebensmitteln verdoppelte sich zwischen 1970 und 1975 und dann noch einmal bis 1979. Bis zum Ende des 20. Jh.s stieg sie nochmals um das Vierfache. Der größte Teil der erforderlichen Produkte – Rindfleisch, Milch, Obst, Gemüse, Mehl, Zucker – wird heute durch Importe aus Südafrika gedeckt.

Rund 15% der Landfläche der Seychellen werden landwirtschaftlich genutzt, 11% forstwirtschaftlich. In den letzten Jahrzehnten war es nicht mehr möglich, die Bevölkerung der Seychellen mit Hilfe der inländischen Landwirtschaft mit dem Lebensnotwendigen zu versorgen, sieht man einmal von Fisch und Kokosnüssen ab. Ausdruck der gravierenden Krise, in der der landwirtschaftliche Sektor steckt, ist die stetige Abwanderung von Arbeitskräften, die schon in den 1960er-Jahren einsetzte und sich in den 1970er-Jahren noch intensivierte.

Europäische Gemüsearten gedeihen auf den Seychellen nur schlecht. Angebaut werden – vor allem auf privater Ebene – Maniok, Kartoffeln, Mais, Tomaten, Karotten, Kohl, grüner Salat, Jams, Avocado, Kürbisse, Süßkartoffeln und Auberginen. Tee und Kaffee werden seit einigen Jahren auf Plantagen in den mittleren Lagen der Berge Mahés angebaut, während Früchte fast überall im Überfluß vorhanden sind. Nahezu alle bekannten tropischen Arten der Welt wurden im Laufe der letzten 200 Jahre auf den Seychellen eingeführt: diverse Mangoarten ('Blanc', 'Fisette', 'Périse', 'Malabar', 'Kinon' usw.), der Brotfruchtbaum mit seinen schönen Blüten und grünen Früchten, der Cashew-Baum, Papayas, Ananas, Litchis, Zitrusfrüchte, der Atherhoas-Baum mit seinem erfrischenden Fruchtfleisch, das roh oder als Salat angemacht gegessen wird, und schließlich 15 oder 17 Arten von Bananen (die bekanntesten sind: 'Malgache', 'Noire', 'Figre', 'Gros Michel', 'Monsieur', 'Mile', 'Cendre', 'Rouge', 'Gabou' und die bis zu 60 cm lange 'Saint Jacques'). *Anbau von Nutzpflanzen*

In den letzten Jahren entstanden an der Westküste zwei große Musterfarmen, die das Problem der landwirtschaftlichen Unterentwicklung durch ihre eigene Produktion und durch den Lehrcharakter ihrer Anbau-Kulturen lösen helfen sollen. Derzeit wird an Projekten zur Blumenzucht (Orchideen) gearbeitet, die als vielversprechender Devisenbringer eingeschätzt wird.

Seitdem in den dreißiger und vierziger Jahren des 19. Jh.s im Zuge der Sklavenbefreiung Arbeitskräfte seltener und teurer wurden und gleichzeitig der Weltmarkt zunehmend nach Kokos-Produkten verlangte, wurden die Kokosnuß und ihre Derivate zu Haupt-Exportartikeln der Seychellen. War zu Anfang jenes Jahrhunderts nur der Küstenstreifen mit Kokospalmen bepflanzt, so breiteten sich die Kokosplantagen in der Folge so sehr aus, daß sie bald das gesamte landwirtschaftlich nutzbare Land bedeckten. Noch heute gibt es auf den Seychellen ca. 10 000 ha Kokosplantagen; sie nehmen ein knappes Fünftel des gesamten Landes ein. *Kopra*

Bis um das Jahr 1900 herum wurde vor allem direkt Kokosöl produziert, von dem schon 1840 jährlich mehrere 100 000 l exportiert werden konnten. Zu Beginn des 20. Jh.s wurde der Ölexport durch den von Kopra ersetzt, dem getrockneten und gemahlenen Mark der Nüsse, das zu zwei Dritteln aus Fett, zu 20% aus Kohlehydraten und zu 8% aus Proteinen besteht. Aus diesem wird dann bei der weiteren Verarbeitung Kokosöl gewonnen, das zur Herstellung von Glyzerin, Kunstharzlacken, Speisefett, Kerzen, Seife und Shampoos dient. Seychellen-Kopra zählt zu den besten der Welt und stellte lange Zeit die wichtigste Einnahmequelle des Landes dar. In den achtziger Jahren sank der Export aber deutlich (1986 wurden 2374 t Kopra ausgeführt, 1994 nur noch 112 t).

Der Zimtbaum ist eine der ältesten importierten Gewürzpflanzen der Seychellen. Schon 1772 wurden die ersten Samen von Pierre Poivre auf Mahé eingeführt. Doch erst mit dem Niedergang der Vanille-Kulturen – verursacht durch Krankheitsbefall der Pflanzen und einen Verfall der Weltmarktpreise – in den 1920er Jahren erlangte die Pflanze ihre große Bedeutung. Von dem Zimtbaum wird die Rinde abgeschlagen, in Öfen getrocknet und gemahlen bzw. – wie auch die Blätter – destilliert, um daraus Zimtöl (Eugenol) zu gewinnen, das bei der Herstellung von Vanillin Verwendung findet. In den letzten Jahren wurde der Zimtexport jedoch aufgrund des Kursverfalls auf den internationalen Rohstoffmärkten immer schwieriger (von 1600 t im Jahre 1973 sank die Ausfuhr von Zimtprodukten auf 220 t im Jahre 1997). *Zimt*

Die Seychellois sind mit einem jährlichen Verzehr von über 80 kg pro Kopf der Welt größte Fischkonsumenten. Der Fischfang wurde bisher in erster Linie auf familiärer Basis mit ca. 400 meist kleinen Booten betrieben, während die fischreichen Gewässer um die Seychellen hauptsächlich von Fischfangflotten anderer Nationen befahren wurden. Seit der Einrichtung und internationalen Anerkennung der 200-Meilen-Wirtschaftszone, die sich über ein Gebiet von ca. 1 Mio. km^2 erstreckt, erhoben die Seychellen *Fischfang*

Fischer bei der Arbeit (La Digue)

Fischfang
(Fortsetzung)

für die Fischrechte Abgaben, welche die defizitäre Außenhandelsbilanz etwas aufbesserten und die Grundlage für den Aufbau einer eigenen Fischfangflotte und Fischverarbeitungsindustrie bildeten. Seit mehreren Jahren werden die Möglichkeiten dafür systematisch erforscht.

Zur Zeit besteht die ständige, auf den und um die Seychellen stationierte Fischfangflotte aus 50 Booten, unter ihnen 40 große Einheiten aus der Europäischen Union (bes. Frankreich und Spanien). Dazu kommen noch ca. 100 Boote anderer Fischfangnationen (bes. Japan und Russland).

Zwei Boote, die von Frankreich geleast wurden, um eine eigene Flotte aufzubauen, stellten sich als ungeeignet heraus, da die Seychellois nicht mit ihnen zurechtkamen. Deshalb ist im Rahmen des nächsten nationalen Entwicklungsplanes der Bau zweier eigener Schiffe geplant, die mit Hilfe der EU finanziert werden sollen.

Thunfisch-
verarbeitung

Gefangen wird fast ausschließlich Thunfisch, für den man spezielle Netze entwickelt hat, die nur die größeren Fische fangen, um die Reproduktion der Art nicht zu gefährden. Seit 1987 gibt es in Victoria eine Konservenfabrik, in der täglich über 100 t Thunfisch verarbeitet werden. Thunfisch ist heute das Hauptexportprodukt der Seychellen. Allein 1998 wurde Dosen-Thunfisch im Wert von 412 Mio. Rupien exportiert. Damit konnten die die rückläufigen Zimt- und Kopra-Exporte kompensiert werden.

Aquafarming

Seit einiger Zeit ist Aquafarming auch im Bereich der Seychellen ein Thema. Die Island Development Company hat auf der Insel Coëtivy eine Krabbenzucht aufgebaut, die bereits 1998 mit einer Jahresproduktion von 650 t glänzen konnte. In der Anlage werden u.a. Abfälle aus der Fischkonservenfabrik in Victoria verfüttert.

Fleischerzeugung

An Bedeutung gewonnen haben in den letzten Jahren die Mastviehhaltung (bes. Geflügel und Schweine) und die Fleischproduktion für die heimischen Hotels und Restaurants.

Industrie und Außenhandel

Trotz großer Fortschritte befindet sich die Industrie der Seychellen noch in der Aufbauphase. Während in der Zeit der britischen Kolonialherrschaft nicht die mindesten Anstrengungen zum Aufbau einer nationalen Industrie gemacht wurden und in den siebziger Jahren die Entwicklung des Tourismus Vorrang hatte, steht eine bescheidene industrielle Entwicklung seit den 1980er Jahren auf dem Programm der Regierung. Bisher gibt es neben der bereits erwähnten Dosenfisch-Fabrik eine einigermaßen gut entwickelte Bauindustrie sowie bescheidene Aktivitäten in den Sektoren Schiffbau, Holzbearbeitung, Brauereiwesen, Bürstenherstellung, Kunststoffverarbeitung, Metall- und Lederverarbeitung, Seifenherstellung und Zigarettenproduktion. Guano und Granit sind die einzigen heimischen Industrie-Rohstoffe. Die Vorräte des als Dünger verwendeten Guano, der im Laufe von Jahrhunderten aus den abgelagerten Exkrementen der Vögel vor allem auf den Koralleninseln entstanden ist, geht auf vielen Inseln langsam zur Neige. Auf der Insel Assomption allein wurde seit 1840 über eine Million Tonnen Guano gewonnen; ein Großteil davon ging nach Mauritius.

Die Stromversorgung ist auf den größeren Inseln ausreichend abgesichert, während auf den kleinen Granitinseln und den Koralleninseln privat betriebene Stromaggregate für die erforderliche elektrische Energie sorgen. Die Stromerzeugung konnte seit Mitte der 1980er Jahre von 66 Mio. kWh auf knapp 160 kWh im Jahre 1998 gesteigert werden. *Elektrische Energie*

Die wichtigsten Ausfuhrgüter der Seychellen sind Thunfisch, Kopra, Zimt, Zimtöl, Kokosnüsse, Guano, Vanille und Tee. Nach der Machtergreifung der Regierung René wurden diese Exporte vom Seychelles Marketing Board monopolisiert; es gibt aber Tendenzen, die Ausfuhr wieder zu liberalisieren, um die wirtschaftlichen Aktivitäten anzukurbeln. Haupthandelspartner der Republik Seychellen sind, was die Importe betrifft, Groß- *Außenhandel*

Briefmarken – ein wichtiger Exportartikel

Briefmarkenserie mit Emblem des World Wide Fund for Nature

Außenhandel (Fortsetzung)

britannien, China, Singapur, Südafrika und Jemen. Die Exporte gehen in erster Linie nach Frankreich (einschließlich Réunion), Großbritannien, Deutschland, China und Japan.

Ein wichtiger Devisenbringer sind auch die Briefmarkenserien, die zu international gefragten Sammlerobjekten geworden sind. In der Exportbilanz haben sie sogar Kopra und Zimt überrundet.

Die Republik Seychellen hat finanzielle Probleme, da der Import den Export wertmäßig übersteigt. Importiert werden vor allem Maschinen, elektrotechnische Erzeugnisse und Fahrzeuge sowie Nahrungsmittel.

Tourismus und Verkehr

Tourismus

Der Tourismus hat sich seit Anfang der 1970er-Jahre zum bedeutendsten Wirtschaftszweig des Landes entwickelt. Gut ein Drittel aller Arbeitsplätze auf den Inseln ist heute vom Tourismus abhängig. Außerdem erwirtschaftet der Fremdenverkehr etwa 70% der Deviseneinnahmen. Allein im Jahr 2001 spülten die Touristen weit über 100 Mio. Euro in die Kassen. Allerdings fließen rund 60% der Brutto-Einkünfte aus dem Tourismus wieder ins Ausland zurück und zwar hauptsächlich für Nahrungsmittelimporte und andere Importgüter des Fremdenverkehrsgewerbes.

Während vor dem Bau des Flughafens eine Schiffsreise von Europa nach den Seychellen 42 Tage dauerte und die Besucherzahlen entsprechend gering waren, stiegen letztere sofort nach der Eröffnung des Flugfeldes in Pointe La Rue im Jahre 1971 stark an. 1972 kamen schon 15 000 Besucher, und 1978 überstieg die Besucherzahl zum ersten Mal die Einwohnerzahl. Im Jahre 1959 gab es nur fünf Hotels und ein Gästehaus, zwischen 1970 und 1980 erhöhte sich die Zahl der Gästebetten dann von 140 auf 2600. Die hochgesteckten Erwartungen vom Ende der 1970er Jahre, als man für das folgende Jahrzehnt eine Steigerung auf 125 000 Besucher im Jahr voraussagte, erfüllten sich jedoch nicht. In den Jahren 1982 und 1983 erlitt das Tourismusgeschäft der Seychellen in Folge der politischen Instabilität des Landes einen schweren Rückschlag. Wie leicht verletzbar die sog. Weiße Industrie ist, zeigte sich auch 1991/1992 während und nach dem Golfkrieg, als die Besucherzahl gegenüber dem Vorjahreszeitraum um 13% zurückging. Doch dann zog der Fremdenverkehr wieder an.

Im Jahre 2001 zählte man rund 130 000 Besucher, wobei etwa drei Viertel der zumeist wohlhabenden Gäste aus Europa (bes. Frankreich, Deutschland, Großbritannien, Italien, Deutschland, Schweiz) kamen. Seit einiger Zeit kommen vermehrt auch Gäste aus Südafrika, Süd- und Ostasien sowie aus Nordamerika. Die durchschnittliche Aufenthaltsdauer der Gäste lag 2001 bei zehn Tagen.

Tourismus (Fortsetzung)

Derzeit gibt es auf den Seychellen rund 4800 Gästebetten, die im Schnitt zu 63% ausgelastet sind. Die meisten Hotelzimmer (über 80%) bietet die Hauptinsel Mahé. Die Regierung der Seychellen favorisiert seit einiger Zeit einen nachhaltigen Tourismus, der die empfindlichen Ökosysteme der Inseln und Gewässer so wenig wie möglich schädigt. Man will die Zahl der Touristen auf 200000 pro Jahr beschränken. Dadurch kommt man zwei tourismuspolitischen Zielen entscheidend näher: Man tut etwas für die Umwelt und sorgt durch künstliche Verknappung für Exklusivität, die sich künftig nur noch Gäste mit hohen Einkommen leisten können.

Dennoch sollen in naher Zukunft die Verkehrsverbindungen auf und zwischen den Inseln, das Telefonnetz und die Unterkunftsmöglichkeiten auf den Außeninseln ausgebaut und modernisiert werden. Gleichzeitig will man ältere Hotelanlagen auf der Insel Mahé renovieren und komfortabler gestalten.

Der internationale Flughafen von Mahé wurde 1971 eröffnet. Heute finden hier im Jahr über 3000 Flugbewegungen im internationalen Luftverkehr statt; hinzu kommen zahllose Flugbewegungen zwischen den einzelnen Inseln des Archipels.

Flugverkehr

Im internationalen Verkehr werden jährlich über 155000 Passagiere (zuzüglich 100000 im Transitverkehr) befördert, im Inlandverkehr rund 280000, davon mehr als 130000 ausländische Besucher.

Flughäfen bzw. Landebahnen gibt es außer auf Mahé auf den folgenden Inseln: Praslin, Frégate, Bird, Desroches, Denis, Darros, Marie Louise, Rémire, Alphonse, Astove, Farquhar und Coëtivy.

Der wichtigste Hafen der Inselgruppe ist jener der Hauptstadt Victoria auf der Insel Mahé. Hier legen viele der im Indischen Ozean verkehrenden Kreuzfahrtschiffe an und von hier aus legen auch die Fähren nach Praslin in La Digue ab. Der Hafen von Victoria wird auch regelmäßig von Frachtschiffen aus Europa angelaufen.

Seeverkehr

Das Straßennetz umfaßt Verkehrswege mit einer Gesamtlänge von rund 420 Kilometer, von denen fast 90% asphaltiert sind. Die meisten Straßen sind auf der Hauptinsel Mahé angelegt. Auf Praslin gibt es 70 Kilometer und auf La Digue 16 Kilometer Straßen. Insgesamt sind auf den Seychellen weniger als 10000 Kraftfahrzeuge (Pkws, Lkws und Busse) unterwegs, dennoch kann es in den Stoßzeiten auf den Ausfallstraßen von Victoria zu kleinen Staus kommen.

Straßenverkehr

Geschichte

Ab 1000 v.Chr.

Wahrscheinlich kennen schon die ersten persischen und arabischen Seefahrer die Gegend des Persischen Golfes und die Küste Afrikas sehr genau; damit haben sie wohl auch Kenntnis von den Seychellen. Darüber gibt es jedoch keinerlei Quellen: Auch die älteste Seefahrtsanleitung für den Indischen Ozean – "Reise durch das Meer von Eritrea" aus dem 1. Jh. v.Chr. – schweigt zu diesem Punkt.

200 v.Chr.

Vermutlich kommen Malaien, die die Insel Madagaskar besiedeln, auf ihrer Fahrt dorthin auch auf die Seychellen. Die Existenz des Kasuarina-Baumes auf den Inseln, dessen Samen kaum spontan die weite Seestrecke überwunden haben können, scheint dies zu bestätigen.

700 – 1000 n.Chr.

Arabische Händler und Seefahrer besuchen die Seychellen, die im 9. Jh. zum ersten Mal auf einer arabischen Karte verzeichnet sind. Arabische Handschriften der Händler Al Mas'eudi und Ibn Battutta berichten im 14. Jh. von den 'hohen Inseln' auf dem Seeweg nach den Malediven. 1910 werden in der Anse Lascars auf Silhouette etwa 30 alte Gräber entdeckt, die wahrscheinlich für Besatzungsmitglieder eines arabischen Handelsschiffes angelegt worden sind. Auch der Name der Inselgruppe 'Aldabra' weist auf arabische Präsenz hin; er stammt vom arabischen 'al khadra' ('die Grüne'). In arabischen Schriften aus dem 14. und 15. Jh. werden die Seychellen 'zarin' genannt ('die Schwestern').

1501 (oder 1502)

Der portugiesische Seefahrer João de Nova entdeckt um diese Zeit die Inseln der Farquhar-Gruppe. Die Seychellen erscheinen im Jahre 1502 auf den portugiesischen Seekarten von Alberto Cantino. Ab 1506 werden sie häufiger unter dem Namen 'as sete irmas' ('die sieben Schwestern'; auf einer Karte von Pedro Reinel) oder 'os irmãos' ('die Brüder') genannt. Die Hauptinsel trägt meist den Namen 'Y. Rana'.

1502 (oder 1503)

Der Seefahrer Vasco da Gama entdeckt auf seiner zweiten Reise nach Indien die Inseln der Amiranten-Gruppe. Die Portugiesen leiten auf der Suche nach anderen Handelsbeziehungen für ostindische Gewürze das Zeitalter der Entdeckungen ein.

Die Holländer hingegen, die sich fest im Fernen Osten etablieren, interessieren sich nicht für die Seychellen und die anderen Inseln auf dem Wege. Nur auf einer der kleineren, isolierten Inseln soll es zwischen 1598 und 1712 eine holländische Niederlassung gegeben haben.

1609

Am 19. Januar dieses Jahres ankert eine Expedition der britischen East India Company (Fourth Voyage of the East India Company) unter dem Kommando von Alexander Sharpeigh mit den Schiffen "Ascension" und "Good Hope" auf der Suche nach neuen Handelspartnern in den Ländern am Rande des Indischen Ozeans vor Mahé. Die Seeleute erkunden Sainte Anne, North, Silhouette und Praslin. Sie begegnen keinen Inselbewohnern.

Ab 1685

Von 1685 an wird regelmäßig darüber berichtet, daß es in dieser Region Piraten gibt, die eine ernste Gefahr vor allem für die englischen Seefahrer darstellen. Die Read, Williams, Avery, White, Bowen, Howard und Captain Kid, die teilweise statt im Bereich der Antillen, nachdem die dortigen Behörden energischer gegen sie durchgriffen, im Indischen Ozean als Räuber auftraten, und die französischen Piraten Misson und Olivier Levasseur (genannt 'La Buse', der Bussard) waren hier fast 50 Jahre lang 'aktiv'. Mit 'La Buse' zusammen zog vielfach der Engländer Taylor, genannt 'der Schrecken von Indien', auf Beutezug. Auf ihr Konto gehen die Eroberung des Schiffes "Vierge du Cap" mit vielleicht der größten Beute der Geschichte sowie der reichbeladenen Frachtschiffe der Compagnie des

Indes "Duchesse de Noailles" und "Ville d'Ostende". Dieser Überfall führte zur Mobilisierung der Gegenwehr der französischen Autoritäten, die 'La Buse' dann im Jahre 1730 festnehmen und auf der Île Bourbon (dem heutigen Réunion) hinrichten. Die Überlieferung will wissen, daß La Buse seinen sagenhaften Schatz am Westende der Beau Vallon Bay auf Mahé versteckt hat. Aufwendige Suchaktionen blieben jedoch bisher ohne Erfolg.

Ab 1685
(Fortsetzung)

Am 22. November ankert Kapitän Lazare Picault mit den beiden Schiffen "Elisabeth" und "Le Charlie" im Auftrag des französischen Gouverneurs der Île de France (Mauritius), Bertrand François Mahé de Labourdonnais, in einer Bucht an der Südwestküste Mahés und nennt die Insel 'Île d'Abondance' ('Insel des Überflusses'). Die Expedition verläßt die Inseln nach vier Tagen mit 300 Riesenschildkröten und 600 Kokosnüssen an Bord.

1742

Wegen der mageren Ausbeute und der unzureichenden Aufzeichnungen Picaults schickt Labourdonnais diesen auf eine zweite Entdeckungsreise, während der er am 30. Mai in der Nähe des heutigen Victoria landet und die 'Île d'Abondance' zu Ehren seines Gouverneurs in 'Mahé' umbenennt. Der gesamte Archipel erhält seinerseits den Namen 'Îles de Labourdonnais'. Labourdonnais fällt während eines zweijährigen Indienfeldzugs, den er persönlich führt, in der Kolonie den Intrigen seiner Konkurrenten zum Opfer, findet bei seiner Rückkehr einen neuen Gouverneur vor und wird später in der Bastille hingerichtet.

1744

Die offzielle Inbesitznahme Mahés und der sieben östlich davon gelegenen Inseln durch das Frankreich Ludwigs XV. erfolgt am 9. November in der Person des irischen Kapitäns Corneille Nicolas Morphey (seine Schiffe waren die "Le Cerf" und die "St-Benoît"); er läßt auf der Insel Mahé einen 'Stein der Inbesitznahme' ('pierre de possession') aufstellen und kommt dem Bestreben der Briten, eine Kolonie zu gründen, somit zuvor. Die Inselgruppe wird nach Jean Moreau de Séchelles, der von 1754 bis 1756 Finanzminister König Ludwigs XV. war, 'Seychelles' genannt.

1756

Unter dem Kommando von Marion Dufresne segelt im Auftrage des französischen Marineministers Gabriel de Choiseul, Herzog von Praslin, eine Expedition mit den Schiffen "La Digue" und "Curieuse" auf die Seychellen. Duchemin, der Kommandant der "Curieuse", landet auf der Île aux Palmes, die zu Ehren des Auftraggebers der Reise jetzt 'Praslin' genannt wird. In der Anse Possession stellt er, wie vorher Morphey auf Mahé, einen Stein der Inbesitznahme auf. Der Ingenieur Brayer du Barré, ein ehemaliger Geschäftsführer der Lotterie der Militärschule von Rouen, löst auf dieser Expedition das Geheimnis des Ursprungs der sagenumwobenen 'Coco de Mer'.

1768

Duchemin segelt erneut nach Praslin, belädt sein Schiff "L'Heureuse Marie" mit Meereskokosnüssen und verkauft sie auf dem indischen Markt. Sein Gewinnkalkül geht jedoch nicht auf: Die Menge, die er anbietet, sowie die Tatsache, daß die sagenumwobenen Früchte offenbar doch eine ganz banale Herkunft haben, entmystifiziert binnen kürzester Zeit die Riesenfrucht und sorgt für einen gewaltigen Preiseinbruch.

1769

Am 22. August erfolgt die erste dauerhafte Besiedlung der Seychellen auf der Insel Ste-Anne in der Bucht von Victoria durch 14 französische Siedler und eine kleine Gruppe von sieben afrikanischen Sklaven unter der Führung von Brayer du Barré. Er startet mit seinem Schiff "Télémaque" unter dem Kommando von Kapitän Lecorce am 12. August von der Île de France (Mauritius) und landet am 27. August auf Ste-Anne. Brayer du Barré setzt selbst nie einen Fuß auf die Seychellen. Die Siedler denken – trotz des ausdrücklichen Auftrags, die Landwirtschaft auf der Insel zu entwickeln – nur daran, wie sie möglichst schnell ein großes Vermögen aufhäufen könnten, und beschränken ihre Aktivitäten auf die Ausbeutung des natürlichen Reichtums der Inseln (v.a. Holz und Riesenschildkröten).

1770

Geschichte

1771

Pierre Poivre entsendet Antoine Gillot mit 40 Arbeitern und einer Gruppe von Sklaven mit dem Auftrag nach Mahé, den geeigneten Ort für die Anlage eines botanischen Gartens ('Jardin du Roi') auf Mahé zu erkunden. Gillot wählt die Anse Royal, deren neue Siedler jedoch bald in ständigem Streit mit denen von Ste-Anne liegen, so daß der Gouverneur der Île de France 1778 ein Kontingent von 15 Soldaten fest auf der Insel stationieren läßt. Ihr Lager, 'Établissement' genannt, später dann inoffiziell 'Port Royal', ist der Ursprung der heutigen Hauptstadt Victoria. Eine britische Expedition mit den Schiffen "Drake" und "Eagle" besucht die Inseln Mahé, Bird und die Amiranten-Gruppe.

1772

Pierre Poivre führt die Zimtpflanze auf den Seychellen ein. Ein Monsieur Hangard, der sich im selben Jahr auf Ste-Anne niederläßt, ist der erste französische Siedler, der nicht nach Ablauf eines Zeitvertrages nach Mauritius oder Frankreich zurückkehrt.

1780

Im Mai taucht in der Bucht von Victoria ein Schiff auf, das man für eine britische Fregatte hält. Der Kommandant der kleinen Garnison, de Romainville, läßt, wie ihm befohlen wurde, eilig ein Feuer an die Gewürzplantagen des 'Jardin du Roi' legen, um zu verhindern, daß diese den Engländern in die Hände fallen. Wie sich kurz darauf herausstellt, läuft das Schiff nicht unter britischer, sondern französischer Flagge, die es jedoch aus Furcht vor Begegnungen mit den Briten nicht gezeigt hat.

1785

Die seßhafte Bevölkerung der Seychellen ist auf einige hundert Personen angewachsen, darunter 14 Sklaven im Établissement, 11 Weiße und 232 Sklaven sowie ein freier Schwarzer mit seinem Sohn auf Rest-Mahé und ein Weißer mit 13 Sklaven auf Praslin. Kommandant auf den Seychellen ist Jean Baptiste Philogène de Malavois, der zum ersten Mal eine systematische Aufbauarbeit in die Wege leitet. Jedem freien Siedler wird Land zugeteilt und dessen Bearbeitung zur Pflicht gemacht; der gleichzeitige Versuch, den Raubbau an Holz und Tieren zu stoppen, endet ohne Erfolg.

1786/87

Malavois schafft ein Gesetzeswerk, das noch heute die Grundlage der Rechtsprechung auf den Seychellen bildet.

1789

Nach Beginn der Französischen Revolution beschließt Frankreich, die Seychellen zum Stützpunkt der 'Corsaires' zu machen, die auf den Handelsrouten des Indischen Ozeans mit fast 200 Schiffen der englischen Handelsflotte das Leben schwer machen. Robert Surcouf, genannt 'König der Corsaires', soll in jenen Jahren über 40 Schiffe ausgeraubt haben.

1790

Die freien Siedler beschließen, sich eine gewählte Kolonialversammlung zu geben, die als einen ihrer ersten Akte die Seychellen zu einer eigenständigen Kolonie erklärte. Die Sympathie der Seychellois für die Französische Revolution schwindet jedoch schon im Jahr darauf, als die französische Nationalversammlung die Sklaverei abschafft.

1794

Chevalier Quéau de Quinssy wird zum Kommandanten der Insel ernannt und überbringt die für die Siedler 'gute' Nachricht, daß das Verbot der Sklavenhaltung wieder aufgehoben wurde. Er ruft die Schiffbauindustrie ins Leben (das größte Schiff der Werften Mahés ist 1820 die "Thomas Blyth", ein 335-t-Handelsschiff) und gründet verschiedene Plantagen.
Im selben Jahr findet der erste Angriff der britischen Kriegsflotte auf die Seychellen statt. Vier Schiffe mit 166 Kanonen und 1200 Soldaten tauchen am 16. Mai unter ihrem Kommandanten Newcombe vor Victoria auf. Vor der erdrückenden Übermacht muß de Quinssy aufgeben. Am Morgen nach dem Angriff unterschreibt er eine von ihm selbst formulierte Kapitulationsurkunde, die die Garantie enthält, daß auf den Inseln faktisch alles unverändert bleibt. Insgesamt sieben Mal kapituliert de Quinssy bis 1811 gegenüber der englischen Flotte, nur um jeweils sofort nach deren Abzug die französische Fahne wieder hissen zu lassen.

Die Kolonie hat jetzt 591 Einwohner, davon 487 Sklaven. 1798

Im Hafen des 'Établissement' finden zwei blutige Seeschlachten zwischen 1801
überraschend aufgetauchten britischen Kriegsschiffen und zwei französischen Schiffen statt, die revolutionäre Jakobiner in die Verbannung
gebracht hatten. Die beiden französischen Boote werden erobert bzw. ver-
senkt.

De Quinssy kapituliert zum letzten Mal vor den Engländern, welche die 1811
Inselgruppe jetzt endgültig annektieren. In den Pariser Verträgen von 1814
(ratifiziert beim Wiener Kongreß 1815) wird die britische Hoheit über die
Seychellen sanktioniert. De Quinssy, der auch bei den Briten in hohem
Ansehen stand, wird von diesen gebeten, im Dienste des Königs im Amt zu
bleiben und ändert seinen Namen in 'de Quincey'. Bis zu seinem Tode im
Jahre 1827 vermittelt er als Friedensrichter zwischen den neuen eng-
lischen Machthabern und den französischen Siedlern auf den Seychellen.

Verbot des Sklavenhandels durch die britische Regierung. Gouverneur 1812
Sullivan läßt alle Sklaven, die von Händlern auf die Insel gebracht wurden,
befreien. Dennoch wird der Sklavenhandel erst in den dreißiger Jahren
endgültig beendet: Die Pflanzer sind derart von der Sklavenarbeit abhängig, daß der illegale Handel noch jahrelang weitergeht. Man schätzt, daß
zwischen 1670 und 1810 ca. 160000 Sklaven auf die Maskarenen-Inseln
und die Seychellen gebracht wurden (davon 45% von Madagaskar, ferner
40% aus Ostafrika, 13% aus Indien und 2% aus Westafrika). Der Bevölke-
rungsanteil der Sklaven an der Seychellenbevölkerung beträgt fast ständig
zwischen 85 und 90%.

Die Bevölkerung der Seychellen ist auf 5690 Personen angewachsen. Im 1818
darauffolgenden Jahr notiert ein Beobachter, daß der größte Teil von Mahé
und Praslin wie auch von La Digue und Silhouette seines ursprünglichen
Waldbestandes beraubt sei.

Die britische Regierung erläßt den 'Abolition Act'. Die Sklavenbefreiung 1833
wird 1839 auch auf den Seychellen Gesetz. Diese werden dennoch weiterhin zur Zwangsheimat für viele Sklaven, die von der britischen Flotte von
Sklavenschiffen befreit wurden und hierher, statt in ihre Heimatländer
gebracht werden. Dokumente von 1861, die im National Museum von Victoria aufbewahrt werden, bezeugen jedoch, daß auch nach der Sklavenbefreiung Menschenhandel betrieben wird. Da von den 7500 Bewohnern
der Inseln über 6000 Sklaven sind und diese sich nach ihrer Befreiung ver-
ständlicherweise weigern, für ihre alten Herren zu arbeiten, fällt die Landwirtschaft der Inseln in eine tiefe Krise. Entgegen der Praxis auf Mauritius,
wo zwischen 1835 und 1907 ca. 450000 indische Arbeiter eingeführt werden, erhalten die Siedler auf den Seychellen keine Genehmigung dazu von
der britischen Regierung. Diese Krise wird durch die seit den zwanziger
Jahren des Jahrhunderts entstandene amerikanische Konkurrenz für
Baumwolle verstärkt, die bis dahin Hauptexportgut war. Deren Weltmarkt-
Preis fällt in kürzester Zeit um zwei Drittel. Viele der Pflanzer wandern in
dieser Periode nach Mauritius aus, wo die Zuckerrohrplantagen gute Ein-
künfte versprechen. Die Bevölkerung der Seychellen sinkt zwischen 1830
und 1840 von 8500 auf 4360. Auf den Seychellen werden die ohne viel Einsatz von Arbeitskräften zu bewirtschaftenden Kokosplantagen (mit Kopra-
mühlen) – begünstigt durch das weltweite Wachsen des Kokosöl- und
Kopra-Handels – zum wichtigsten Wirtschaftsfaktor.

Wirtschaft und Bevölkerung der Seychellen haben einen Tiefststand 1840
erreicht. Nur noch 4360 Menschen leben auf den Inseln. Im folgenden Jahr
wird auf Initiative der Einwohner des 'Établissement' dieses zu Ehren der
englischen Königin aus Anlaß ihrer Hochzeit 'Victoria' genannt.

In Victoria entsteht die erste katholische Diözese. 1851

Geschichte

1862   Am 12. Oktober löst ein Wirbelsturm auf Mahé Erdrutsche aus, die die Stadt und große Teile der Kokosplantagen vernichten. 100 Menschen verlieren in einer einzigen Nacht das Leben.

1869   Von der Eröffnung des Sueskanals am 17. November, der den Seeweg nach Asien erheblich verkürzt, profitieren die Seychellen, die an den neuen Seefahrtsrouten liegen. Der Export ihrer Waren wird nun wesentlich einfacher. Hauptexportgüter sind in dieser Zeit Kokosnuß und Vanille.

1875   Sultan Abdullah Khan von Perak und seine Gefolgschaft sind die ersten einer langen Reihe von Verbannten, die auf den Seychellen eintreffen. Bis ins Jahr 1963 folgen ihnen: König Prempe der Ashanti mit Hofstaat, 17 Häuptlinge und zwei Könige von der Goldküste, der 'Kabaka' von Buganda und der König von Bunyoro (beides im heutigen Uganda), drei Mitglieder der amerikanischen Wachturm-Sekte aus Nyasaland, Mahomed Ali Shirrey, ein Sultan aus Somalia, Seyid Khalid bin Bargash, Thronfolger des Sultanats von Sansibar, Saad Zaghul Pascha von Ägypten und vier Mitglieder seines Kabinetts, Ali bin Ahmed Fadh und fünf Gefolgsleute aus Aden, Hussein Fehri Effendi al Khalidi und vier andere Palästinenser, Erzbischof Makarios und drei Gefolgsleute aus Zypern, Afri Didi von den Malediven.

1881   In diesem Jahre zählen die Inseln schon 14 191 Einwohner, die Zahl wird von zwei Pocken-Epidemien in den Jahren 1887 und 1895 noch einmal dezimiert.

1893   Mit der Einrichtung einer Telegraphenlinie nach Sansibar und Mauritius wird die erste Nachrichtenverbindung hergestellt. Auf Mahé entsteht das erste Krankenhaus.

1903   Am 31. August werden die Seychellen der Verwaltung durch Mauritius entzogen und zur eigenständigen britischen Kronkolonie erklärt. Auch die Koralleninseln, außer Coëtivy und Farquhar werden jetzt der Mahé-Gruppe zugeschlagen.

1908   Coëtivy wird von Mauritius abgetrennt und kommt zu den Seychellen.

1914   Durch den Ersten Weltkrieg werden die Seychellen von der übrigen Welt isoliert, ihre Wirtschaft stürzt erneut in eine tiefe Krise. Armut und Kriminalität breiten sich aus. Von 24 000 Einwohnern sind zeitweise 2500 in Haft. 1919 normalisiert sich die Wirtschaftslage wieder, nur um 1929 erneut zusammenzubrechen. Bis zum Ende des Zweiten Weltkrieges herrscht ein ständiges Auf und Ab, da die Wirtschaft extrem exportabhängig ist.

1923   Victoria erhält elektrischen Strom.

1932   Auch Farquhar geht von Mauritius an die Seychellen über.

1934   Einführung der Seychellen-Rupie als offizielles Zahlungsmittel.

1948   Den Bewohnern der Seychellen wird ein erstes, beschränktes Wahlrecht eingeräumt. Rund 2000 Bürger sind nach Kriterien der Alphabetisierung und des Besitzes von Eigentum wahlberechtigt. Der Rat besteht aus zwölf Mitgliedern, von denen vier durch die Siedler gewählt werden können. Die Betonung des Eigentums bei der Zuteilung des Wahlrechts führte dazu, daß die 'Seychelles Taxpayer's and Producer's Association' bis zum Jahre 1963 bei den Wahlen jeweils alle vier Sitze gewinnt.

1964   Es entstehen jetzt die ersten beiden politischen Parteien, die Seychelles Democratic Party (SDP) und die Seychelles People's United Party (SPUP). Während die SDP bis in die siebziger Jahre die vollständige Integration in das britische Königreich fordert, geht die SPUP sofort auf Unabhängigkeitskurs. 1970 werden Wahlen für ein Regionalparlament durchgeführt, das ein Mitspracherecht bei den Entscheidungen des Gouverneurs erhält. Die SDP bekommt bei diesen ersten Wahlen 53,8% der Stimmen, die SPUP hingegen 44,2%.

1964 (Fortsetzung)

Einführung des allgemeinen Wahlrechts für alle Erwachsenen. In einer Volksabstimmung entscheiden sich die Bewohner der Seychellen für eine weitere Bindung an Großbritannien. Die SDP gewinnt in den Wahlen vier Sitze der Kolonialkammer, die SPUP drei (ein Abgeordneter ist parteilos).

1967

Erste verfassunggebende Konferenz. Die Seychellen erhalten eine beschränkte Autonomie, bleiben aber vorläufig noch Kronkolonie. Viele Seychellois glauben, daß die Kolonie als selbständige Nation keine Überlebenschancen hat. Großbritannien muß aber aus Gründen der nationalen und internationalen Politik gezwungenermaßen 'entkolonisieren'. James R. Mancham wird schließlich der erste Chefminister (Chief Minister) und später Premierminister der Seychellen.

1970

Der internationale Flughafen wird eingeweiht. Schon im Jahr zuvor hat Air Kenya eine erste Fluglinie von Mombasa aus eingerichtet.

1971

Der Neue Hafen wird gebaut.

1972

Die OAU (Organisation der afrikanischen Einheit) erkennt die SPUP als Befreiungsorganisation der Seychellen an.

1973

Erneute Wahlen bringen für die SDP 52,4% der Stimmen und für die SPUP 47,4%. Die Sitzverteilung im Abgeordnetenhaus ergibt aufgrund des englischen Wahlrechts 13 Sitze für die SDP und nur 3 für die SPUP. Die beiden Parteien bilden eine Koalitionsregierung.

1974

Die Seychellen werden unabhängige Republik (28. 6.). Erster Staatspräsident wird James R. Mancham (SDP). Er bildet eine Koalitionsregierung mit der SPUP von France Albert René. Die Republik Seychellen schlägt zunächst in der Innenpolitik einen marktwirtschaftlich orientierten und in der Außenpolitik einen pro-westlichen Kurs ein.

1976

Am 5. Juni 1977 ergreift Premierminister France Albert René (Seychelles People's Progressive Front/SPPF; Front Progressiste du Peuple Seychellois/FPPS – mit militärischer Unterstützung Tansanias während der Abwesenheit von James R. Mancham – er vertritt sein Land auf der Commonwealth-Konferenz in London – in einem Staatsstreich die Macht.

1977

In einer allgemeinen Wahl ohne Gegenkandidat wird die Position Renés als Staatspräsident bestätigt. Die Politik der Seychellen ist von nun an gemäßigt sozialistisch orientiert. Nach einer Phase forcierter Verstaatlichungen und Versuchen des Aufbaus einer zentral geplanten Ökonomie gewinnt im Laufe der achtziger Jahre wieder ein liberaler Kurs die Oberhand.

1979

Ein Putschversuch durch südafrikanische Söldner, die als Rugbyspieler einreisen wollen, scheitert, da ihre Waffen bei der Zollkontrolle am Flughafen entdeckt werden. Die Putschisten entkommen nach einem Feuergefecht mit einer entführten Linienmaschine.

1981

Präsident René wird für eine zweite Amtsperiode wiedergewählt.

1984

Besuch des Papstes Johannes Paul II. auf den Seychellen.

1986

Zehnjahresfeier der 'Befreiung' und Machtergreifung France Albert Renés.

1987

Bei den Präsidentschaftswahlen Mitte des Jahres wird France Albert René für weitere fünf Jahre in seinem Amt als Staatspräsident bestätigt.

1989

Geschichte

1990	Nach einem Tief zu Beginn der 1980er Jahre überschreiten die jährlichen Besucherzahlen auf den Seychellen erstmals die Grenze von 100000-Marke.
1991/1992	Der Golfkrieg sorgt für einen spürbaren Rückgang der Besucherzahlen und damit auch für erhebliche wirtschaftliche Turbulenzen.
1993	Bei der ersten Mehrparteienwahl seit fast 20 Jahren wird France Albert René, langjähriger Präsident der Republik Seychellen, erneut zum Staatsoberhaupt gewählt (23. Juli). René erhält 59% der Stimmen, während sein Gegenspieler, James R. Mancham (DP), den er 1977 gestürzt hatte, knapp 37% erreicht. Ferner erringt Renés Fortschrittsfront (SPPF) 21 der 22 Parlamentsmandate, die durch Direktwahl vergeben werden. Die übrigen elf Sitze erhalten die drei Parteien (neben SPPF und Democratic Party gibt es noch die 'United Opposition') anteilig nach dem Stimmenverhältnis.
1994	Wegen fehlender Zahlungsmittel setzt die Regierung der Seychellen den Schuldendienst an die internationalen Geber für sechs bis neun Monate aus. Außerdem werden neue Zolltarife eingeführt.
1995	In einer Regierungserklärung vor der Nationalversammlung kündigt Präsident René mit Hinweis auf das Haushaltsdefizit eine Senkung der Sozialausgaben an.
1997/1998	Mir großer Sorge wird auch im Bereich der Seychellen ein massenhaftes Verbleichen bzw. Absterben von Korallenstöcken beobachtet.
1998	Bei der zweiten Mehrparteienwahl nach der Demokratisierung des Landes, die am 22. März abgehalten wird, erhält France Albert René zwei Drittel der Stimmen. Auf seine Mitbewerber um das Präsidentenamt, Wavel Ramkalawan von der United Opposition (UO) und Sir James Mancham von der Democratic Party (DP) entfallen 20% bzw. 14% der Stimmen. Im Parlament erhalten die SPPF 30 Sitze, die UO drei Sitze und die DP einen Sitz.
2000	Nach einigen Jahren der Stagnation bzw. des leichten Rückgangs kommen erstmals wieder mehr als 130000 Touristen ins Land.
2001	Im September gewinnt Staatschef René vorgezogene Präsidentschaftswahlen, allerdings bekommt er nur noch 54% der Stimmen. Es werden Stimmen laut, dass Renés Partei die Wahl massiv zu ihren Gunsten beeinflusst haben soll.
2002	Über die Hälfte der Landfläche der Seychellen steht unter Naturschutz. Mit dieser Relation nimmt das Touristenparadies im weltweiten Vergleich den Spitzenplatz ein. Im Gefolge der Terroranschläge vom 11. September 2001 in den USA und angesichts wirtschaftlicher Probleme in vielen Touristen-Herkunftsländern leidet auch die Tourismusindustrie auf den Seychellen.
2003	Für 2003 sind Parlamentswahlen vorgesehen, deren korrekte Durchführung von EU-Beobachtern überwacht werden soll.

Berühmte Persönlichkeiten

Die nachstehende, namensalphabetisch geordnete Liste vereinigt Persönlichkeiten, die durch Geburt, Aufenthalt, Wirken oder Tod mit den Seychellen verbunden sind und überregionale Bedeutung erlangt haben.

Hinweis

Der Seefahrer Vasco da Gama stammte aus der Hafenstadt Sines in Südportugal. Von König Manuel I. wurde er beauftragt, den Seeweg nach Indien zu suchen. Am 8. Juli 1497 verließ da Gama, der als tapfer, aber auch jähzornig galt, mit vier Schiffen den Hafen Rastello bei Lissabon. Die Besatzung zählte 170 Mann, dazu kamen Priester und Sträflinge. Nach einer Woche passierten die Schiffe die Kanarischen Inseln, am 22. 11. umsegelten sie das Kap der Guten Hoffnung. Die Fahrt ging weiter entlang der Ostküste Afrikas und schließlich gen Westen. Im Mai 1498 ging man vor der Westküste Vorderindiens vor Anker. Die Rückreise trat Vasco da Gama am 8. Oktober an und erreichte am 10. Juli 1499 wieder Lissabon. Zwar kehrte da Gama von dieser Reise fast mit leeren Händen zurück, doch empfand man in der ganzen damaligen Welt Neid und Bewunderung für den Mann, der den Kontakt mit den Gewürzinseln hergestellt hatte. Der König belohnte ihn reich und verlieh ihm den Titel "Dom". 1502/1503 unternahm Vasco da Gama an der Spitze einer Armada seine zweite Indienfahrt. Während dieser Reise entdeckte er 1502 oder 1503 die im Indischen Ozean – unweit der Küste Ostafrikas – gelegenen Ilhas do Almirante (Admiralsinseln), eine Gruppe von Koralleninseln, die sich südwestlich von Mahé erstrecken und seit rund 100 Jahren zu den Seychellen gehören; die Inseln tragen heute den Namen "Amiranten" (französisch "Les Amirantes").
Zu seiner dritten und letzten Indienreise brach der Seefahrer 1524 auf, nachdem der König ihn zum Vizekönig ernannt hatte. Bereits vier Monate nach seiner Ankunft in Indien starb da Gama am 24. Dezember 1524. Der portugiesische Schriftsteller Luis Vaz de Camões (1524/25 – 1580) hat die Taten Vasco da Gamas in seinen "Lusiaden" verherrlicht.

Vasco da Gama (um 1460 bis 24. 12. 1524)

Der aus London gebürtige Schriftsteller und Journalist ist als Schöpfer von James Bond, dem Agenten Nr. 007 des britischen Geheimdienstes, in die Literatur- und Filmgeschichte eingegangen. Der höchst erfolgreiche Verfasser spannender Kriminalromane im Spionage-Milieu wurde am feinen Eton College und am Royal Military College in Sandhurst erzogen. Nach einem Sprachenstudium in München und Genf ging er nach Moskau, wo er von 1929 bis 1933 Korrespondent für die Nachrichtenagentur Reuters war. Danach kehrte er nach London zurück und betätigte sich bis zum Ausbruch des Zweiten Weltkrieges als Geldhändler. Während des Krieges diente er dem Direktor der British Naval Intelligence als persönlicher Berater. Nach dem Kriege arbeitete er für die Londoner Zeitung "The Sunday Times". In den 1950er Jahren schuf er James Bond, den Protagonisten von mehr als einem Dutzend höchst erfolgreichen Spionageromanen, darunter "Casino Royale" (1953), "From Russia with Love" (1957; dt. "Liebesgrüße aus Moskau") und "Goldfinger" (1959). Die auf der Basis seiner Romane gedrehten Filme wurden zu wahren Kassenfüllern, was natürlich auch den beiden Hauptdarstellern Sean Connery und Roger Moore zu verdanken ist. Inspirationen für seine Spionageromane "Thunderball" (1961; dt. "Feuerball") und "The Man with the Golden Gun" (1965 posthum veröffentlicht; dt. "Der Mann mit dem goldenen Colt") holte sich Fleming bei Aufenthalten im Inselparadies der Seychellen. Er war beispielsweise überzeugt, daß auf Frégate Island sagenhafte Piratenschätze versteckt sind.

Ian Fleming (28.5.1908 bis 12.8.1964)

Hodoul war einer der berühmtesten französischen 'corsaires', die gegen Ende des 18. Jh.s den Indischen Ozean unsicher machten. Der in Ciotat, Südfrankreich, geborene Seemann operierte dabei geschickt im Bereich

Jean François Hodoul (gest. 5. 1. 1835)

Berühmte Persönlichkeiten

Jean François Hodoul (Fts.)

der Halblegalität, die durch den Kampf um die Vormacht zwischen Frankreich und Großbritannien in der Region entstanden war. Er eroberte zahlreiche englische und portugiesische Handelsschiffe mit teilweise sehr wertvoller Ladung. Obwohl die Seychellen seit 1794 offiziell unter britischer Hoheit standen, konnte Hodoul hier immer wieder Schutz vor dieser in der Region stärker werdenden Seemacht suchen. Auch seinen Lebensabend verbrachte er auf den Seychellen. Nachdem Hodoul sein Schiff im Kampf gegen eine britische Flotte verloren hatte, ließ er sich für immer auf Mahé nieder und wurde unter der britischen Verwaltung Friedensrichter. Nach ihm ist eine kleine Insel im Hafen Victorias benannt (Hodoul Island).

Olivier Levasseur, genannt 'La Buse' (der Bussard) (gest. 7. 7.1730)

Olivier Levasseur, der vielleicht berühmteste aller französischen Piraten des Indischen Ozeans, der 'Schrecken des Indischen Ozeans', wie er auch genannt wurde, kam – wie die Briten Taylor und Edward England – in den ersten Jahren des 18. Jh.s in den Indischen Ozean. Die Antillen, zuvor bevorzugtes 'Jagdgebiet' der Piraten, waren diesen zu riskant geworden, nachdem die britischen Behörden sich entschlossen hatten, der Seeräuberplage unter Einsatz der geballten Macht ihrer Marine ein Ende zu bereiten. Im Juli 1720 kam 'La Buse' zum ersten Mal auf die Komoren-Inseln und schloß sich mit Taylor, einem ehemaligen britischen Marineoffizier, zusammen. Die beiden brachten mehr als 500 Mann zusammen und machten einige Jahre lang den Indischen Ozean unsicher. Solange sie nur britische, portugiesische und holländische Schiffe attackierten, genossen sie die Sympathien der französischen Siedler und Autoritäten. 1721 jedoch griff La Buse die "Duchesse de Noailles" der Compagnie des Indes an, ein Fehler, der ihm von den Franzosen nie verziehen wurde, obwohl er in der Folgezeit einen Teil der Beute zurückerstatten sollte. Zwischen 1721 und 1724 lebte Levasseur wahrscheinlich mit etwa 250 Männern in der Nähe der heutigen Ortschaft Bel Ombre auf der Seychellen-Insel Mahé. Noch heute sind die Überreste des Lagers und die Gräber verstorbener Piraten dort zu besichtigen. Immer wieder wird auf der Insel auch nach Levasseurs Beuteschatz gegraben, der angeblich einen Wert von mehr als 500 Mio. US-$ haben soll. Im Jahre 1730 wurde La Buse von den französischen Behörden der Île Bourbon (heute Insel Réunion) auf Madagaskar gefangengenommen, nachdem ein Sturm sein Schiff zerstört hatte. Ein Angebot der Franzosen, ihn freizulassen, wenn er seine enormen Schätze ausliefere, schlug er aus; daraufhin wurde er am 7. Juli 1730 in Saint-Paul (bis zum Jahre 1738 die Hauptstadt Réunions) gehängt, nicht ohne vorher ein Kryptogramm in die Menge geschleudert zu haben, auf dem angeblich das Versteck seiner Reichtümer enthüllt wurde.

James R. Mancham (geb. 1939)

James R. Mancham, Sohn eines reichen Händlers von Mahé, studierte in London Jura und arbeitete dort Anfang der sechziger Jahre als Anwalt. 1963 kehrte er auf die Seychellen zurück und gründete eine politische Partei, die Seychelles Democratic Party (SDP), und eine Zeitung ("Seychelles Weekly"). 1964 wurde er im Alter von 25 Jahren zum Abgeordneten gewählt. 1970 wurde Mancham der erste Chefminister unter der britischen Kolonialmacht. Später war er Premierminister und nach der Unabhängigkeit (1976) erster Staatspräsident der Seychellen. Mancham wollte die Inseln zu einem Tropenparadies für den Jetset machen. Um seine Kontakte zu pflegen, reiste er oft ins Ausland. Während einer dieser Reisen wurde er von Premierminister France Albert René entmachtet. Im April 1992 kehrte Mancham aus dem Exil in Großbritannien auf die Seychellen zurück.

Lazare Picault (um 1700 bis 21. 2. 1748)

Der Seefahrer Lazare Picault wurde etwa um das Jahr 1700 in Toulon geboren. Er war Kapitän aller Schiffe der Compagnie des Indes, die im Gebiet um die Île de France (heute Insel 'Mauritius') und die Île Bourbon (heute Insel 'Réunion') operierten. 1742 wurde er vom Gouverneur der Île de France, Bertrand François Mahé de Labourdonnais, ausgeschickt, um das Meer im Norden der französischen Kolonie zu erkunden und einen kürzeren Weg von den Maskarenen (Archipel, zu dem Réunion, Mauritius u.a. gehören) nach Indien ausfindig zu machen. Am 19. Dezember 1742 ent-

Vasco da Gama

Ian Fleming

France Albert René

deckte er eine Inselgruppe, die er für die der 'Drei Brüder' ('Trois Frères') hielt. Erst bei der Rückkehr bemerkte er seinen Irrtum und überzeugt sich davon, daß es sich bei den Inseln um eine noch unentdeckte Gruppe gehandelt haben mußte. 1744 sandte ihn Mahé de Labourdonnais erneut aus, um die Entdeckung abzusichern; und im selben Jahr nahm Lazare Picault die Insel, die er nun 'Mahé' nannte – der Inselgruppe insgesamt gab er den Namen Îles de Labourdonnais –, für Frankreich in Besitz.

Lazare Picault
(Fortsetzung)

Poivre wurde 1719 als Sohn eines Händlers in Lyon geboren. Er vollendete seine Studien in Missionsschulen von Lyon und Paris und trat in den Josephsorden ein. Sein Orden schickte ihn nach China, wo er infolge eines Irrtums in Kanton eingekerkert wurde und, um sich zu verteidigen, die chinesische Sprache lernen mußte. Auf der Rückfahrt nach Frankreich wurde sein Schiff von Engländern aufgebracht, und Poivre verlor in der Schlacht den rechten Arm. Er wurde in Batavia (bis 1950 der Name von Jakarta, der Hauptstadt Indonesiens) ausgesetzt, wo er den Gewürzanbau kennenlernte, auf den die Holländer zu jener Zeit ein Monopol besaßen. 1746 erreichte er im Gefolge von Mahé de Labourdonnais die Île de France. Nach Frankreich zurückgekehrt, mußte Poivre wegen des fehlenden Armes auf das Priesteramt verzichten. Er trat in die Compagnie des Indes ein und schlug vor, in Cochinchina (Tiefland des Mekong im südlichen Teil Vietnams) eine Niederlassung zu gründen, um den Holländern das Gewürzmonopol zu entreißen. Von der Île de France aus unternahm er zwischen 1749 und 1754 zwei Expeditionen von denen er auch eine große Anzahl von Gewürzsamen mitbrachte, die aber nach seiner Rückkehr durch Unachtsamkeit zerstört wurden. 1756 kehre Poivre nach Frankreich zurück, wo er sich in das Gebiet von Lyon zurückzog, um sich nur noch seinen Studien zu widmen. Im Jahre 1766 ereilte ihn jedoch der Auftrag, als 'Intendant' die Leitung der königlichen Regierung der Île de France zu übernehmen. Im Verlauf von drei weiteren Expeditionen gelang es ihm dann, die Gewürzsamen zu beschaffen. Außerdem führte Poivre das Druckereihandwerk ein, legte den botanischen Garten auf dem Gelände der einstigen Residenz Labourdonnais' in Pamplemousses an und verhalf der Kolonie zu einem neuen finanziellen Aufschwung. Er ließ Stadt und Hafen Port Louis (Hauptstadt der Insel Mauritius) neu aufbauen und schaffte es, eine Reihe von Wissenschaftlern auf die Insel zu locken. 1772 ließ Poivre mit Erfolg seine Gewürzpflanzen auf den Seychellen einführen. Im selben Jahre kehrte er dann endgültig in die Heimat zurück und starb 1786 in Hyères an der Côte d'Azur.

Pierre Poivre
(23. 8. 1719
bis 6. 1. 1786)

Prempe, ein König des westafrikanischen Volkes der Ashanti, wurde von der britischen Kolonialmacht im September 1900 auf die Seychellen deportiert, nachdem er 1896 vor deren Schutztruppen hatte kapitulieren

König Prempe
(um 1872 bis
um 1934/35)

Berühmte Persönlichkeiten

König Prempe
(Fortsetzung)

müssen. Sein gesamter Hofstaat begleitete ihn ins Exil: seine Mutter, drei seiner Frauen und 55 Begleiter, zu denen im Jahr darauf weitere 21 Häuptlinge der Ashanti samt Frauen und Anhang stießen. Prempe hielt auf den Seychellen Hof wie vorher in seiner Heimat, gab aber schließlich die Vielweiberei auf und ließ sich taufen. Im Jahre 1924 konnte er in seine Heimat zurückkehren.

Auf Prempe folgten noch viele prominente Verbannte, denen – wie im Falle von Erzbischof Makarios – dieses Exil nicht einmal immer schlecht gefiel: König Unvanga von Buganda, John Bunjoro aus Uganda, Sultan Mahmud Ali aus Somalia und der ägyptische Premierminister Saas Zaghloul Pascha mit fünf weiteren ägyptischen Politikern. Im Jahre 1937 folgte Amin al Huseini, der Großmufti von Jerusalem, der gegen die Teilung Palästinas in einen jüdischen und einen arabischen Teil gekämpft hatte. Churchills Plan, im Jahre 1952 5000 irische Nationalisten auf die Seychellen zu verbannen, wurde dagegen nicht realisiert.

Jean-Baptiste
Quéau de Quinssy
(1751 bis
10. 7. 1827)

Quéau de Quinssy wurde in Paris als Sohn eines Stallmeisters geboren und schlug die Militärlaufbahn ein. Von 1775 bis 1779 stand er in den Diensten des Bruders von Ludwig XVI. Als Oberstleutnant diente er in Indien und erreichte gegen Ende 1779 die Île de France, das spätere Mauritius. 1791 wurde er zur Nationalversammlung nach Paris entsandt, wo er die Klagen der Truppen der Île de France über den zu niedrigen Sold vertreten sollte. Im Jahre 1793 wurde er zum militärischen Kommandanten der Seychellen ernannt, wo er am 9. September desselben Jahres an Bord der "Aimée" eintraf. Er kümmerte sich persönlich um die Entwicklung der Landwirtschaft und der Viehzucht, veranlaßte die Zucht von Bienen und Seidenraupen sowie von Schildkröten. Unter seiner Verwaltung wuchs die Bevölkerung beständig. Vom 16. Mai 1794 an mußte er insgesamt siebenmal vor der britischen Marine und der überlegenen Feuerkraft ihrer Schiffe kapitulieren, ließ aber jeweils nach deren Weiterfahrt die französische Trikolore wieder aufziehen. Nach der endgültigen Inbesitznahme der Inseln durch die Briten bekleidete Quéau de Quinssy, der sich jetzt in Quincey umbenannte, zuerst als Kommandant und schließlich als Friedensrichter offizielle Ämter. 1816 wurde er von dem neuen Kommandanten Edward Madge wegen angeblicher Beleidigung seiner Funktionen enthoben, jedoch 1817 – nach einem Freispruch durch das Londoner Marinegericht – wieder mit seinen Ämtern betraut. Quéau de Quinssy blieb bis zu seinem Tod im Jahre 1827 Friedensrichter auf Mahé.

France Albert
René
(geb. 16. 11. 1935)

France Albert René wurde 1935 als Sohn eines Plantagen-Managers auf der Insel Farquhar geboren. Er besuchte Anfang der fünfziger Jahre ein Schweizer Priesterseminar und studierte anschließend in London Jura. 1958 kehrte er für drei Jahre auf die Seychellen zurück, um dann von 1961 bis 1964 seine Studien an der London School of Economics zu vollenden. In England war er aktives Mitglied der Labour Party. Die von ihm gegründete Seychelles People's United Party (SPUP) wurde 1973 von der Organisation afrikanischer Einheit (OAU) als nationale Befreiungsbewegung der Seychellen anerkannt. Sie erhielt bei den Wahlen von 1974 zwar über 47% der Stimmen, aber aufgrund der Sitzverteilung nach dem englischen Wahlsystem nur drei der sechzehn Mandate im kolonialen Parlament. Als die Seychellen im Jahre 1976 eine unabhängige Republik werden und James R. Mancham Staatspräsident wird, bestimmt er René zu seinem Premierminister. Am 5. Juni 1977 putscht dieser mit Hilfe Tansanias gegen seinen Präsidenten und reißt die Macht an sich. Im Jahre 1979 wird René – ohne Gegenkandidat – zum neuen Staatspräsidenten der Republik Seychellen gewählt; in diesem Amt wird er in den Jahren 1984 und 1989 wie auch 1993 und 1998 bei den Wahlen bestätigt.

Kultur und Kunst

Allgemeines

Trotz der nur relativ kurzen französischen Kolonialherrschaft über die Seychellen und der auf sie folgenden zweihundertjährigen Oberhoheit der britischen Krone, überwiegt auf den Seychellen – wie auch auf Mauritius – immer noch der Einfluß der französischen Kultur. Die Briten beschränkten sich in erster Linie darauf, die Verwaltungsangelegenheiten zu regeln; sie hatten nur ein paar Beamte in den Kolonien des Indischen Ozeans. Entgegen einer weitverbreiteten Meinung verschwanden die meisten Elemente der afrikanischen Kultur recht schnell: Die Entwurzelung der Sklaven hatte zur Folge, daß ihre kulturellen Überlieferungen des sozioökonomischen Hintergrundes beraubt wurden, und nur vor diesem hatten ihre Religionen, Glaubenssysteme und Bräuche einen Sinn.

Sprache

Amtssprachen der Seychellen sind die seychellische Kreol-Sprache sowie Englisch und Französisch. Kreolisch ist die Muttersprache von über 95% der Bevölkerung. Etwa die Hälfte der Bevölkerung spricht darüber hinaus englisch, 37% französisch, ferner 0,5% den indischen Dialekt Gujarati und 0,4% chinesisch sowie 1,5% andere Sprachen. Parallel zur Zulassung als Amtssprache (1981) wurde Kreolisch auch zur Hauptunterrichtssprache in den Grundschulen.

Das Kreolische oder 'Kreol', wie die um die Herausbildung einer abgesicherten Schriftsprache bemühten Linguisten der kreolisch sprechenden Inselnationen des Indischen Ozeans sagen, ist eine zu 90% aus dem alten Kolonial-Französisch (dem 'vieux français bourbon') entstandene Sprache, die im Laufe der Jahrhunderte eine eigene Grammatik, Aussprache und Syntax entwickelt hat und Bestandteile des Englischen (3,5% des Vokabulars) und des Madegassischen (1%) in ihren Wortschatz integriert hat. Seit Anfang der sechziger Jahre gibt es verstärkte Bemühungen, die Grammatik des Kreolischen, das bis dahin keine Schriftsprache besaß, zu erforschen. In Anse aux Pins befindet sich ein Institut zur Erforschung dieser Sprache, das 'Kreol Institute'.

Das Kreolische der Seychellen unterscheidet sich jedoch trotz der Gemeinsamkeiten und gegenseitiger Verständlichkeit deutlich von dem der anderen kreolisch sprechenden Volksgruppen des Indischen Ozeans (Réunion, Mauritius, Rodrigues) und noch mehr von dem der Karibik, die vielfach auf das Französische zurückgeführt werden.

Bildungswesen

Die britische Regierung unterhielt bis zum Jahre 1947 in der Kolonie Seychellen keine öffentlichen Schulen. Es gab nur einige Missionsschulen und bescheidene Einrichtungen der Entwicklungshilfe. Dann übernahm der damalige Gouverneur P. Selwyn-Clarke, nach dem noch heute der Markt in Victoria benannt ist, einige private Schulen in staatliche Regie.

Heute besteht eine allgemeine Schulpflicht für Kinder ab vier Jahren. Schulen gibt es auf den vier Hauptinseln Mahé, Praslin, La Digue und Silhouette.

Etwa 95% der Kinder im schulpflichtigen Alter besuchen den Unterricht. Noch immer haben jedoch 10% der Bevölkerung keine Schulausbildung und können nur 79% der Seychellois über 15 Jahren (81% der Männer, 77% der Frauen) lesen und schreiben. In den letzten Jahren sind umfangreiche Weiterbildungsprogramme ins Leben gerufen worden, um das Analphabetentum der erwachsenen Bevölkerung zu bekämpfen.

Das Schulsystem ist in zwei bzw. drei Stufen aufgebaut. Auf zwei Jahre Vorschule folgen sechs Grundschuljahre (Primary School) und fünf Hauptschuljahre (Secondary School). Unterrichtssprache ist in den ersten Schuljahren Kreolisch. Mit sieben Jahren fangen die Schüler an, Englisch zu lernen, und ein Jahr später kommt Französisch dazu. Wer anschließend studieren will, muß ins Ausland gehen. Vom Staat werden Stipendien bereitgestellt.

Kultur und Kunst

Die Dichtung in kreolischer Sprache steckt noch in den Anfängen. Die wenigen Dichter und Schriftsteller, die während der Kolonialzeit auf den Seychellen lebten, haben fast alle französisch geschrieben. Der erste Roman in kreolischer Sprache war "Mon tan en leokri" (auf deutsch: "ich höre einen Schrei"); der Autor des Buches, das 1982 erschien, ist Antoine Abel (geb. 27. 11. 1934).

Erst seit der Gründung des 'Kreol Institute' (1990) wird auf den Seychellen die literarische Produktion – zum Beispiel mit Wettbewerben für Romane in kreolischer Sprache – systematisch gefördert. Heute gibt es dort eine kleine Gruppe jüngerer Literaten, die vor allem durch ihre Gedichte auf sich aufmerksam machen.

Auf dem Gebiet der Malerei haben sich auf den Seychellen erst seit etwa zwei Jahrzehnten anerkannte künstlerische Formen entwickelt. Diesen Aufschwung hat hauptsächlich Michael Adams herbeigeführt. Der 1937 in Malaysia als Sohn eines Pflanzers geborene Künstler wuchs in Tansania und Cornwall (England) auf und ging im Alter von 15 Jahren zum Kunststudium nach London. Hier arbeitete er dann als Graveur am Royal College of Arts. Später ging er nach Afrika zurück und wirkte als Kunstlehrer in Kampala, der Hauptstadt Ugandas. Mitte der sechziger Jahre ließ sich Adams in Kenia nieder, um als freier Künstler zu arbeiten. Seit 1972 ist er in der Anse aux Poules Bleues auf Süd-Mahé ansässig. Seine ansprechenden Stimmungsbilder der Seychellen-Inseln haben ihm den Ruf eines 'Gauguin des 20. Jahrhunderts' verschafft. Seine bevorzugten Techniken sind Seidendruck, Wasserfarben, Siebdruck und Radierung.

Die bekanntesten Maler der jüngeren Generation sind Donald Adelaide, Serge Rouillon und Léon Radegonde. Einen guten Überblick über die Kunsttendenzen und die oft auch als 'naiv' bezeichnete Malerei der Seychellen bekommt man in den kleinen Galerien in Victoria oder bei einem Besuch in den Ateliers der Künstler.

Auch das Kunsthandwerk wurde erst in jüngerer Zeit entwickelt und verfeinert. In der Kolonialzeit hat man meist nur einfachste Haushaltsgegenstände hergestellt, die unter ästhetischen Gesichtspunkten ohne Bedeutung waren. Mit dem aufkommenden Tourismus erhielten Leute mit handwerklichen Berufen dann neue Anreize. Verbreitet sind heute aus Indonesien eingeführte Batik-Techniken sowie Holzarbeiten, bei denen verschiedene Edelhölzer verwendet werden, ferner der Modellschiffbau.

Die urtümlichste Tanz- und Musikform mit noch teilweise afrikanischer Prägung ist der 'moutia', eine musikalische Umsetzung der Gebete und Riten der Sklaven. Der Tanz, der meist unter freiem Himmel stattfindet, wird von großen tamburinartigen Trommeln aus Ziegen- oder Rochenhaut begleitet, die vorher am Feuer erhitzt wurden, um ihren sonoren Klang voll zu entfalten. Die Tänzer stehen einander gegenüber, ohne sich dabei zu berühren, ihre Bewegungen bestehen aus einem tänzelnden, seitlichen Schieben, bei gleichzeitigem Hüft- und Oberkörperkreisen.

Der 'moutia' ist in den letzten Jahren weitgehend vom 'sega' verdrängt worden, der im Unterschied zum mauritischen 'sega' hier auch mit einer Schlagtrommel als Begleitinstrument gespielt wird. Doch bei diesem Tanz hat sich ebenfalls ein Stilwandel vollzogen. Der alte, stark afrikanisch beeinflußte 'séga', der z.B. noch auf der mauritischen Insel Rodrigues getanzt und gesungen wird, ist von kommerzielleren und europäischeren Melodien überlagert worden, die auch in die Alltagsmusik der Insulaner Eingang gefunden haben.

Daneben gibt es noch den 'contredanse', ein englischer Tanz, der im 18. Jh. in Frankreich Eingang gefunden hat. Die Mischung aus Walzer und Polka, die von einer Camtole-Band begleitet wird, wurde zuerst am Hof König Ludwigs XIV. getanzt und verbreitete sich dann in den Kolonien.

Szene auf einer Seychellen-Insel, gemalt von Michael Adams ▶

Die Seychellen in Zitaten

John Jourdain
(Journalist)
17. Jahrhundert

"... wir fanden viele Kokosnüsse, schön reif und grün aller verschiedenen Sorten, Vögel und Schildkröten (aber unsere Männer wollten sie nicht essen, obwohl wir die Schildkröten ohne weiteres mit unseren Stöcken erschlagen konnten) und viele Rochen und andere Fische. Und obendrein gab es in den Süßwasserflüssen viele Krokodile. Unsere Männer fingen eines der Krokodile ein und zogen es lebend mit einem Strick um den Hals an Land. Auf einer dieser Inseln, weniger als zwei Meilen von dort entfernt, wo wir an Land gegangen waren, fanden wir später eines der besten Hölzer, die ich jemals gesehen habe. Der Baum ist hoch und dick und wirklich sehr hart. Man findet viele Bäume, die bis zu einer Höhe von 20 bis 25 Metern keine Äste aufweisen, sehr dick sind und gerade wie ein Pfeil. Dies ist ein sehr guter Ort, um sich zu erfrischen und zu erholen, mit dem schönen Holz, dem Wasser, den Kokosnüssen, den Fischen und den Vögeln, wo man keine Gefahr außer den Krokodilen zu fürchten hat."
(John Jourdain, britischer Journalist, befand sich an Bord eines der Schiffe, die 1609 unter dem Kommando von Alexander Sharpeigh auf den Seychellen landeten.)

Lazare Picault
(Seefahrer)
1742

"An diesem Tage sind wir, bewaffnet wie immer, an Land gegangen, haben aber niemanden vorgefunden, auch keine Anzeichen, daß jemals jemand hier gewesen ist. Wir haben sie L'Isle d'Abondance genannt. Am Meeresufer stehen viele Kokospalmen, die Früchte tragen. Land- und Wasserschildkröten, nicht viele. Trinkwasser im Überfluß, auch Bäume, die gut für Masten für alle Arten von Schiffen zu gebrauchen sind, vor allem, wenn man ein Schiff reparieren muß, ... Schade, daß diese Insel nicht an der Route nach Indien zwischen 15° und 20° liegt, man könnte hier Niederlassungen gründen. Der Ort schien uns gut, Regenfälle sind häufig, vor allem oben auf den Bergen. Der Abendtau ist sehr stark, auch ist die Insel fischreich."

Nicolas Morphey
(Fregattenkapitän)
November 1756

"... Am nächsten Tage entdeckten wir einen schönen Hafen im Riff der Insel, die an der Ostseite von sieben Inseln umgeben ist. Am 9. desselben Monats fuhren wir mit dem Schiff in diesen Hafen ein und begannen sogleich, die ganze Insel zu untersuchen, sowohl die Küsten und das Innere als auch die Berge. Überrascht haben uns die verschiedenartigen wertvollen Bäume, die überall auf der Insel wachsen, sowie der Hafen, von dem wir einen Plan gefertigt haben. In diesem können 50 große Kriegsschiffe sicher Schutz finden, außerdem ist Platz zum Kielholen und zur Ausbesserung aller Arten von Schiffen. Unter Berücksichtigung dieser Vorteile und in der festen Überzeugung, daß die Insel dem Staat nützlich sein kann, haben wir einen Stein mit dem eingemeißelten Wappen von Frankreich an einem hohen Felsen gegenüber der Einfahrt zum Hafen anbringen und einen Mast aufstellen lassen, an dem heute morgen bei Sonnenaufgang die Standarte des Königs gehißt wurde."

Brayer du Barré
1775

"Das Klima und der Boden der Seychellen auf 4° 54′ südlicher Breite sind sehr gesund und ermöglichen hohe Erträge. Hier findet man viele Meeresschildkröten, Turteltauben, Ringeltauben, blaue Tauben, Sittiche, Fledermäuse, Landschildkröten, Karettschildkröten auf den Nachbarinseln und auf dem Archipel, Wildtiere jeder Art, wilde Ziegen in Mengen, Meeresvögel, auch Fische in Fülle, Seekühe, Holz zum Schiffsbau, Rosenholz, Holz für Schreinerarbeiten und für den Bau von Masten. Fast alle Inseln des Archipels sind reich bewaldet, haben sämtlich viele Schildkröten sowie Süßwasser und Wildbret. Die Lage des Hafens, der mehrere Durchfahrtstellen hat, ist angenehm und sicher... Seit ihrer Gründung vor sechs Jahren hat die Niederlassung noch keinen Orkan erlebt. Es ist von großer Wichtigkeit, die Inseln so zu schützen, daß man hier Zuflucht finden kann."

"Dieser Archipel besteht aus einem Haufen Granitklippen, auf welchen sich Kalk abgelagert hat. Von weitem gesehen gewähren sie einen schönen Anblick, da viele derselben mit Bäumen bedeckt sind; der Boden ist indes rauh, felsig, voll Schluchten und steiler Berge. Dagegen haben sie ein angenehmes Klima und teilen nicht die Stürme, denen die südlichen Inseln ausgesetzt sind. Die größeren Inseln haben einige Bäche und Quellen, und man findet, was bei der bedeutenden Entfernung von dem Festlande eine gewiß merkwürdige Tatsache für die geographische Verbreitung der Tiere ist, eine Art Krokodil, das bis zu fünf Fuß lang wird. Fische und Schildkröten sind an den Küsten häufig. Die Wälder zeichnen sich besonders durch schön gefiederte Vögel aus. Ananas, Gurken, Pfeffer und der Venusapfel wachsen wild. Sehr wohltätig ist aber die maledivische oder Seekokosnuß."

...

"Die Stadt Mahé gewährt in diesem lieblichen Klima einen sehr romantischen Anblick. Die Häuser sind schön, oft sogar elegant gebaut, von tropischen Gärten umgeben, im Schatten der Bananen und Kokosbäume."

Gottlieb August Wimmer "Neuestes Gemälde von Afrika und den dazugehörigen Inseln" 1834

Über die Frauen der Seychellen notiert Vaugh:
"Sie sind sanft, zärtlich, leidenschaftlich und anmutig, natürlich und ohne Fehl; sie haben gerade soviel Französisches an sich, daß sie eine hübsche Figur besitzen, soviel Englisches, daß sie gute Manieren haben, soviel Asiatisches, daß sie exotisch wirken und soviel Afrikanisches, daß sie etwas reizvoll Wildes zur Schau stellen."

Alec Vaugh (Publizist) 20. Jahrhundert

"Die Insel, deine Heimat
sie starrt von Bergen,
du kleiner Seychellois.
Ja, deine Landschaft
ist harter Granit,
ist knirschender Kies
und ist Koralle.

Deine Insel
hat sich einen Gürtel umgelegt,
aus weißem Sand in (auf) Stränden, die sich
bei steigender Flut immer wieder lösen."

Antoine Abel (Schriftsteller, geb. 1934) "Contes et poèmes des Seychelles"

Seychellen heute

"Es ist schon lange her,
da tranken wir aus einer 'Cafoule',
da aßen wir aus einer 'Coco-scie'.

Denk doch einmal zurück an die Geschichte
mit der Coco-scie, die durchbohrt war...

Es ist schon lange her,
da ließ man ein wenig
frisches Wasser
in einer Kalebasse
oder in einem Napf aus Holz stehen.

Doch neuerdings, da haben wir
Glas oder Eimer nur aus Kunststoff,
und damit schöpfen wir das Wasser,
das wir trinken,
da nehmen wir Teller,
tiefe und flache,
aus Pappe, die stellen wir
auf einen Tisch, und da liegt
die Decke, die ist aus Zellophan."

Antoine Abel "Contes et poèmes des Seychelles"

Routenvorschläge und Wanderungen

Vorbemerkungen

Die folgenden drei Routenvorschläge für Autofahrer betreffen nur die Hauptinsel Mahé, die sich daran anschließenden Vorschläge für Wanderungen dagegen neben Mahé auch die Insel Praslin. Alle anderen Inseln können wegen ihrer geringen Ausdehnung leicht in kürzester Zeit 'erwandert' bzw. – im Fall von La Digue – mit dem Fahrrad erkundet werden.

Alle erwähnten Städte, Orte, Landschaften, Flüsse und Seen wie auch andere Sehenswürdigkeiten sind im Register am Ende dieses Reiseführers zusammengefaßt, so daß man sie rasch auffinden kann.

Bei den Entfernungsangaben, die in Klammern hinter den Routenüberschriften genannt sind, handelt es sich um gerundete Kilometerzahlen.

Routenvorschläge

Hinweis

Die drei Strecken, die hier vorgeschlagen werden, lassen sich auf der Übersichtskarte von Mahé in diesem Reiseführer (S. 97) verfolgen.

1. Fahrt um die Nordspitze von Mahé (ca. 20 km)

Die kürzeste der drei Routen führt durch den nördlichen Teil der Insel und ist leicht an einem halben Tag zu bewältigen. Man verläßt Victoria über die Albert Street und die Castor Road oder am Hafen vorbei über die 5th June Avenue – durch die Vororte English River, Union Vale und Pointe Conan. Nachdem man De Quincey Village durchfahren hat, bietet sich – ca. 4 km nördlich von Victoria – ein Abstecher von Anse Étoile auf der La Gogue Road ins Landesinnere an (→ Wanderungen; Mahé: Nr. 1).

Die Hauptstrecke verläuft von De Quincey Village nordwärts. Bei La Retraite kann man eine kleine Werft bewundern; nur wenig später, am langen Strand der Anse Nord-D'Est (North East Point) destillierte einst ein Deutscher aus einheimischen Pflanzenextrakten ein eigenwilliges Parfüm, das man auch heute noch bei 'Kreolfleurage' erwerben kann.

Nach dem hübschen kleinen Carana Beach und der Ortschaft Machabée an der Nordspitze Mahés folgt jetzt linker Hand, am Hang der Berge eine Villa nach der anderen. Versteckte kleine Badebuchten laden zum Verweilen ein. Das Dorf Glacis überrascht mit seinen tropischen Gärten, und es bietet sich von hier ein schöner Blick auf North Island.

Bei Glacis beginnt der touristisch am stärksten erschlossene Teil Mahés, dessen Zentrum die Beau Vallon Bay ist. Am Anfang des langen Strandes findet man schöne Batikarbeiten in Ron Gerlachs Boutique. Von dem Ort Beau Vallon aus bieten sich Ausflüge mit dem Boot nach Silhouette, Thérèse und Conception sowie entlang der Nordwestküste der Insel an.

Von Beau Vallon geht es weiter westwärts, vorbei an den Hotels, die hier die Küste säumen, und an der Hotelfachschule, wo man sich beim Mittagessen von den Kochkünsten des Gastronomie-Nachwuchses der Seychellen überzeugen kann. Hier findet man im übrigen auch einige der besten Restaurants der Seychellen, so daß man diese Strecke mit Fug und Recht als kleine 'Gourmet-Meile' bezeichnen könnte.

◀ *Boot im Gewässer des Ste. Anne Marine National Park*

Machabée an der Nordspitze Mahés

1. Fahrt um die Nordspitze von Mahé (Fortsetzung)

Ein Abstecher führt nach Bel Ombre. An der Kirche steht eine Statue des hl. Rochus, die von den Seychellois verehrt wird, weil durch ihr Wirken im Jahre 1884 angeblich eine Pockenepidemie beendet wurde.

Wer anschließend bis an das Ende der Straße nach Danzilles fährt, kann rechter Hand deutlich die Spuren der Ausgrabungen sehen, die man noch vor einigen Jahren gemacht hat, um nach dem legendären Schatz von La Buse, dem 'Schrecken des Indischen Ozeans', zu suchen (⟶ Berühmte Persönlichkeiten: Olivier Levasseur). Auch hier kann eine Wanderung – nach Anse Major mit hervorragenden Tauch- und Schnorchelgründen – angeschlossen werden (⟶ Wanderungen: Mahé, Nr. 2).

Man fährt nun zurück nach Beau Vallon und folgt anschließend der Straße nach Victoria bergan bis auf die Höhe des St. Louis-Passes; rechter Hand führt ein Abstecher bis zum Bergdorf Le Niol, von wo sich ein schöner Blick auf die Beau Vallon Bay und die Insel Silhouette bietet. Wer sich nach der Abzweigung in Richtung Le Niol sofort wieder links hält, erreicht Bel Air, einen Vorort von Victoria, und gelangt von hier aus über enge Sträßchen zur Sans Souci Road.
Andernfalls führt der Weg über die Serpentinen bergab, durch das dichtbesiedelte St. Louis mit seinen bunten Häusern, vorbei an einem schönen Kolonialhaus linker Hand über der Straße, das heute das Restaurant Marie Antoinette beherbergt, und schließlich durch die schnurgerade Revolution Avenue wieder ins Herz von Victoria.

2. Fahrt durch den Süden von Mahé (ca. 48 km)

Diese längste und vielleicht interessanteste der drei Routen durch Mahé beginnt ebenfalls am Clock Tower (Albert Street) von Victoria. Über die Francis Rachel Street führt der Weg nach Süden – vorbei an der rechts versteckten Moschee, am modernen, aber im alten Kolonialstil erbauten Sitz der Telefongesellschaft Cable & Wireless und an dem Park, in dem die neue Nationalbibliothek steht, zur Mont Fleuri Road und weiter in Richtung Flughafen.

2. Fahrt durch den Süden von Mahé (Fortsetzung)

Direkt hinter den Einmündung der Liberation Avenue führt eine Sackgasse hangaufwärts zum Botanischen Garten. Vom Friedhof, der rechter Hand direkt nach der Kreuzung der Mont Fleuri Road und der Belvedere Road liegt, hat man einen schönen Blick auf den Hafen und die Ste Anne-Inselgruppe. Nur 500 m weiter stellt der Künstler G. Devoud im Gebäude einer Mietwagenfirma seine plakativen und sehr farbenstarken Bilder von Landschaft und Menschen der Seychellen aus.

Im Vorort Mamelles, der 4 km südlich vom Stadtzentrum liegt, kann man das alte Segelschiff "Île de Farquhar" am Ufer oder die Töpferei Seychelles Pottery besichtigen. Hinter der Ortsklinik dominiert ein schönes Beispiel der typischen Felsformationen von Mahé, des sogenannten 'glacis', mit besonders stark ausgeprägten, regelmäßigen Erosionsrinnen die Küste.

Nach einer kleinen Lagune, in der riesige Granitmurmeln verstreut liegen, gelangt man zur Brauerei der Seychellen, die man an Werktagen besichtigen kann. Linker Hand begleiten jetzt Mangrovensümpfe die Küstenstraße, hinter denen das Neuland sichtbar wird, das teils durch Versandung des Saumriffs nach dem Bau des Flughafens, teils durch gezielte Neulandgewinnung die Insel Mahé um 124 ha vergrößert hat. Zig Zag, Le Rocher und Petit Paris sind die Ortschaften – oder besser, die Ansammlungen bunter Wellblechhütten –, zu denen man jetzt kommt; hinter ihnen türmen sich Granitblöcke zu eindrucksvollen Gipfeln auf. Die Ortschaft Cascade ist ca. 6 km von Victoria entfernt; von dort führt ein Spaziergang entlang des kleinen Wasserlaufs Rivière Cascade zu einem Wasserfall. In Cascade mit seiner charakteristischen Kirche kann der nicht allzu eilige Reisende den Wäscherinnen zuschauen, die an der Mündung des Bergbaches ihr Tagewerk vollbringen. Hier führt die Straße ein Stück weit zwischen Lagune und Mangrovensee durch 'offenes' Wasser, was wegen der fehlenden Seitenplanken nicht ungefährlich ist.

Auf Anonyme Island, der Insel, die hinter der Landebahn des Flughafens auf der linken Seite auftaucht, soll es angeblich noch frei lebende Riesenschildkröten geben. Hier ist in den letzten Jahren ein exklusives kleines Hotel entstanden. Nachdem wir die letzten der Industriebetriebe, die seit Victoria sporadisch zu sehen waren, hinter uns gelassen haben, beginnt die Landschaft der Palmen-Plantagen von Süd-Mahé.

Wenn die Straße sich nach ungefähr drei Kilometern von der Pointe La Rue zu der Bucht Anse aux Pins hin senkt, taucht nach einer scharfen Kurve linker Hand die Diskothek 'Katiolo' auf, in der sich besonders an Wochenenden die Jugend der Insel trifft. In der Nähe liegt das Reef Hotel, und auf der rechten Straßenseite begleitet uns eine Zeitlang der zum Hotel gehörige Golfplatz.

Kurz vor der Montagne Posée Road taucht ein altes Kolonialhaus auf, die 'Maison St. Joseph', das nach der Renovierung vom Erziehungsministerium genutzt wird; in dem Haus wurden Szenen eines der "Emanuelle"-Filme gedreht. Im neuen 'Vilaz Tradisyonnel' werden kunstvoll gestaltete Souvenirs geschaffen: Modellschiffe, Arbeiten eines Zinngießers und Holzarbeiten, ferner Stickereien, Nadelarbeiten und Strandkleidung. Direkt dahinter im Palmenhain liegt eine Zimt- und Koprafabrik, die man auf Anfrage besichtigen kann. Nur ein paar hundert Meter weiter kann man in 'La Marine' wieder beim Modellschiffbau zuschauen.

An der Pointe au Sel, von der aus sich ein schöner Blick auf die Anse Royal Bay bietet, wird Mahé flacher. Im Gestrüpp zwischen Straße und Strand treffen sich angeblich abends die Liebespaare der Insel. Gleich der erste Strand am Beginn der Anse Royal Bay ist einer der beliebtesten Badestrände von Süd-Mahé. Im Schutze des Korallenriffs, das hier die Küste fast auf ihrer gesamten Länge begleitet, kann man auch gut tauchen und schnorcheln.

Über die Anse Bougainville, von wo aus man eine Wanderung durch die Val d'Endor-Plantage auf die andere Inselseite unternehmen kann, nähert man sich der Südspitze Mahés, die früher ein beliebtes Ausflugsziel war. Von Wanderungen kann an dieser Stelle jedoch heute nur abgeraten werden, da große Teile der zwei südlichsten Buchten Manövergebiet sind und hier auch scharf geschossen wird. Kurz nach Anse Forbans, der alten Seeräuberbucht, biegt die Straße von der Küste ins Landesinnere ein und steigt bis Quatre Bornes ca. 2 km lang an. Von der kleinen Ortschaft führt ein Abstecher auf der Grand Police Road zur Anse Intendance, einem der landschaftlich schönsten Plätze Mahés. In Anse Bazarca, einer sehr ansprechenden abgelegenen Bucht, sind hohe Brecher zu sehen, die fast immer an die Küste schlagen, da hier kein Saumriff den Strand schützt. Baden ist hier wegen der gefährlichen Strömungen verboten.

Von Quatre Bornes aus verläuft die Route dann auf der Hauptstraße weiter an die Südwestküste, zur Anse Takamaka. Am nördlichen Ende dieser Bucht führen spektakuläre 'Granit-Rutschen', gegen die von See her hohe Wellen schlagen, von der Straße ins Wasser.

Über die Anse Gaulettes gelangt man jetzt zu der Bucht Baie Lazare; von dort lohnt ein Spaziergang, der vom Val Mer Estate (Hotel Plantation Club) zur Pointe Lazare führt (→ Wanderungen; Mahé: Nr.8).
Die Hauptstrecke verläuft weiter nach Baie Lazare Village. Kurz hinter der Polizeistation des Ortes führt eine kleine, teilweise betonierte, aber insgesamt sehr schlechte Buckelpiste zu den beiden Buchten Anse Soleil und Anse la Liberté.

Nur 1 bis 2 km hinter Baie Lazare Village taucht links am Straßenrand das malerisch im tropischen Wald gelegene Haus des Künstlers Michael Adams auf, der hier eine kleine Dauerausstellung seiner Werke unterhält. Über Anse à la Mouche, die Abzweigung zur Les Cannelles Road und die Sancta-Maria-Kokosplantage gelangt man – vorbei an einer Reihe ausgezeichneter Restaurants, die man sich für den Abend vormerken sollte – zur Anse Boileau. Hier biegt die Montagne Posée Road von der Küste in die Berge ab. Auf der Küstenstraße steht kein Hinweisschild, aber die Straße ist eigentlich nicht zu verfehlen, da sie die einzige hinter Anse Boileau in Richtung Landesinneres ist. Über das Tal des Jouanis River geht es hinauf zur Paßhöhe Bon Espoir, wo sich seit 1976 die Überseefunkstation der Seychelles Cable & Wireless Corporation befindet. Rechts und links der Straße liegt in der dichten Vegetation manche gut gepflegte Villa. Nach einem herrlichen Blick auf die Anse aux Pins fährt man die Serpentinen herunter zurück an die Ostküste und von hier aus auf der Küstenstraße zum Internationalen Flughafen und nach Victoria.

3. Fahrt durch das Bergland und entlang der Westküste von Mahé
(ca. 30 km)

Wieder schlägt man vom Uhrturm in Victoria aus die Francis Rachel Street ein, wählt aber kurz vor dem Botanischen Garten die Liberation Road, die sich zur Sans Souci Road emporwindet. In den Kurven und an der Kreuzung der beiden Straßen bietet sich ein schöner Blick auf die Stadt, den Hafen und die Ste-Anne-Inselgruppe. Man durchquert die Vororte Bel Air und Sans Souci. Nach etlichen Kurven stößt man auf die Villa, in der der zypriotische Erzbischof Makarios in den 1950er Jahren sein Exil verbrachte.
Kurz dahinter weist ein Schild auf den Beginn des Wanderweges zum Gipfel der 'Trois Frères' hin (→ Wanderungen; Mahé: Nr. 3).

Teeplantage unterhalb der Mission Lodge (Mahé)

Zwei Schlagbäume, an denen nach 18.00 Uhr durchfahrende Autos kontrolliert werden und nur dann freie Fahrt erhalten, wenn sie zu den Hotels an der Westküste wollen, weisen – ebenso wie die Militärfahrzeuge und der Wachtposten an der Toreinfahrt auf dem höchsten Punkt der Bergstraße, die inzwischen Forêt Noire Road heißt – darauf hin, daß hier Präsident René sein Domizil hat.

3. Fahrt durch das Bergland und entlang der Westküste von Mahé (Fortsetzung)

Hier, am Fuße des Morne Seychellois im Gebiet des großen Nationalparks, hat sich die ursprüngliche Nebelwald-Vegetation der Insel noch teilweise erhalten. An der Mission Lodge, einer ehemaligen Missionsschule, die im Jahre 1875 von der anglikanischen Kirche eingerichet, aber schon 1889 wieder geschlossen wurde, und von der nur noch spärliche Ruinen zu sehen sind, hat man einen schönen Ausblick auf Berglandschaft und Westküste. Unterhalb der Mission liegen die Plantagen der Seychelles Tea Company; in der Teestube der bald sichtbaren Teefabrik kann man eine Rast einlegen.

Durch das Tal des Desert River fährt man jetzt – vorbei an großen staatlichen Versuchsfarmen – nach Port Glaud an der Westküste. Ein Abstecher auf der Küstenstraße in Richtung Norden bringt uns zur Anse l'Islette, von wo man mit einem Ruderboot zur gleichnamigen Insel übersetzen kann. Das letzte Stück der öffentlichen Straße – die Nordwestspitze der Insel ist nicht zugänglich – führt durch einen Mangrovensumpf nach La Plaine.

Wieder zurück in Port Glaud, folgt man der Küstenstraße, die eine Zeitlang durch Wald führt, vorbei am Berjaya Mahé Beach Resort nach Grand Anse, einem regelrechten Amphitheater aus Granitfelsen. Der Strand von Grand Anse ist berüchtigt wegen seiner gefährlichen Strömungen.

In dem Ort Grand Anse zweigt – ohne Hinweisschild – die La Misère Road nach links ab, von deren ersten Serpentinen aus man einen schönen Blick

3. Fahrt durch das Bergland und entlang der Westküste von Mahé (Fortsetzung)

auf die Inseln vor der Westküste hat. Vorbei an der ehemaligen US-Receiving-Station und den neuangelegten Tee- und Kaffeeplantagen führt die Straße nach La Misère, einem schönen gepflegten Vorort Victorias. Rechts führt hier ein Waldweg zur ehemaligen US-Satellite-Tracking-Station, deren silberne Kuppeln weithin sichtbar sind (Zufahrt zur Station mit Guard und Gate gesperrt; Durchlaß nur mit Genehmigung). An einigen Restaurants und Gästehäusern vorbei fährt man dann in Richtung Victoria.

Wanderwege

Hinweise

Die Wanderwege sind zumeist in ziemlich schlechtem Zustand und manchmal recht schwierig zu begehen. Jedoch ist das Fremdenverkehrsamt der Seychellen darum bemüht, die Wege zu markieren und von der wuchernden Vegetation freizuhalten. Beim Seychelles Tourist Office in Victoria sind Broschüren erhältlich, die Ratschläge für Wanderungen auf verschiedenen Inseln geben. Im Kapitel 'Sport' (→ Praktischen Informationen von A bis Z) wird darauf hingewiesen, welche Verhaltensregeln man bei Wanderungen auf den Seychellen beachten sollte.

Die folgenden Wandervorschläge sind je nach Schwierigkeitsgrad als leicht, mittel oder schwer (l, m, s) gekennzeichnet. Besonders bei den schwereren Routen empfiehlt es sich, über die örtlichen Reiseveranstalter oder über das Seychelles Tourist Office einen Führer zu nehmen. Das kann sich auch deshalb lohnen, weil eine Wanderung auf diese Weise zu einem Stück erlebter Naturkunde werden kann.

Witterungseinflüsse, wuchernde Vegetation, fehlende Markierungen usw. machen es manchmal schwer, den richtigen Weg zu finden. Die Inselbewohner sind jedoch gerne bereit, den richtigen Weg zu weisen.

Mahé

1. Über die Hügel Nordmahés von der Ost- zur Nordwestküste:
Bei Anse Étoile, nördlich von Victoria, schlägt man die anfänglich noch betonierte La Gogue Road ins Landesinnere ein und gelangt nach einem etwa 2 km langen Anstieg zu dem gleichnamigen Stausee (La Gogue Reservoir). Der Weg führt auf der rechten Seite des Sees weiter; ca. 100 m vor dessen Ende biegt er nach rechts in den Wald ab. Nach 20 Minuten Fußmarsch erreicht man den 250 m hohen Mont Plaisir, von dem aus sich eine schöne Aussicht auf die Beau Vallon Bay sowie auf Silhouette und North Island bietet. Der Weg führt nun durch Kokosplantagen hinunter zur Ortschaft Glacis und stößt bei der Polizeistation auf die Küstenstraße. Anschließend fährt man mit dem Bus um die Nordspitze der Insel herum oder über die Beau Vallon Bay zurück nach Victoria.
Dauer: 2 Stunden; Schwierigkeitsgrad: l.

2. Von Beau Vallon bzw. Danzilles zur Anse Major:
Mit dem Wagen oder Bus fährt man von Beau Vallon an der gleichnamigen Bucht entlang und über diese hinaus bis nach Danzilles.
Am Restaurant La Scala beginnt der Wanderweg. Nach dem Ende der geteerten Straße windet sich der teilweise enge Pfad zuerst durch dichten Wald und dann über Felsklippen zur Anse Major. Wer diesen Spaziergang gegen 15.30 Uhr beginnt, kann den Sonnenuntergang hinter Silhouette beobachten, kommt aber noch vor Einbruch der Dunkelheit wieder zum Wagen zurück. Wer jedoch bis nach Baie Ternay weitergehen will, sollte morgens aufbrechen.
Dauer: 40 Minuten in jeder Richtung; Schwierigkeitsgrad: l.

3. Bergtour zum Gipfel der Trois Frères und weiter nach Le Niol:
Über die Sans Souci Road verläßt man Bel Air, einen Vorort von Victoria, fährt an der ehem. US-Botschaft und der 'Feba Radio'-Station vorbei,

bis nach weiteren 500 m rechts ein Schild auf den Beginn des Wanderwegs hinweist. Man folgt dem Weg bis zum Parkplatz, von dem aus sich bereits ein schöner Blick auf Victoria bietet. Der Weg, der einst von den Arbeitern der Zimtplantagen benutzt wurde, führt steil und teilweise über große Felsblöcke in den Wald. Wo der offene Fels zum ersten Mal erreicht wird, folgt man der gelben Markierung. Nach Regenfällen besteht hier große Rutschgefahr. Auf der Paßhöhe teilt sich der Weg dann: Rechts geht es weiter zum Gipfel der Trois Frères. Der Anstieg ist steil, weshalb man die Wanderung entweder frühmorgens oder nach der größten Mittagshitze beginnen sollte. Der linke Weg führt weiter nach Le Niol; von dort aus folgt man entweder der Straße nach St. Louis (Busverkehr) oder steigt über Waldwege herunter zum Strand von Bel Ombre und Beau Vallon.
Dauer: 1¹/₂ Stunden vom Parkplatz zum Gipfel und ebensolang für den Rückweg, vom Gipfel nach Le Niol 2 Stunden; Schwierigkeitsgrad: m bis s.

4. Besteigung des Morne Blanc:
Ausgangspunkt für diese Wanderung ist die Teestube der Plantage an der Forêt Noire Road am Stadtrand von Victoria. Hier erfragt man den Punkt, an dem der Bergweg die Straße verläßt. Der Anstieg führt zuerst steil durch die Teeplantagen und dann durch den dichten und feuchten Wald bis auf den Gipfel, der durch einen trigonometrischen Punkt markiert ist. Vorsicht: Auf allen Seiten sind die Klippen hier sehr steil! Daher ist dieser Weg an bedeckten und nebligen Tagen nicht zu empfehlen. Von oben kann man sehr schön die weißen Tropikvögel beobachten.
Dauer bis zum Gipfel: ca. 1¹/₂ Stunden; Schwierigkeitsgrad: m.

5. Von Val Riche zum Mont Copolia:
Der Ausgangspunkt für diese Wanderung befindet sich in der Nähe eines Privathauses auf der Sans Souci/Forêt Noire Road, das wegen des Bootes in seinem Garten 'Boathouse' genannt wird. Ca. 250 m hinter dem letzten der beiden Schlagbäume beginnt links von der Straße die blau markierte Route. Sie führt zunächst recht abschüssig ins Val Riche, um von dort durch einen Wald von Zimtbäumen, Coco-Plums und Palmen wieder anzusteigen. Wo der Weg die höheren Lagen erreicht, ist Vorsicht angebracht. Die blauen Markierungen sind nicht immer gut sichtbar, und zwischen den Felsbrocken klaffen oft tiefe und tückische Löcher, die vom Laub verdeckt werden. Von dem flachen Granitplateau bietet sich ein schöner Blick über die Ostküste und die Nordküste Mahés sowie die gesamte Inselgruppe; ferner kann man die fleischfressende Kannenliane bewundern, die nur in diesen Höhen wächst.
Dauer: 1 Stunde in jeder Richtung; Schwierigkeitsgrad: m bis s.

6. Rundgang von der Anse Royale Bay zur Anse à la Mouche und zurück:
An der Küstenstraße entlang führt der Weg zunächst (ggf. Fahrt mit dem Bus) von Anse Royale südwärts zur Anse Bougainville. Drei Kurven hinter dem gleichnamigen Hotel führt ein Weg in das Landesinnere, an dem ein Verbotsschild für Fahrzeuge über 3 t angebracht ist. Bis zum höchsten Punkt, ca. 1400 m von der Küste entfernt, ist dieser Weg betoniert; nach weiteren 600 m ist er dann nur noch zu Fuß oder aber mit einem Geländefahrzeug passierbar. Hier im Landesinneren liegt eine der größten Plantagen für tropische Früchte der Seychellen (Val d'Endor Estate). Nach abermals 500 m gabelt sich die jetzt wieder bessere Straße. Rechts geht es zur Baie Lazare (3,5 km), wo man die Küste der anderen Inselseite erreicht. Von hier aus folgt man der Straße Richtung Anse à la Mouche (unterwegs lohnt sich ein Besuch bei dem Maler Michael Adams) und erreicht nach ca. 4 km das Sancta Maria Estate. Über die 4 km lange Bergstraße geht man nun zurück nach Anse Royale (das letzte Wegstück kann auch mit dem Bus zurückgelegt werden).
Dauer: 1 Tag, Schwierigkeitsgrad: l.

7. Rundgang Baie Lazare Village – Anse Gaulettes – Baie Lazare Village:
Von der Polizeistation in Baie Lazare Village aus folgt man der Straße süd-

Kirche in Anse Royal (Mahé)

Mahé
(Fortsetzung)

ostwärts ins Landesinnere. Durch eine schöne Plantagenlandschaft windet sich der Weg aufwärts, bietet ab und an einen weiten Blick auf die Küste und erreicht nach rund 3,5 km die Piste, die von Anse Bougainville über den Inselrücken führt. Hier biegt man nach rechts zur Anse Gaulettes ab (1 km) und folgt der Hauptstraße wieder bis Baie Lazare Village.
Dauer: 2 Stunden, Schwierigkeitsgrad: I.

8. Von Val Mer nach Pointe Lazare und zurück:
Vom Hotel Plantation Club aus verläuft ein schmaler Weg am Ufer entlang in den Wald oberhalb einer kleinen Ansammlung von Hütten. Wenn der Weg wieder nach unten führt, sollte man sich vom Schild 'Private Property' nicht beeinflussen lassen. Das Gelände gehört einem Deutschen, der selten da ist, und der Durchgang ist erlaubt. Gegebenenfalls hält man sich an die Anweisungen des Verwalters. Am Ende der schönen kleinen Bucht Petit Gouvernement steigt der Weg wieder an und endet kurz vor einem Holzhaus, über dem rechter Hand eine Terrasse auf dem Felsvorsprung thront. Von hier aus bietet sich ein schöner Blick zurück auf Baie Lazare, Anse Gaulettes und Pointe Maravi; ferner kann man den Wellen zuschauen, die aus dem offenen Ozean gegen die Felsklippen klatschen.
Dauer (hin und zurück): 1$^1/_2$ bis 2 Stunden; Schwierigkeitsgrad: I.

Praslin

Auf Praslin empfiehlt sich insbesondere der Rundweg im Vallée de Mai National Park (⟶ Reiseziele von A bis Z, S. 115). Außerdem gibt es noch zwei schöne Wanderwege durch das Landesinnere, die man auch zu einem Rundgang kombinieren kann.

1. Von Anse Kerlan nach Anse Lazio:
Von Grand Anse oder vom Flughafen (Praslin Airport) aus kann man mit

Petite Anse Kerlan (Praslin)

dem Bus nach Anse Kerlan im Nordwesten der Insel fahren. Vor hier aus folgt man der Küstenstraße, die sich hinter der Geflügelfarm gabelt und als schmaler Weg am Strand weiter führt. Hier bietet sich ein lohnender Abstecher an – vorbei am neuen Lémuria Resort – zu den beiden gegeneinandergekehrten Halbmondstränden Anse Kerlan und Petite Anse Kerlan, die nur durch die Felsklippen des St Marie's Point getrennt sind. Wer dagegen der weißen Betonstraße nach rechts in den Wald folgt, gelangt nach wenigen hundert Metern zu einer kleinen Waldsiedlung, von der aus ein Fußweg über die Berge zur Anse Lazio, dem schönsten Strand Praslins, führt; an der Bucht liegt die gleichnamige Ortschaft. Von Anse Lazio kann man über die Küstenstraße an der Ostküste entlang nach Anse Volbert Village laufen, oder man fährt ab Anse Boudin mit dem Bus.
Dauer: 3 Stunden; Schwierigkeitsgrad: I.

2. Von Anse Volbert Village nach Grand Anse:
Auf der Küstenstraße führt der Weg von Anse Volbert Village nordwärts zur Anse Petite Cour und von dort zur Anse Possession. Hier biegt dann der Pasquière Track hinter einer kleinen Brücke nach links ins Landesinnere ab und führt direkt auf die andere Inselseite zum Brittannia Restaurant in Grand Anse.
Dauer: 2 Stunden; Schwierigkeitsgrad: I.

Praslin
(Fortsetzung)

71

Reiseziele von A bis Z

African Banks

→ Amiranten-Gruppe · Amirantes · Les Amirantes, African Banks, St. Joseph (Atoll), Poivre (Atoll)

Aldabra (Atoll)

Inselfläche: 153,8 km^2
Bewohnerzahl: ca. 15

Nach Aldabra gelangt man von Oktober bis April etwa einmal im Monat mit dem Expeditionsschiff "Indian Ocean Explorer"; eine Strecke kann auch geflogen werden. Wesentlich teurer sind Reisen mit Charterbooten und -flugzeugen, für die stets eine Sondergenehmigung erforderlich ist.

Schiffsverkehr

Das Aldabra-Atoll erstreckt sich zwischen 9° 22′ und 9° 30′ südlicher Breite sowie 46° 12′ und 46° 32′ östlicher Länge. Es ist 400 km von der Nordspitze Madagaskars und 650 km von der Küste Tansanias entfernt. Die Entfernung nach Mahé beträgt 1160 km.

Lage

Die Inselgruppe war vermutlich schon im 9. oder 10. Jh. den Arabern bekannt, die sie 'Al khadra' ('die Grüne') nannten. Später wandelten die Portugiesen den Namen um in Al Hadara, daraus wurde D'Arena, Y d'Ared, Illharada und schließlich Aldabra. Der portugiesische Seefahrer Vasco da Gama landete hier auf einer seiner Weltumseglungen im Jahre 1502 oder 1503. 1899 ließen sich erste Siedler auf dem Atoll nieder und legten Kokosplantagen an. Noch heute gibt es auf Grande Terre eine fast 3 km lange Palmenplantage.

Geschichte und Herkunft des Inselnamens

Beschreibung des Atolls

Aldabra ist mit einer Länge von 35 km, einer Breite von 13 km und einer Gesamtfläche (Land und Lagune) von 365 km^2 das größte Atoll der Erde. Seine Landfläche ist mit 153,8 km^2 genauso groß wie die der Seychellen-Hauptinsel Mahé. Das Atoll besteht aus den Einzelinseln Grande Terre (engl. South Island), Île Picard (engl. West Island), Polymnie, Île Malabar oder Moyenne (engl. Middle Island), Île aux Cèdres, Île Michel, Île Esprit, Îles Moustique, Îlot Parc, Îlot Émile, Îlot Yangue, Îlot Dubois, Îlot Magnan und Île Lanier sowie zahlreichen weiteren Inseln und Inselchen.

Das Aldabra-Atoll, die aufgrund ihrer biologischen Besonderheiten unter Wissenschaftlern berühmteste Inselgruppe des Indischen Ozeans, entstand wahrscheinlich vor rund 80000 Jahren aus den Kraterrändern eines Vulkans, an denen im Laufe der Jahrtausende Korallenriffe in die Höhe wuchsen; der Vulkan selbst ist anschließend wieder im Meer versunken. Die von Mangroven umsäumte Lagune ist an vier Stellen durch Öffnungen im Korallenring, die als Passe (engl. Channel) bezeichnet werden, mit der offenen See verbunden. Durch diese fließt das Wasser bei Flut in die Lagune und strömt bei Ebbe wieder heraus, bis deren Korallenboden fast trocken liegt.

Aufgrund der Abgeschiedenheit des Atolls hat sich hier eine einzigartige Fauna und Flora erhalten, obwohl es in diesem Jahrhundert an Versuchen

◀ *Uhrturm (Clock Tower) im Zentrum von Victoria*

West Island

Main Channel

Polym- nie

Middle Island

East Channel

Aldabra

O Settlement

Île aux Cèdres

West Channels

L a g u n e

Île Michel

Île Esprit

Îles Moustique

South Island (Grand Terre)

Indian Ocean

2 km

© *Baedeker*

Beschreibung des Atolls (Fortsetzung)

nicht mangelte, die Inseln des Atolls wirtschaftlich (Guano-Abbau) oder militärisch zu nutzen. Die Absicht der britischen Armee, auf Aldabra einen Militärstützpunkt anzulegen, wurde nur durch die Politik der Aufgabe jeglicher britischer Militärpräsenz östlich von Sues vereitelt, die die Labour-Regierung 1971 durchsetzte.

Die Hauptinseln des Aldabra-Atolls bestehen aus bis zu 8 m hohen Korallenbänken, auf denen sich im Süden Sanddünen von manchmal 30 m Höhe aufgeschichtet haben.

Riesenschildkröten

Aldabra ist die eigentliche Heimat der Riesenschildkröte. In der Vergangenheit wurde auf die Tiere wegen ihres schmackhaften Fleisches rücksichtslos Jagd gemacht. 1842 sollen zwei Expeditionsschiffe 1200 Schildkröten auf einmal gefangen und zur Verarbeitung nach Mauritius gebracht haben. Um 1900 schien der Bestand endgültig ausgerottet, jedoch konnte sich die Art dank rigider Naturschutzmaßnahmen wieder vermehren.

Man schätzt, daß heute auf dem Atoll zwischen 150000 und 180000 Exemplare leben. Auf Aldabra haben die Schildkröten, die stärkere Sonneneinstrahlung und Temperaturschwankungen nicht vertragen können, keine natürlichen Feinde. Riesenschildkröten in größerer Zahl findet man sonst lediglich noch auf den Galápagos-Inseln.

Sie ernähren sich vorwiegend von Gräsern. Die Riesenschildkröten auf den übrigen Inseln der Seychellen sind von Aldabra dorthin gebracht worden.

Seeschildkröten und Weißkehlige Rallen

Auch zahlreiche Seeschildkrötenarten kommen in den Monaten Dezember bis März auf die Inseln des Atolls, um ihre Eier im feinen Muschelsand zu vergraben. Außerdem gibt es hier noch 6000 bis 7000 Exemplare des einzigen noch überlebenden flugunfähigen Vogels des Indischen Ozeans, der Weißkehligen Ralle, die dem ausgestorbenen, sagenumwobenen 'Dodo' von Mauritius ähnelt.

Zahlreiche Zugvögel, Reiher, Flamingos und Seeschwalben besuchen Aldabra regelmäßig bei ihren Migrationen.

Naturschutzgebiet

Seit 1968 ist Aldabra ein Naturschutzgebiet, seit 1979 steht dies unter der Verwaltung der Seychelles Island Foundation. Im Jahre 1983 wurde das Atoll auf die UNO-Liste der schutzwürdigen Landschaften des 'Welterbes' gesetzt. Auf der Insel Picard – im Westteil des Atolls – gibt es eine biologische Forschungsstation.

Riesenschildkröten auf Aldabra

Alphonse, Bijoutier, St. François (Atoll)

Inselfläche: 1,98 km²
(Alphonse 1,74 km², Bijoutier 0,07 km², St. François 0,17 km²)
Bewohner: Hotelangestellte auf Alphonse.

Alphonse, eine Koralleninsel, liegt rund 400 km südlich von → Mahé und etwa 90 km südlich der letzten Inseln der → Amiranten-Gruppe zwischen 7° und 7° 20′ südlicher Breite und auf 52° 50′ östlicher Länge. Die Insel wird von verschiedenen Wissenschaftlern zur Amiranten-Gruppe gezählt.
Auf Alphonse gibt es eine kleine Landebahn. Von Mahé aus wird die Insel Mi., Fr., Sa., So. u. Mo. angeflogen (Flugzeit: 60 – 80 Minuten).

Ein neues Luxus-Resort am Lagunenrand besteht aus 25 Chalets und fünf Villen. Hier kann man umsonst windsurfen, schnorcheln, segeln, Boot fahren und Tennis spielen. In der Lagune selbst ist Fliegenfischen möglich.

Die Insel Alphonse wurde nach Chevalier Alphonse de Pontevez, dem Kommandanten der französischen Fregatte "Lys", die im Jahre 1730 als erste hier landete, benannt.

Lage und Allgemeines

Anreise nach Alphonse

Neues Resort

Geschichte und Herkunft des Inselnamens

Amiranten-Gruppe · Amirantes · Les Amirantes, African Banks, St. Joseph (Atoll), Poivre (Atoll)

Inselfläche: 9,23 km² (Amiranten 6,61 km², African Banks 0,3 km², St. Joseph 1,22 km², Poivre 1,1 km²)
Bewohnerzahl: 100 – 150

Amiranten-Gruppe, African Banks, St. Joseph, Poivre

Desroches aus der Vogelperspektive

Flugverkehr	Nur die Inseln Desroches, D'Arros, Rémire und Marie Louise haben eine Landebahn für kleinere Flugzeuge.
Lage und Allgemeines	Die Inseln der Amiranten-Gruppe, zu denen man auch die African Banks, das St. Joseph-Atoll und das Poivre-Atoll zählt, liegen zwischen 4° 50′ und 6° 30′ südlicher Breite und zwischen 53° und 53° 40′ östlicher Länge – südwestlich der Seychellen-Hauptgruppe. Die Inseln und Atolle sind zwischen 200 und 340 km von Mahé entfernt.
Eigentliche Amiranten	Die eigentliche Amiranten-Gruppe besteht aus den Inseln D'Arros (Darros; 1,5 km²), Rémire (Eagle; 0,27 km²), Boudeuse (0,01 km²), Desnœufs (0,35 km²), Desroches (3,94 km²), Étoile (Lampéraire; 0,01 km²), Marie Louise (0,52 km²). Die Inselgruppe, die sich auf einem Unterwasserrücken erhebt, der sich von der Mahé-Gruppe in südlicher Richtung bis Mauritius und Réunion erstreckt, hat eine Breite von ca. 150 km.
Brutstätte für Seeschwalben	Alle Amiranteninseln und Nachbarinseln sind in den Monaten des europäischen Sommers Brutstätten für Hunderttausende von Seeschwalben.
Wirtschaft	Wirtschaftliche Bedeutung besitzt von allen Inseln bislang nur Desroches, auf der sich eine große Kopra-Fabrik und ein Bungalow-Hotel befinden. Die Kopra von hier gilt als eine der besten des Indischen Ozeans und ist deshalb sehr gefragt.
Geschichte und Herkunft der Inselnamen	Die Amiranten wurden von Vasco da Gama auf seiner zweiten Indienreise – 1502 oder 1503 – entdeckt und 'Ilhas do Almirante' (Admiralsinseln) genannt. Der französische Admiral Willaumez an Bord der "La Régénérée" taufte die African Banks im Jahre 1792 'Îlots Africains', während Boudeuse und Étoile nach Schiffen benannt wurden, die zu der Flotte gehörten, mit der Louis Antoine de Bougainville (1729–1811) von 1766 bis 1769 als erster Franzose eine Weltumseglung unternahm.

D'Arros erhielt seinen Namen nach dem Baron D'Arros, der in den Jahren 1770 und 1771 Marinekommandant der Île de France (Mauritius) war. Nach einem Gouverneur der Insel Mauritius, der dort von 1767 bis 1772 seines Amtes waltete, wurde Desroches benannt. Diese Insel hat Chevalier de la Biollière im Jahre 1771 als erster ausgiebigst erforscht. Im gleichen Jahr gab Chevalier Du Roslan der Insel Marie Louise ihren Namen.

Geschichte und Herkunft der Inselnamen (Fortsetzung)

Lediglich auf Desroches gibt es ein noch recht neues Hotel. Flugverbindungen bestehen montags, mittwochs und samstags von Mahé aus. Der Flug dauert etwa 40 Minuten. Dem Hotel ist ein Wassersport-Zentrum angeschlossen.

Wassersport-zentrum

Im Unterschied zu verschiedenen anderen Koralleninseln bildet die Versorgung mit warmem Wasser auf Desroches kein Problem. Denn diese Insel bezieht das erforderliche Trinkwasser aus einer leistungsstarken Meerwasser-Aufbereitungsanlage.

Wasserversorgung

Anonyme Island · Île Anonyme

Inselfläche: 0,1 km^2
Bewohner: Hotelangestellte

Praktisch nur einen Steinwurf von Mahé bzw. vom internationalen Flughafen der Hauptinsel entfernt liegt das Inselchen Anonyme Island, von dem aus man einen wunderschönen Blick auf die Ostküste von Mahé genießen kann.

Lage

Zwischen Mahé und Anonyme Island verkehren täglich Fähren um 9.00, 12.00, 14.00 und 17.30 Uhr. Nach 18.00 Uhr fahren die Boote nur noch auf Bestellung.

Fährverbindung

Auf Anonyme Island gibt es nagelneues Luxushotel mit sieben Suiten, Restaurant, Bar und Tennisplatz. Es erfreut sich regen Zuspruchs.

Neues Hotel

Aride · Île Aride

Inselfläche: 0,68 km^2
Bewohnerzahl: 10

Die Insel Aride ist nur vom 1. Oktober bis zum 30. April (Mo. – Do.) für Besucher gegen Zahlung einer Gebühr zugänglich. Von Mai bis September macht sehr starker Wellengang die Annäherung mit dem Boot schwierig, wenn nicht gar unmöglich.

Hinweis

Tagesausflüge werden von Mahé (Fahrzeit 2 Std.) wie auch von Praslin (Fahrzeit 45 Min.) aus organisiert.

Aride, die nördlichste Granitinsel des Seychellen-Plateaus, liegt auf 4° 12′ südlicher Breite und 55° 40′ östlicher Länge, d.h. 54 km nordöstlich von Mahé und 10 km nördlich von Praslin. Ihre Länge beträgt 1,6 km und ihre Breite 0,6 km.

Lage

Die teilweise von einem Korallen-Saumriff umgebene Insel erhebt sich bis zu 152 m hoch über den Meeresspiegel. Sie ist von einer üppigen, tropischen Vegetation bedeckt, deren Artenreichtum immer wieder das Interesse der Botaniker weckt. Hier befindet sich – bis auf wenige Ausnahmen – der einzige Lebensraum der Wright's Gardenia mit ihren zarten, weißen Blüten. Außerdem gibt es tropische Früchte und Gewürze wirklich im

Naturraum und Vegetation

Aride, Naturraum (Fortsetzung)	Überfluß: Papaya, Goyave, Ingwer, Zitronen, Zimtbäume, Apfelsinen, Grapefruit, Kürbisse und Bananen. Die Insel befindet sich in Privatbesitz. Sie wurde zum Naturschutzgebiet erklärt und unter die Aufsicht der Britischen Gesellschaft zur Förderung von Naturschutzgebieten gestellt.
Bevölkerung	Die Hütten der wenigen Bewohner liegen alle am Strand der Landebucht und bilden die Siedlung La Cour. Auf dem kleinen Küstenplateau wurden früher Gewürze angebaut.
Geschichte und Herkunft des Inselnamens	Aride wurde im Jahre 1756 von Kapitän Nicolas Morphey entdeckt und nach dem französischen Marineminister Moras 'Île Moras' genannt. Später bekam die Insel dann wegen ihres Klimas den Namen Aride: das heißt soviel wie 'heiß und trocken'. Auch über Aride gibt es zahlreiche Geschichten von Piraten und ihren verborgenen Schätzen. Vor wenigen Jahren wurde zufällig das Skelett eines in sitzender Haltung begrabenen Menschen – wahrscheinlich afrikanischer Herkunft – gefunden.
Seevögel	Auf Aride lebt die bei weitem größte Kolonie von Seevögeln innerhalb der Gruppe der Granitinseln. Hier sieht man ferner riesige Tausendfüßler, nistende Feen-, Ruß-, Noddi- und Rosenseeschwalben, den Bindenfregattvogel und schließlich den Rotschwanz-Tropikvogel, dessen Nester man auch auf dem höchsten Punkt der Insel, dem Gros la Tête (134 m ü.d.M.), bewundern kann.
Mapoubäume	Auf der Anhöhe wachsen Mapoubäume, die ihre Blätter das ganze Jahr über abwerfen. Die dadurch entstehende Humusschicht kann in nur zwei bis drei Jahrzehnten die stattliche Mächtigkeit von einem halben Meter erreichen.

Assomption · Assumption

Inselfläche: 1,17 km^2
Bewohner: ein Verwalter und einige Arbeiter

Lage und Allgemeines	Assomption (oder Assumption) liegt ca. 1200 km südwestlich von Mahé auf 9° 44′ südlicher Breite und 46° 30′ östlicher Länge – in der Nähe des Aldabra-Atolls. Die Insel war früher eine wichtige Brutstätte für Seevögel verschiedenster Arten. Seit dem Jahre 1840 wurde hier jedoch ein rücksichtsloser Guano-Abbau betrieben. Der Lebensraum vieler Seevögel wurde so nach und nach zerstört. Im Laufe der Zeit hat man über eine Million Tonnen dieses Rohstoffs abgetragen und vor allem nach Mauritius verschifft. Dort düngte man die ausgedehnten Zuckerrohrfelder mit Guano. Der Naturdünger war über viele Jahrzehnte das wichtigste Exportgut der Seychellen.

Astove

Inselfläche: 6,61 km^2
Bewohner: wenige Personen

Lage und Allgemeines	Astove liegt etwa 40 km südöstlich vor → Cosmoledo, mit dem es manchmal als zu einer einzigen Inselgruppe gehörend betrachtet wird, auf 10° 4′ südlicher Breite und 47° 44′ östlicher Länge. Auf der Insel wird ebenfalls Guano abgebaut. Die Insel Astove gehört zu den Projekten der staatlichen Island Development Company; sie hat eine Landebahn für kleinere Maschinen.

Bijoutier

⟶ Alphonse, Bijoutier, St. François (Atoll)

Bird Island · Île aux Vaches (Marines)

Inselfläche: 1,01 km^2
Bewohnerzahl: 45

Auf Bird Island gibt es ein Bungalow-Hotel, das zugleich die einzige Ansiedlung der Insel darstellt. Sie wird von Mahé aus täglich außer samstags angeflogen, der Flug dauert 30 bis 40 Minuten. Da Bird Island in Privatbesitz ist und das Flugzeug vom Insel-Hotel gechartert wird, ist die Anreise nur möglich, wenn man gleichzeitig einen Aufenthalt von mindestens einer Nacht bucht.

Flugverkehr und Unterkunft

Die korallen- und fischreichen Gewässer im Umkreis von Bird Island bilden ein ideales Revier für Taucher und Hochseeangler. Die Strände mit ihrem weißen Sand aus Korallen- und Muschelabrieb und das glasklare Wasser laden zum Sonnen und Baden ein.

Freizeit und Sport

Bird Island liegt knapp 100 km nördlich von Mahé auf 3° 43' südlicher Breite und 55° 13' östlicher Länge – am Rande des Mahé-Plateaus, das hier bis in eine Tiefe von 1800 m abfällt. Von ihrer Schwesterinsel Denis Island ist sie ca. 50 km entfernt.

Lage

Die flache und palmenbestandene Insel, die wegen ihrer geographischen Lage zur Gruppe der Inneren Inseln gerechnet wird, gehört ihrem geologischen Unterbau nach – wie auch Denis Island – zu den Koralleninseln. Sie hat sich durch Ablagerungen von Sand und Muschelkalk auf einem Korallenriff gebildet und erhebt sich nur wenige Dezimeter über den Meeresspiegel. Die Insel ist 1,52 km lang und 0,64 km breit.
Bird Island verdankt seine üppige Vegetation einer dichten Bodenschicht aus Guano, einem Stickstoff- und phosphatreichen Dünger, der aus den Ausscheidungen und Ablagerungen der riesigen Vogelkolonien entstanden ist.

Naturraum

In dichten Reihen umstehen Kokospalmen die Insel. Und auf ihren kleinen Plantagen wachsen Papayas, Mangos und Avocados. Die landwirtschaftliche Produktion der Farm dient heute ausschließlich zur Deckung des Eigenbedarfs für das einzige Hotel der Insel; es wird mit Gemüse, Eiern, Hühner- und Schweinefleisch beliefert.

Wirtschaft

Wegen der nur geringen Höhe der Insel kommt es hier nicht zu Steigungsregen, und die Niederschläge auf der Insel liegen deutlich niedriger als die auf den bergigen Granitinseln. Das Wetter auf Bird Island ist deshalb sehr viel beständiger und sonniger als das von Mahé oder Praslin.

Klima

Die Wasserversorgung der Insel wird auf zweierlei Art gesichert: Brauchwasser wird aus der Süßwasserblase emporgepumpt, die unter dem Sand auf dem salzigen Meerwasser 'schwimmt'. Dieses Wasser ist jedoch auch relativ salzhaltig, so daß es auf der Insel keine Warmwasserversorgung gibt, denn die Heizungsanlagen würden in kürzester Zeit vom Salz angegriffen. Für die Trinkwasserversorgung wird in großen Zisternen Regenwasser gesammelt.

Wasserversorgung

Bird Island wurde 1756 von Nicolas Morphey entdeckt und 'Île aux Vaches Marines', 'Insel der Seekühe' genannt; diese Bezeichnung weist auf die Tierart 'dugong' hin, die einst hier ihre Heimat hatte und heute auf den

Geschichte und Herkunft des Inselnamens

Seevögel am Strand von Bird Island

Geschichte
und Herkunft
des Inselnamens
(Fortsetzung)

Seychellen ausgestorben ist. In offiziellen Dokumenten wird die Insel noch immer gelegentlich unter diesem Namen geführt.
Schon im Jahre 1771 wurde die Insel aber vom Kartographen des englischen Schiffes "The Fireworker" in Bird Island umbenannt, da sie mehrere Monate im Jahr Millionen von Seevögeln beherbergt.

✳ Seevögel und Landschildkröten

Seevögel

Im Nordosten der Insel liegt ein Vogelschutzgebiet, es ist die Heimat für Millionen von Seeschwalben. Die Seevögel bilden – vor allem in den Monaten des europäischen Sommers – die eigentliche Attraktion der Insel. Es sind unübersehbare Schwärme von Rußseeschwalben, Feen- und Noddiseeschwalben, Hauben-, Zwerg- und Eilseeschwalben, ferner Sichelstrandläufer, Fregattvögel und Tropikvögel. Passionierte Ornithologen können die Vögel hier in ihrem natürlichen Lebensraum beobachten. Die Tiere sind mitunter so zahm, daß sie erst wegfliegen, wenn man sie schon fast berührt.

Rußseeschwalben

Alljährlich wird das Vogelschutzgebiet in den Monaten April bis Oktober von ein bis drei Millionen Rußseeschwalben aufgesucht, die hier brüten, ihre Jungen aufziehen und dann wieder zum offenen Meer hin fliegen, wo sie wahrscheinlich den Rest des Jahres verbringen, ohne in dieser Zeit Land aufzusuchen. Diese Vermutung wird dadurch bestärkt, daß man diese Rußseeschwalben noch nie an anderen Gestaden gesichtet hat.

Landschildkröten

Von den einst sehr zahlreichen Riesenschildkröten leben nur noch zwei Exemplare auf der Insel, die zudem noch aus Aldabra stammen. Das männliche Exemplar, "Esmeralda" genannt, ist mit 150 oder 200 Jahren die älteste und mit einem Panzer von über 1,80 m Länge die größte bekannte Landschildkröte der Welt.

Riesenschildkröte "Esmeralda" auf Bird Island

Cerf Island · Île au Cerf

Inselfläche: 1,27 km²
Bewohnerzahl: ca. 40

Mit Ausflugsbooten kann man von Victoria (Mahé) nach Cerf Island fahren (Fahrzeit: ¹/₄ Std.). Es gibt dort ein kleines Hotel mit Bar und Restaurant.

Schiffsverkehr

Cerf Island liegt östlich von Mahé in der Bucht von Victoria, nur etwa 4 km östlich des Hafens und 2,5 km von der Küste Mahés entfernt. Die 1,7 km lange und 0,9 km breite Insel ist Teil des Sainte Anne Marine National Park. Ihre höchste Erhebung erreicht 108 m ü.d.M. Auf Cerf Island gibt es, obwohl nur von wenigen Familien bewohnt, zwei Kapellen, eine anglikanische und eine katholische. Die Einheimischen leben vom Obst- und Gemüseanbau und von Kokosnüssen.

Lage und Allgemeines

Die Insel wurde im Jahre 1742 von Lazare Picault auf seiner ersten Fahrt zu den Seychellen entdeckt und erhielt ihren Namen im Jahre 1756 durch Kapitän Nicolas Morphey, der sie nach der von ihm befehligten Fregatte 'Le Cerf' (der Hirsch) benannte.

Geschichte und Herkunft des Inselnamens

Cerf ist die Heimat mehrerer Riesenschildkröten, und man findet einige Kolonien Fliegender Hunde. Die Strände der Insel werden regelmäßig von Seeschildkröten zum Eierlegen aufgesucht.

Tierwelt

Auf einem kleinen Rundweg kann man die gesamte Insel bequem in zwei bis drei Stunden umwandern. Vom Landungssteg aus führt auch ein Pfad zwischen den beiden Hügeln, die in der Mitte der Insel liegen, zur südlichen Bucht, die zum Baden und Schnorcheln gut geeignet ist.

Rundweg

Coëtivy Island

Inselfläche: 9,32 km²
Bewohner: einige Arbeiter

Lage und
Allgemeines

Die Insel Coëtivy, die wie die Île Plate zu keiner Inselgruppe gehört, liegt auf 56° 15′ östlicher Länge und 7° 20′ südlicher Breite – rund 270 km südlich von Mahé, sie ist damit die östlichste Insel der Seychellen. Die Insel wurde nach Chevalier de Coëtivy benannt, der sie an Bord der "Île de France" am 3. Juli 1771 zum ersten Mal sichtete. Sie ist für Besucher nicht zugänglich.

Krabbenzucht

Auf der Insel gibt es eine größere Aquafarm, in der Krabben für die Restaurants der Seychellen und vor allem auch für den Export gezogen werden.

Conception

Inselfläche: 0,6 km²
Bewohner: keine

Schiffsverkehr

Die Insel wird nur gelegentlich von Ausflugsbooten aus Beau Vallon Bay (Mahé) angelaufen.

Lage und
Allgemeines

Conception liegt etwa 1,5 km vor der nordwestlichen Inselspitze von Mahé, am Eingang zur Buch von Port Launay; die Insel ist von der Hauptinsel durch die Meerenge 'La Passe Ternay' getrennt. Die 1,5 km lange und 0,5 km breite Insel wird durch einen Bergrücken geprägt, dessen höchste Erhebung 100 m ü.d.M. aufragt.

Cosmoledo (Atoll)

Inselfläche: 5,09 km²
Bewohner: keine

Lage und
Allgemeines

Das Cosmoledo-Atoll liegt auf 9° 30′ südlicher Breite und zwischen 47° 30′ und 47° 40′ östlicher Länge – etwa 1050 km südwestlich von Mahé. Das Atoll besteht aus den Einzelinseln Menai, Île du Nord, Île Nord-Est, Île du Trou, Goëlette, Grand Polyte, Petite Polyte, Grand Île (Wizard), Pagode, Île du Sud, Île Moustiques, Île Baleine und Île Chauve Souris. Cosmoledo ist die Heimat von Seevögeln verschiedenster Arten, darunter viele Tölpel. An den Stränden der Inselgruppe legen jedes Jahr unzählige Seeschildkröten ihre Eier in den Sand.

Cousin Island

Fläche: 0,29 km²
Bewohnerzahl: 10

Hinweis

Es empfiehlt sich, die Insel in den Monaten April und Mai zu erkunden. Dann nisten und brüten auf Cousin bis zu einer halben Million Vögel.

Schiffsverkehr

Der Besuch der Insel ist nur mit einem Führer möglich. Halbtagsausflüge ab Praslin Di., Mi., Do. u. Fr.

Sport

Schwimmen ist lediglich an einem kleinen Strandstück von Cousin Island und nach Absprache mit den Parkaufsehern erlaubt.

Cousin Island liegt rund 3 km vor der Ortschaft Amitié auf → Praslin, 36 km nordöstlich von → Mahé sowie 12 km südlich von → Aride. Die Insel ist 0,8 km lang und 0,6 km breit. Ihre höchste Erhebung liegt 66 m über dem Meeresspiegel.

Lage und Allgemeines

☀ Naturschutzgebiet

Cousin ist eine der interessantesten Inseln der Seychellen. Sie gehört seit 1968 dem Internationalen Rat für Vogelschutz (International Council for Bird Preservation) und ist heute als Nationalpark ausgewiesen. Für eine Reihe seltener endemischer Vogelarten wurde hier ein Lebensraum geschaffen, der sie vor dem Aussterben bewahrte. Zu ihnen zählen die Seychellen-Grasmücke, der Seychellen-Rohrsänger und der Seychellen-Weber. Diese Arten konnten sich dank der strengen Schutzmaßnahmen – rigide Begrenzung der Besucherzahlen, Verbot jeglicher wirtschaftlichen Nutzung, Verhinderung des Eindringens von Ratten und Haustieren – in nur wenigen Jahren von einer geringen Anzahl von Exemplaren auf wieder recht stattliche Bevölkerungen vermehren.

Seltene Vögel

Außer den zuvor genannten Arten gibt es auf Cousin Island Teichrallen, Sperbertäubchen, Nektarvögel, Madagaskar-Weber und Steinwälzer. Auch verschiedene Seevogelarten haben hier stattliche Kolonien. Zu ihnen zählen insbesondere die Weißschwanztropikvögel, deren Nester fast auf der gesamten Insel an geschützten Plätzen auf dem Boden zu finden sind. Darüber hinaus kann man Keilschwanzsturmtaucher sowie Ruß- und Feenseeschwalben beobachten.

Am Strand leben wahre Horden von Geisterkrabben (Ocypodes sp.), deren Männchen während der Brutzeit mit ihren vibrierenden Scheren eigenartige Geräusche verursachen, die den Zirp- und Schnarrlauten der Feldheuschrecken ähnlich sind.

Geisterkrabben

Junger Weißschwanztropikvogel (Cousin Island)

Cousine Island

Inselfläche: 0,26 km²
Bewohner: Hotelpersonal

Lage und
Allgemeines

Cousine Island liegt etwa 2 km südöstlich von → Cousin Island und 5 km westlich vor der Küste von → Praslin. Die Insel, die sich in Privatbesitz befindet, ist 1 km lang und 0,4 km breit. Auf Cousine Island gibt es seit einiger Zeit ein exklusives Refugium mit vier Villen. Wunderschön ist der Blick hinüber nach Praslin und Aride. Beste Voraussetzungen für Schnorchler bestehen in der Zeit von September bis Januar.

Curieuse Island · Île Curieuse

Inselfläche: 2,86 km²
Bewohner: einige Personen

Schiffsverkehr

Von Praslin aus werden Ausflugsfahrten nach Curieuse Island organisiert.

Sport

Für Taucher und Schnorchler sind die Gewässer um Curieuse ein sehr interessantes Gebiet (Curieuse Marine National Park).

Lage

Die Insel Curieuse, neuerdings Kernraum eines Marine National Park, liegt nordöstlich von → Praslin. Von Anse Boudin, einer Bucht an der Küste Praslins, ist sie nur durch einen 1 km breiten Arm der Curieuse Bay getrennt. Die Entfernung nach Victoria beträgt 44 km.

Geschichte
und Herkunft
des Inselnamens

Im Jahre 1744 wurde Curieuse von Lazare Picault entdeckt und 1768 von Marion Dufresne nach einem der Schiffe seiner Expedition benannt. 1771 wurde die Insel von Matrosen der Korvette "Eagle" in Brand gesetzt, da diese hofften, so die Preise für die wertvollen Meereskokosnüsse (Coco de Mer) durch Verringerung des Angebotes in die Höhe treiben zu können. Die meisten der einzigartigen Kokospalmen, die nur auf Curieuse und auf dem benachbarten Praslin vorkamen, wurden vom Feuer vernichtet. Seit 1833 gab es auf Curieuse eine Leprastation, die mit Unterbrechungen bis 1965 bestanden hat. Von der einstigen Leprastation ist nur noch das Haus des früheren Anstaltsarztes intakt.

Coco de Mer und
Riesenschildkröten

Curieuse, das landschaftlich sehr der benachbarten Insel Praslin ähnelt, ist 1771 von einem Brand verwüstet worden. Bis heute sind die Folgen dieser ökologischen Katastrophe sichtbar. Nur ein paar 'Coco de Mer'-Palmen haben das Inferno überlebt. Mit viel Mühe versucht man seit einiger Zeit, wieder neue Cocos de Mer anzupflanzen. Haupt-Touristenattraktion von Curieuse Island ist ein Gehege, in dem etwa 250 Riesenschildkröten leben. Sie sind vor einigen Jahren von Aldabra hierher gebracht worden.

Denis Island

Inselfläche: 1,43 km²
Bewohnerzahl: 55

Flugverkehr

Von Mahé aus ist die Insel mit dem Flugzeug zu erreichen (ca. ¹/₂ Std.; Di., Do., Fr., So.); Seychelles; diese Flüge sind jedoch an die gleichzeitige Buchung der Hotelübernachtung gebunden.

Schiffsverkehr

Von Mahé aus gibt es eine unregelmäßige Schiffsverbindung mit einem Versorgungsboot.

Denis Island

Es besteht Möglichkeit zum Windsurfen und Schnorcheln, Segeln und Tauchen. Vor der Westküste der Insel fällt das Korallenriff, das diese vollständig umgibt, 15–30 m steil ab, und in 8 km Entfernung liegt der Rand des Seychellen-Plateaus. Vorsicht ist wegen des zeitweise sehr hohen Wellengangs geboten. — Sport

Denis Island liegt rund 90 km nördlich von Mahé und 50 km östlich von Bird Island auf 3° 48′ südlicher Breite und 55° 40′ östlicher Länge. Die halbmondförmige Insel ist 1,8 km lang und 1,3 km breit, ihr höchster Punkt ragt knapp 4 m über die Meeresoberfläche. Die Insel ist – wie die benachbarte Bird Island – eine Koralleninsel, die jedoch geographisch der Gruppe der Inner Islands des Seychellen- oder Mahé-Plateaus zugerechnet wird, an dessen Nordrand sie liegt. Ein dichter Wald von Kokospalmen, durchsetzt von Kasuarinen und Takamaka-Bäumen, bedeckt die gesamte Insel. — Lage und Allgemeines

Denis Island ist im Privatbesitz der Seychelles Coconut Estates, einer Gesellschaft, die sich ursprünglich mit der Kopra-Gewinnung befasste. Die Koprafabrik ist inzwischen dem Verfall preisgegeben. Dafür gibt es heute einen luxuriösen Hotelbetrieb (Mindestaufenthalt: 3 Nächte), der einen Großteil seiner frischen Lebensmittel aus der neu angelegten Farm bezieht. — Wirtschaft

Die Trinkwasserversorgung erfolgt wie auf Bird Island mittels eines Regenwasser-Reservoirs, während das Brauchwasser aus der Süßwasserblase auf dem Korallensockel gepumpt wird. — Trinkwasserversorgung

Denis Island wurde am 11. August 1773 von Denis de Trobriant entdeckt. Zu Beginn des 20. Jh.s hat man hier Kokospalmen-Plantagen angelegt und die heute weitgehend erschöpften Guano-Vorkommen der Insel für die Düngerproduktion abgebaut. Zeitweise wurde auch Baumwolle angebaut. Seit 1976 besteht das Inselhotel. — Geschichte und Herkunft des Inselnamens

Siedlung auf Denis Island

Sehenswertes

Leuchtturm
In der Mitte der alten Inselplantage steht ein im Jahre 1910 errichteter, gasbetriebener Leuchtturm, der noch immer alle fünf Sekunden sein Lichtzeichen gibt und von dem aus sich eine schöne Aussicht über die Insel bietet und weiter bis nach Praslin und Mahé. Dicht daneben liegt das alte Dorf mit seinen beiden Gefängnissen.

Kapelle
In der Inselmitte steht eine kleine, ökumenische Kapelle, in der gelegentlich auch ein Gottesdienst abgehalten wird.

Riesenschildkröten
Im Süden der Insel gibt es zahlreiche freilebende Riesenschildkröten, die Strände werden regelmäßig von eierlegenden Seeschildkröten-Weibchen aufgesucht.

Desroches

⟶ Amirantengruppe · Amirantes

Farquhar (Atoll), St. Pierre, Providence (Atoll)

Inselfläche: 11,94 km^2 (Farquhar-Atoll 7,99 km^2, Saint Pierre 1,67 km^2, Providence 1,57 km^2, Bancs Providence 0,71 km^2)
Bewohnerzahl: 100

Flugverkehr
Lediglich auf der Île du Nord des Farquhar-Atolls gibt es eine Landbahn.

Die Inselgruppe, die das Farquhar-Atoll, St. Pierre, das Providence-Atoll sowie die Bancs Providence umfaßt, erstreckt sich zwischen 9° und 10° 10′ südlicher Breite auf rund 51° östlicher Länge. Sie liegt zwischen 700 und 790 km südwestlich von ⟶ Mahé, und Farquhar ist nur 280 km von der Nordküste Madagaskars entfernt.

Farquhar
(Fortsetzung)
Lage

Der Portugiese João de Nova war 1501 oder 1502 der erste Europäer, der auf Farquhar landete, und das Atoll trug zunächst seinen Namen. Erst 1824 wurde es dann umbenannt – nach dem Gouverneur von Mauritius, Sir Robert Townsend Farquhar.
Die Insel St. Pierre wurde dagegen erst im Jahre 1732 entdeckt, sie erhielt den Namen eines der Schiffe ihres Entdeckers Duchemin.

Geschichte und
Namensgebung

Das eigentliche Farquhar-Atoll besteht aus den Einzelinseln Île du Nord, Île du Sud, Manaha Nord, Manaha Milieu, Manaha Sud, Goëlettes, Lapin, Île du Milieu, Depose und Bancs de Sable.
Während die Landschaft Farquhars von Palmen und Kasuarinen bestimmt wird und die Bevölkerung von Kopraerzeugung und Fischfang lebt, wird auf St. Pierre Guano abgebaut.

Farquhar

Farquhar besitzt einen der schönsten Strände der Seychellen, den 2 km langen Twenty-Five Franc Beach, dessen Sand so fein wie Mehl ist.
Für Zugvögel und Seeschwalben ist das Atoll ein vielbesuchter Nistplatz.

✴ Strand

Félicité

Inselfläche: 2,68 km²
Bewohnerzahl: 12

Von den Inseln La Digue und Praslin bestehen Bootsverbindungen nach Félicité. Die örtlichen Reiseveranstalter organisieren von diesen beiden Inseln aus Ausflüge dorthin.

Schiffsverkehr

Unter der Verwaltung der La Digue Island Lodge wurden auf Félicité zwei luxuriöse Ferienvillen im Plantagenstil errichtet, die über einen eigenen kleinen Badestrand verfügen.

Unterkunft

Félicité liegt auf 4° 20′ südlicher Breite und 55° 52′ östlicher Länge zwischen den Inseln ⟶ La Digue und ⟶ Marianne in der Praslin-Gruppe. Die Entfernung nach ⟶ Mahé beträgt 55 km.

Lage und
Allgemeines

Die Insel Félicité, deren höchster Punkt 227 m ü.d.M. aufragt, ist von Kokospalmen und tropischen Bäumen bedeckt. Sie ist von einem Kranz kleinerer Inseln (Marianne, Cocos, Grande Sœur, Petite Sœur) umgeben.

Naturraum

Ins Blickfeld einer breiteren Öffentlichkeit geriet die Insel im Jahre 1875. Damals wurde der Sultan von Perak (heute Teil des südostasiatischen Staates Malaysia) nach Félicité verbannt. Er lebte dort mit seiner Familie und seinem Hofstaat bis 1879.

Geschichte

Frégate · Frigate

Inselfläche: 2,19 km²
Bewohnerzahl: 120

Das 1998 eröffnete Frégate Island Private Resort (⟶ Bild S. 90) gehört zu den exklusivsten Ferienanlagen der Welt. Es liegt außerordentlich idyllisch und ist ein idealer Ort zum Ausspannen.

Unterkunft

Frégate

Lage und Naturraum

Frégate (Frigate) liegt knapp 50 km östlich von Mahé und 25 km südlich von La Digue auf 4° 35′ südlicher Breite und 55° 51′ östlicher Länge. Die Insel, die einst Schlupfwinkel von Piraten war, besitzt traumhaft schöne und einsame Sandstrände; die bis zu 125 m hohen Inselberge sind dicht bewaldet.

Böden

Die phosphathaltigen, fruchtbaren Böden im Nordosten der Insel deuten darauf hin, daß diese einst Nistplatz von großen Kolonien verschiedener Seevögel gewesen sein muß.

Pflanzen

Man zählt auf Frégate fast 200 verschiedene Pflanzen, die aber fast ausschließlich zu den importierten 'exotischen' Arten gehören, darunter auch Cashew (die Cashewnuß ist der Samen des tropischen Acajou- oder Nierenbaumes), Zitrusfrüchte, Mangos und Indische Mandeln.

Tiere

Auch die Tierwelt ist sehr artenreich. Die Seychellen-Schamadrossel, die nur auf dieser Insel lebt, hält sich vor allem in den höheren Lagen auf dem Boden auf. Außerdem ist hier der seltene Seychellen-Weber heimisch. Unter den etwa 100 Riesenschildkröten, die vor einigen Jahrzehnten von Aldabra hierher gebracht wurden, gibt es Tiere, deren Alter auf über 150 Jahre geschätzt wird. Auch ungewöhnliche Insekten kann man auf Frégate beobachten, beispielsweise das Choleopteron, einen großen Hartflügel-Käfer, sowie Riesenspinnen, die aber völlig ungefährlich sind.

Korallenriffe

Eine farbenprächtige Unterwasserwelt finden Schnorchler und Taucher in den Korallenriffen und -gärten vor, die schützend vor den schönen Badestränden liegen.

Geschichte und Herkunft des Inselnamens

Lazare Picault hatte Frégate auf seiner zweiten Expedition im Jahre 1744 erforscht und wegen der auffälligen, hier nistenden Fregattvögel 'Île aux Frégates' genannt. Zu Beginn des 18. Jh.s wurde die Insel von Piraten als Stützpunkt benutzt, die hier Wasser und Nahrung fanden und ihre Überfälle vorbereiten konnten. Ian Fleming, der Schöpfer der James-Bond-Figur, war davon überzeugt, daß es auf der Insel Frégate Verstecke erbeuteter Schätze gab; Fundstücke wie Äxte und Gefäße erhärten diese Vermutung.

Im Jahre 1801 diente die Insel kurzzeitig als Verbannungsort für deportierte Jakobiner, die hier mit drei Sklaven lebten, bevor sie weiter auf die Komoren verschifft wurden, wo der herrschende Sultan sie vergiften ließ.

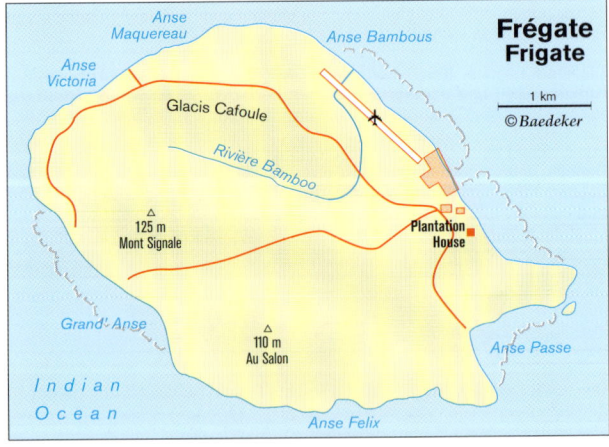

Anse Parc im Süden der Insel Frégate

Inselrundgang

Es empfiehlt sich, einem der beschilderten Naturlehrpfade (Nature Trails) folgend, einen Inselrundgang zu machen. Durch die Plantage an der Landebahn geht man zunächst in Richtung Anse Parc. Der Trampelpfad zum sehenswerten Strand biegt in einem großen Palmenhain vom Hauptweg links ab. Der Rundgang führt auf dem breiteren Weg weiter, und hinter einer kleinen Gruppe von Hütten geht es bergan. Unter dem teilweise dichten Laubdach markieren schwarze Pfeile auf dem Fels den richtigen Weg. Wenn die Vegetation niedriger wird, kann man rechter Hand in der Ferne La Digue sehen. Der Weg führt dann über felsiges Gelände weiter leicht bergauf. Nach ein paar hundert Metern verläuft er wieder unter einem Blätterdach bergab – bis zum Strand von Grand Anse. Man geht bis hierhin etwa eine Stunde.

Die Route führt nun weiter am Strand entlang, bis rechts hinter den Büschen eine Hütte auftaucht, an der vorbei der Weg steil auf den Hügel verläuft. Dort führt eine Abzweigung nach links zu einem kraterförmigen Wasserbecken im Granitgestein, an dessen Rändern sich auch die Schamadrossel aufhält, während die Hauptroute wieder zur Plantage hintersteigt. Wer hingegen am Strand bis zu dessen nördlichem Ende weitergeht, gelangt über einen schmalen Pfad zur Anse Victorin im Norden der Insel, einem der schönsten Badestrände der Seychellen. Man kann auch direkt in etwa 25 Minuten vom Plantation House über einen teilweise felsigen Weg hierher gelangen.

Anse Parc wie auch Grand Anse im Süden der Insel sind bei Flut ideale Schnorchelbuchten, bei Ebbe allerdings ist das Wasser zu seicht. Anse Bamboo am Nordende der Landebahn bietet zwar mit seinen rundgeschliffenen Granitklippen eine der interessantesten Landschaften der Insel, ist aber wegen der gefährlichen Strömungen zum Baden ungeeignet.

Buchten

Frégate Island Private Resort (⟶ Beschreibung S. 87)

Grande Sœur, Petite Sœur

Inselfläche: 0,84 km^2
Bewohner: keine

Schiffsverkehr

Grande Sœur wird von einigen Ausflugsbooten aus Praslin angelaufen.

Lage und
Allgemeines

Grande Sœur liegt mit seiner um zwei Drittel kleineren Schwesterinsel Petite Sœur 18 bis 20 km östlich von Praslin und 4 km nördlich von Félicité. Nach Mahé beträgt die Entfernung 56 km. Die Inseln, auch 'Les Sœurs' genannt, sind unbewohnt. Vor allem die Gewässer zwischen Grande und Petite Sœur mit ihren Korallenbänken sind bei Tauchern sehr beliebt.

La Digue

Inselfläche: 10,10 km^2
Bewohnerzahl: ca. 2500

Schiffsverkehr

Vom Landungssteg in Baie Ste Anne auf Praslin besteht mehrmals täglich eine Bootsverbindung mit den Schiffen "La Silhouette" und "Lady Mary" zur nahegelegenen Insel La Digue. Die Überfahrt dauert je nach Wetterbedingungen 20 bis 30 Minuten.
Von Mahé aus fahren mehrmals wöchentlich "La Belle Edmma" und andere Schiffe direkt oder via Praslin nach La Digue.

Lokaler
Verkehr

Abgesehen von ein paar Bussen der örtlichen Reiseveranstalter sind die einzigen Fortbewegungsmittel auf der Insel Ochsenkarren und Fahrräder, die am Pier (La Passe) und in La Réunion vermietet werden. Mit dem Fahrrad, aber auch zu Fuß sind alle Strände der Insel bequem vom Landungssteg oder Hotel aus zu erreichen.

Lokaler Verkehr (Fortsetzung)

Gelegenheit zum Tauchen besteht fast überall in den Gewässern rund um La Digue, insbesondere am Ave-Maria-Felsen 2 km südlich und an den Channel Rocks zwischen La Digue und Round Island, einer kleinen Insel vor der südöstlichen Küste von Praslin. Gute Möglichkeiten zum Schnorcheln findet man in der Bucht Anse Patates und an der Westküste vor dem Inselhotel (Anse de la Réunion), bei ruhiger See ferner in den Buchten Anse Cocos, Petite Anse und Grand' Anse (östliche Küste). Das Hotel bietet auch andere Arten Wassersport an (Wasserski, Segeln).

Sport

La Digue gehört zur Gruppe der Inseln um → Praslin, von der es nur durch eine 5 km breite Meerenge getrennt ist. La Digue erstreckt sich zwischen 4°20′ und 4°23′ südlicher Breite und 55°50′ und 55°52′ östlicher Länge. Die rund 5 km lange und etwa 3 km breite Insel La Digue ist die viertgrößte des Seychellen-Plateaus. Sie wird von vielen Besuchern als die schönste Seychellen-Insel gerühmt.

Lage und Allgemeines

La Digue

Auf La Digue fallen deutlich weniger Niederschläge als auf Mahé, da die Insel wegen ihrer geringeren Höhe nicht so viel Steigungsregen erhält. Im Monatsmittel beträgt die Niederschlagsmenge ca. 150 mm. Die Wasserversorgung wird aus dem Grundwasser sichergestellt. Doch gelegentlich kommt es zu Wasserknappheit.

An der Ostseite der Insel herrscht bei Südostmonsun hoher Wellengang, da es kein schützendes Korallenriff vor der Küste gibt; daher sind Baden und Schnorcheln in diesem Gebiet zeitweise gefährlich.

Geschichte und Herkunft des Inselnamens

Die Insel La Digue ist im Jahre 1744 von Lazare Picault entdeckt worden. Wegen der eigenartigen Färbung ihrer Granitfelsen, die bei Sonnenauf- bzw. -untergang tiefrot leuchten, nannte er das paradiesisch anmutende Eiland 'Île Rouge'.

1768 taufte Kapitän Duchemin die Insel nach dem Flaggschiff 'La Digue' der Dufresne-Expedition. Duchemin befehligte seinerzeit eines der Expeditionsschiffe.

✳✳Landschaftsbild

Felsen und Strände

An der Küste (vor allem im Süden der Insel) reihen sich wundervolle Felsbildungen aneinander, die sich im Inselinneren bis zu einer Höhe von 333 m auftürmen. Der längste Strand der Insel ist Anse de la Réunion auf der Westseite der Insel.

Zu den beliebtesten Zielen von Touristen und Werbefilmern und -fotografen aus aller Welt gehören Grand' Anse, Petit' Anse und Anse Cocos auf der Ostseite der Insel, ferner an der Westküste Anse la Source à Jean mit den Felsklippen der Pointe Source d'Argent südlich der Ortschaft La Réunion. Die schönste Bucht im Norden der Insel ist die abgelegene Anse Patates, in der sich die hohen Wellen der offenen See an den roten Granitfelsen brechen.

Strand an der Petite Anse von La Digue

Anse la Source à Jean an der Westküste

An der Küste und im Inland liegen fast überall Häuser und Hütten einzeln oder in kleineren Gruppen, oft im dichten Blattwerk der tropischen Vegetation mit ihren teilweise Jahrhunderte alten Bäumen verborgen. La Réunion an der Westküste und die knapp 1 km weiter nördlich am Landungssteg gelegene Ortschaft La Passe sind die beiden 'Zentren' der Insel. Auch sie bestehen aus nicht viel mehr als einer Handvoll Häusern, einem Laden, einer Kirche sowie einem oder zwei Gebäuden, in denen Behörden untergebracht sind; in La Réunion gibt es darüber hinaus ein Hotel.

Siedlungen

Inselexkursion

Die wichtigsten Sehenswürdigkeiten von La Digue lernt man an einem Tag kennen. Vom Landungssteg bei La Passe aus führt der Weg zuerst südwärts nach La Réunion mit dem – abgesehen von recht einfachen Pensionen – einzigen Hotel der Insel. Hinter dem Hotel befindet sich ein kleiner Supermarkt, in dem man sich mit Proviant versorgen kann. Beachtenswert ist darüber hinaus die St. Mary's Church, die einzige Kirche der Insel.

La Passe, La Réunion

Der Weg verläuft dann südwärts zur Anse Union, wo der Präsident der Seychellen, France Albert René, gerne seine Wochenenden und Ferien verbringt. Hier kann man werktags einen Blick in eine Koprafabrik werfen. Ein paar Schritte weiter, auf dem Gelände einer Farm, beeindruckt ein mächtiger Granitfels mit einem kleinen Seerosenteich.

Anse Union

Seit den 1980er-Jahren lebt und arbeitet die englische Malerin auf den Seychellen. An der Anse Réunion hat sie eine Galerie eingerichtet.
Von hier aus geht man am Strand entlang südwärts zu den oft fotografierten und inzwischen weltberühmten Granitblöcken der Pointe Source d'Argent und weiter zum Traumstrand an der Anse La Source à Jean.

Barbara Jenson's Studio
**Pointe Source d'Argent

Wieder zurück an der Kirche von La Réunion, biegt ein breiter Fahrweg nach rechts ins Landesinnere ab, der auf einer Länge von fast 1 km an das

*La Digue Veuve Reserve

93

La Digue

Am Landungssteg bei La Passe

La Digue Veuve Reserve (Fts.)	Naturreservat für den Paradiesschnäpper, der auch Paradieswitwe der Seychellen genannt wird, angrenzt. Die Nationale Umweltkommission der Seychellen (heute Nature Seychelles) und die britische Royal Society for Nature Conservation haben das Naturschutzgebiet La Digue Veuve Réserve (Black Paradise Flycatcher Reserve) gemeinsam eingerichtet, um diesen inzwischen sehr selten gewordenen Fliegenschnäpper durch den Schutz eines seiner letzten Lebensräume vor dem Aussterben zu bewahren. Aber auch andere Vogelarten kann man hier beobachten, so etwa den Bülbül, den Nektarvogel, die Madagaskar-Turteltaube, den Madagaskar-Weber und den Indischen Hirtenstar.
Grand' Anse	Der Weg steigt nun leicht an. An der ersten Weggabelung geht man rechter Hand weiter bis auf eine kleine Anhöhe in der Inselmitte. Auf der anderen Seite kann man unterhalb des Weges einen modernen landwirtschaftlichen Betrieb sehen. Schließlich erreicht man die Grand' Anse.
Petite Anse, Anse Cocos	Wer dem Pfad (nicht ausgeschildert, streckenweise recht beschwerlich) hinter dem Strand über die Felsklippen nordwärts folgt, gelangt zur Petite Anse und weiter zur Anse Cocos.
Pointe Ma Flore	Von hier aus führt der Weg um die Pointe Ma Flore herum in den Nordteil der Insel, vorbei an Anse Fourmis, Anse Banane und dann als ausgebaute Straße nach Anse Patates im äußersten Norden. Wählt man den Weg über die Anse Sévère und die Pointe Cap Barbi, so sind es nur noch knapp 2 km bis zum Landungssteg von La Passe.
Piton La Digue, Nid d'Aigles	Wer die höchste Erhebung der Insel besteigen will, d.h. den 333 m hohen Piton La Digue mit dem dem Nid d'Aigles (Adlerhorst), folgt vom Landungssteg in La Passe einer breiten Straße, die ins bergige Innere der Insel führt. Nach ca. 2 km biegt man an einem Anwesen mit dem prunkvollen Namen 'Château' rechts ab, steigt hinauf zum Aussichtspunkt 'Belle Vue' und erklimmt schließlich den Piton La Digue. Ein schmaler Pfad führt dann weiter zum Nid d'Aigles.

Kolonialhaus in La Réunion

L'Islette

Inselfläche: 0,03 km²
Bewohner: Hotel- und Restaurantangestellte

Die Überfahrt von Mahé erfolgt mit Charterbooten. | Schiffsverkehr

Das kleine Eiland L'Islette liegt zwischen den beiden größeren Inseln — Mahé und — Thérèse – noch innerhalb der schützenden Korallenbarriere in der Bucht Anse L'Islette. Auf der beschaulichen Mini-Insel, die nur wenige Hundert Meter vom Ufer der Hauptinsel Mahé entfernt ist, gibt es lediglich ein Restaurant und kein Gästehaus mehr. | Lage und Allgemeines

Long Island · Île Longue

Inselfläche: 0,21 km²
Bewohner: einige Gefangene

Long Island liegt in der Bucht von Victoria. Die Insel ist etwa ¹/₂ km von — Moyenne, ca. ¹/₂ km von — Cerf Island und etwa 5 km von der Stadt Victoria entfernt. Long Island bildet einen Teil des Ste-Anne Marine National Park, zu dem auch noch einige andere Inseln gehören. Ihren Namen erhielt die 0,8 km lange und 0,3 km breite Insel im Jahre 1742 von ihrem Entdecker Lazare Picault. | Lage und Allgemeines

Da auf der Insel ein Gefängnis eingerichtet ist, kann sie derzeit nicht besucht werden. | Gefängnisinsel

Mahé

Inselfläche: 152,52 km² (zusätzlich 1,24 km² durch Landgewinnung)
Bewohnerzahl: 70000
Hauptort: Victoria (Hauptstadt der Republik Seychellen)

Zentrum des Fremdenverkehrs

Rund 85 Prozent der gut 4500 Gästebetten, über welche die Seychellen verfügen, findet man auf der Hauptinsel Mahé, darunter alle Hotels mit mehr als 100 Zimmern; der größte Teil davon konzentriert sich an der Nordwestküste zwischen Bel Ombre, Beau Vallon Bay und Glacis. Das zweitwichtigste Tourismus-Zentrum der Insel ist die Gegend um Grand' Anse und Port Glaud im Westen. Im Südosten befinden sich neben dem Golfplatz und einem großen Hotel mehrere kleine Pensionen, allerdings keine erwähnenswerten Badestrände. Der Südwesten dagegen bietet nicht nur einige der schönsten Strände, sondern auch einige sehr komfortable Hotels und Pensionen und eine Reihe guter Restaurants.

Freizeit und Sport

Die Unterhaltungsmöglichkeiten auf Mahé sind vielfältig. Neben einer Reihe von Gelegenheiten für Wasser- und Strandsport bieten die Hotels abends auch Tanzmusik; im Beau Vallon Bay Hotel sowie im Plantation Club gibt es zwei Spielkasinos.

Lage

Mahé liegt zwischen 4° 33' und 4° 48' südlicher Breite und zwischen 55° 23' und 55° 32' östlicher Länge. Die Insel ist rund 1580 km von der kenianischen Hafenstadt Mombasa und 2800 km von Mumbai an der Westküste Indiens entfernt, während die Entfernung zu den Inseln der Amiranten-Gruppe etwa 300 km, die zur Farquhar-Gruppe 800 km und zum Aldabra-Atoll 1100 km beträgt.

Landesnatur

Mahé ist mit Abstand die größte Insel der Seychellen. Ihre Länge beträgt 27 km, ihre Breite 8 km. Die Insel bietet mit ihren bis auf über 905 m aufsteigenden Granitbergen, mit ihrer tropischen Vegetation und den schönen Stränden die größten landschaftlichen Kontraste des Archipels.

Sie kann grob in zwei Regionen unterteilt werden: Im gebirgigeren Norden findet man die höchsten Gipfel – den Morne Seychellois (905 m ü.d.M.), die Trois Frères (699 m ü.d.M.) und den Morne Blanc (667 m ü.d.M.) –, aber auch die dichtest besiedelten und touristisch am meisten entwickelten Küstenstriche. Der wichtigste und am meisten besuchte Strand von Mahé ist der 1,5 km lange, weiße Sandstreifen von Beau Vallon Bay, nur knappe 10 Autominuten von der Hauptstadt Victoria entfernt. Hier drängen sich zwischen Danzilles und Glacis zehn Hotels und Pensionen auf einer Strecke von nur wenigen Kilometern, und hier werden fast alle Strand- und Wassersportarten angeboten. Im flacheren Süden – die Berge erreichen hier nur eine Höhe von knapp 500 Metern – beherrschen dagegen große Palmen- und Obstplantagen und kleine, malerische Dörfer das Bild.

Während die Ostküste der Insel um Victoria herum und dann wieder in ihrem südlichsten Abschnitt von relativ breiten, flachen Küstenebenen gesäumt wird, ist die Westküste stark gegliedert, und ihre Hügel und Berge fallen vielfach steil ins Meer ab. Dieser Kontrast wurde in den letzten Jahren noch verstärkt, da man an der Ostküste zwischen dem Hafen und dem Seychelles International Airport 124 ha Neuland aus der Korallenlagune gewonnen hat, auf denen die Sportstätten (Stadion, Schwimmstadion, Turnhallen und Tennisplätze mit dazugehöriger Infrastruktur) für die 'Indian Ocean Games' im Jahre 1993 erbaut wurden. Im Westen dagegen findet man abgeschiedene kleinere Strände, wie Anse Intendance, Anse Takamaka, Anse Gaulettes und Anse à la Mouche, was den südlichen Teil betrifft, oder Anse L'Islette im nördlichen Teil. Grand' Anse, einer der längsten Strände Mahés im Zentrum der Westküste, ist von November bis April mit seinen hohen Wellen ein ideales Ziel für Surfer.

Mahé

L'Îlot ○ North Point

○ Machabée

△ 458 m

Glacis ○

La Retraite ○

Ste Anne
National Marine
Park

Ste Anne Island

*Beau Vallon
Bay*

417 m
△

○ De Quincey
Village

Beacon Island

Beau
Vallon

○ Bel Ombre

Victoria

Moyenne

Round Island ○ ○

*Baie Ternay
Marine Park*

○ Danzilles

*Baie
Ternay*

Morne Seychellois

Les
△ Trois Frères
699 m

Long Island

Cerf Island

*Port Launay
National Marine
Park*

○ Ternay

905 m
△
Morne Seychellois △

National Park

Cerf Passage

Île Cachée

Ternay Pass

*Port
Launay*

△ 667 m
Morne Blanc △

Conception

L'Islette ○

○ Port Glaud

○ La Misère

Anonyme Island

Thérèse

*Port
Glaud*

○ Grand' Anse

Cascade ○

Cascade

Seychelles
International Airport
Pointe La Rue

Vache Island ○

*Grand'
Anse*

○ Barbarons
Estate

*Anse
aux
Pins*

Boileau Bay

501 m
△

Indian

■

**Crafts
Village**

○ Anse
Boileau

■

*Anse
à la Mouche*

Pointe au Sel ○

**Chauve Souris
Island** ○

**Michael Adams
Art Gallery** ■

Anse
à la Mouche ○

○ Anse Royale

*Anse
Royale Bay*

Petit' Anse

○ Baie Lazare
Village

*Baie
Lazare*

*Anse
Bougainville*

Pointe Lazare

Ocean

Anse Takamaka

Takamaka ○

○ Quatre
Bornes

Anse Intendance

△
301 m

Pointe Golette

Pointe Police

*Police
Bay*

Pointe
du Sud

3 km

© *Baedeker*

Vielfältige Vegetation: Frangipane ...

Landesnatur
(Fortsetzung)

Die üppige Vegetation bedeckt wie ein dichter Teppich die gesamte Insel, die Vororte der Hauptstadt eingeschlossen. Nur an den Steilhängen der Granitmassive schimmert das graue, graubraune oder auch manchmal leicht rötliche Gestein durch den grünen Pflanzenwuchs. Diese Felsen tragen vielfach die deutlichen Spuren jahrtausendelanger Erosion. Die senkrechten oder schrägen Rillen in gleichmäßigen Abständen wirken oft wie von Menschenhand 'gefräste' Muster.

Klima

Das Klima ist – wie auch auf den anderen Inseln der Seychellen – das ganze Jahr hindurch relativ gleichbleibend. In den Monaten Dezember bis März können die Regenfälle etwas heftiger sein, während in den Monsun-Übergangsmonaten April/Mai und Oktober/November kaum Niederschläge fallen. Im Nordteil der Insel fällt wegen der höheren Berge, die die anziehenden Wolken zum Aufsteigen zwingen, wesentlich mehr Regen als im Süden. Vor allem die Bergspitzen sind oft tagelang wolkenverhangen, während gleichzeitig an den Stränden die herrlichste Sonne scheinen kann.

Die Küstengewässer sind jeweils in derjenigen Jahreszeit ruhig und zum Tauchen und Schnorcheln ideal, in der der Monsun vom entgegengesetzten Ende der Insel her weht: in den Monaten des europäischen Winters also im Südosten, in denen des europäischen Sommers im Nordwesten.

Herkunft des
Inselnamens

Die Insel wurde im Jahre 1742 von Lazare Picault bei ihrer Entdeckung 'Île d'Abondance', 'Insel des Überflusses' genannt. Im Jahre 1744, auf seiner zweiten Reise zu den Seychellen, benannte Lazare Picault sie nach seinem Auftraggeber Bertrand François Mahé de Labourdonnais, dem damaligen französischen Gouverneur der 'Île de France' (heute Mauritius).

Geschichte

Die erste Siedlung wurde nicht auf Mahé selbst, sondern auf der der Küste vorgelagerten kleinen Insel Sainte Anne gegründet. Mahé selbst wurde ab 1771/72 in der Anse Royale besiedelt. An der Stelle des heutigen Victoria

... und Wright Gardenia

wurde 1778 eine Garnisonssiedlung errichtet, die 'Établissement du Roi', später dann nur noch 'Établissement' oder 'Port Royal' hieß. Zu Ehren der britischen Königin wurde sie 1838 in 'Port of Victoria' umbenannt.

Geschichte (Fortsetzung)

Auf Mahé leben fast neun Zehntel der Bevölkerung der Seychellen. Die Insel hat eine Bevölkerungsdichte von 455/km², was in etwa dem Dichtewert eines großstädtischen deutschen Ballungsraumes entspricht. Dabei ist die Bevölkerung sehr ungleich verteilt. Im Norden, einschließlich Victoria, leben ca. 40 000 Einwohner, im Süden und Südosten ca. 23 000 und im Bergland nur 7 000.

Bevölkerung

Da die Seychellen neben ihren Naturschönheiten nur wenige historische Bauwerke, Kunstschätze oder sonstige Sehenswürdigkeiten besitzen, werden im folgenden nur Victoria und die wichtigsten Ortschaften der Insel Mahé gesondert beschrieben. Weitere Reiseziele findet man in den drei Routenvorschlägen, die Mahé betreffen (s. S. 63). Die Orte werden, von Victoria ausgehend, im Uhrzeigersinn vorgestellt.

Hinweis

Victoria

Höhe: 0 – 200 m ü.d.M.
Einwohnerzahl: 25 000

Victoria, die Hauptstadt der Republik Seychellen, liegt im Nordosten der Insel Mahé in einer natürlichen Bucht, die durch die vorgelagerten Inseln der Sainte-Anne-Inselgruppe gegen die offene See geschützt ist. Da das Korallen-Saumriff an dieser Stelle durchbrochen ist, besteht auch für größere Schiffe die Möglichkeit, den natürlichen Hafen anzulaufen. Die Stadt selbst erstreckt sich auf dem schmalen Küstenstreifen von Pointe

Lage und Bedeutung

Mahé

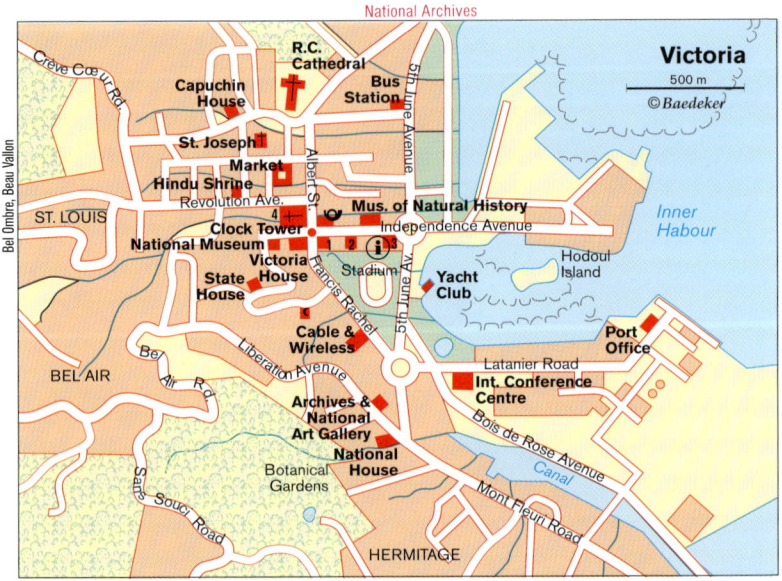

National Archives

Victoria

R.C. Cathedral
Capuchin House
Bus Station
St. Joseph Market
Hindu Shrine
Revolution Ave.
Clock Tower
National Museum
Mus. of Natural History
Independence Avenue
Victoria State House House
Stadium
Yacht Club
Hodoul Island
Inner Habour
Cable & Wireless
Latanier Road
Int. Conference Centre
Port Office
Archives & National Art Gallery
National House
Botanical Gardens
Bois de Rose Avenue
Canal
Mont Fleuri Road
HERMITAGE

ST. LOUIS
BEL AIR

Crève Cœur Rd
Bel Ombre, Beau Vallon
Albert St.
5th June Avenue
Francis Rachel
Liberation Avenue
Bel Air Rd
Sans Souci Road

500 m
© Baedeker

Cascade, Airport

1 Court House   2 Craft Centre   3 Independence House   4 St. Pauls Cathedral

Victoria, Lage und Bedeutung (Fts.)

Conan im Norden bis fast zum Brillant Point im Süden und zieht sich an den steilen Berghängen empor.

Distrikte

Das Stadtgebiet von Victoria und damit die Einwohnerzahl sind jedoch nur schwer gegenüber dem Umland abzugrenzen. Victoria setzt sich aus mehreren Distrikten zusammen: Mont Fleuri (6000 Einw.), Plaisance (8000 Einw.), Bel Air (3000 Einw.), St. Louis (4500 Einw.), Mt. Buxton (4000 Einw.) und English River (3000 Einwohner). Victoria ist sowohl Verwaltungs- als auch Wirtschaftszentrum der Republik Seychellen und besitzt deren einzigen ausgebauten Tiefwasserhafen.

Geschichte

Keimzelle der heutigen Hafenstadt Victoria war ein Militärstützpunkt, der hier im Jahre 1778 als 'L' établissement du Roi' gegründet worden ist. Dessen Besatzung sollte Streitigkeiten zwischen den Siedlern von Sainte-Anne und denen von Anse Royale beilegen. Die Niederlassung entwickelte sich aufgrund ihrer günstigen Lage am einzigen brauchbaren Naturhafen der Insel Mahé schnell zu deren wichtigster Siedlung. 1862 verwüstete ein tropischer Wirbelsturm die junge Stadt, etwa 100 Menschen kamen dabei ums Leben. Der Wiederaufbau ging jedoch relativ rasch vonstatten. 1903 wurde Victoria dann zur Hauptstadt der nunmehr eigenständigen britischen Kronkolonie Seychellen erhoben. Bislang wurden die Inseln von Mauritius aus verwaltet. Nach dem Zweiten Weltkrieg erkannte man die Seychellen als paradiesisches Touristenziel. Davon profitierten zunächst die Insel Mahé und die Hauptstadt Victoria. Um dem weiter anschwellenden Zustrom von Erholungssuchenden gewachsen zu sein, erfolgte 1971 die Eröffnung eines internationalen Flughafens im Süden der Stadt.
In den 1970er-Jahren hat man im Hafenbereich von Victoria ein ehrgeiziges, aber umstrittenes Jahrhundertprojekt in Angriff genommen: die Gewinnung von Neuland. Bis heute sind mehr als 120 Hektar Land gewonnen, auf dem sich inzwischen vielerlei Dienstleistungs- und Produktionsbetriebe angesiedelt haben.

Stadtbeschreibung von Victoria

Allgemeines

Das Städtchen Victoria ist vor allem in den Morgenstunden der Werktage sehr belebt, sonntags wirkt es dagegen fast wie ausgestorben. Seine beiden Zentren sind der Uhrturm (Clock Tower) an der Kreuzung von Francis Rachel Street bzw. Albert Street und der Independence Avenue bzw. State House Avenue sowie die alte Market Street mit dem Wochenmarkt.

Clock Tower (Abb. s. S. 72)

Der silberglänzende 'Clock Tower' oder 'L'Horloge' wurde 1903, als den Seychellen der Status einer eigenständigen Kolonie verliehen wurde, errichtet. Er ist nicht, wie oft fälschlich angenommen wird, eine Nachbildung des berühmten Big Ben, sondern des Uhrturms an der Londoner Vauxhall Bridge. Der Uhrturm, der zum Zeitpunkt seiner Eröffnung das höchste Gebäude der Stadt war, ist auch heute noch deren eigentliches Zentrum.

An seinen Seiten findet man mehrere Banken, die Hauptpost, das 'Victoria House', ein modernes Geschäftsgebäude mit Einkaufspassage, und das Gerichtsgebäude im Kolonialstil. Neben diesem Gebäude und entlang der Francis Rachel Street bieten Andenkenverkäufer ihre Ware feil.

** National Museum

Wenn man die Independence Avenue in Richtung des Hafens einschlägt, stößt man auf der linken Straßenseite nach ein paar Metern auf das im Jahre 1911 von dem britischen Stahlindustriellen Andrew Carnegie gestiftete Carnegie Building, in dem das National Museum der Seychellen untergebracht ist und wo regelmäßig Kunstausstellungen stattfinden. Das Museum zeigt Dokumente aus der Geschichte der Seychellen und ein Modell der Stadt Victoria im Jahre 1955, das deren enormen Aufschwung in den letzten Jahrzehnten deutlich macht. Darüber hinaus sind kulturgeschichtliche und naturkundliche Exponate zu sehen: die Deckplatte eines Piratengrabs, der 'Stein der Inbesitznahme', der 1756 von Nicolas Morphey aufgestellt und später hierher gebracht wurde, ferner ein paar sehr schöne und seltene Exemplare der Meereskokosnuß, Tierartefakte und Korallen. Die Statue von Königin Victoria gilt mit ihren 35 cm Höhe als kleinste Königsstatue der Welt; und auf der Druckerpresse aus dem Jahre 1840 wurde einst die erste Zeitung der Kolonie – "Le Seychellois" – gedruckt.

Gegenüber liegt das große Terrassencafé 'Pirates Arms', ein beliebter Treffpunkt für alle, die sehen und gesehen werden wollen. In dem gleichen Gebäude befindet sich auch das französische Kulturzentrum. Vorbei am Gebäude der Nationalbank und am Independence House, in dem Regierungsbehörden und das Verkehrsamt 'Seychelles Tourist Office' untergebracht sind, gelangt man zu einem großen Kreisel. Dort steht eine Skulptur des Künstlers Lorenzo Appiani, eines Seychellois italienischer Abstammung. Sie wurde aus Anlaß der Zweihundertjahrfeier Victorias enthüllt (1770–1970). Das Kunstwerk soll mit seinen Flügeln Europa, Afrika und Asien darstellen, jene Kontinente, auf denen das Volk der Seychellen seine Ursprünge hatte.

* Alter Hafen

Ein kleiner Abstecher führt zum Alten Hafen, wo die Insel Hodoul Island an den berüchtigten Seeräuber erinnert, der im 18. Jh. mit seinen Schiffen den Indischen Ozean unsicher gemacht hatte und der seinen Lebensabend als hochgeachteter Friedensrichter unter der Herrschaft der zuvor bekämpften Briten verbrachte.

Neuer Hafen

Von dort geht man dann zwischen dem alten Volksstadion und dem Jachtklub zu einem zweiten großen Kreisel mit dem Unity Monument. Der Weg führt an einer Statue mit dem Namen 'Zonm Lib' vorbei. Diese wurde aus Anlaß des zwölften Jahrestages der 'Befreiung' – so heißt der Staatsstreich Präsident Renés vom 5. Juni 1977 in offizieller Lesart – errichtet. Der neue Hafen, dessen Anlagen linker Hand zu sehen sind, wurde 1972 auf Aufschüttungsgelände angelegt und durch Prinzessin Margaret von England eingeweiht.

Skulptur von Lorenzo Appiani ("Bicentennial")

Victoria (Fortsetzung)

Über die Francis Rachel Street gelangt man jetzt wieder zum Stadtzentrum, vorbei am Gebäude der Telefongesellschaft Cable & Wireless und an der neuen Nationalbibliothek. In der Poudrière Lane, einer kleinen Seitenstraße direkt hinter Cable & Wireless, steht noch das älteste Hotel der Seychellen – das 'Hotel de l'Equateur', das jedoch keine Gäste mehr beherbergt.

State House

Wieder am Uhrturm angelangt, biegt man nach links in die State House Avenue ein. Nach 200 m erreicht man das State House, das frühere Government House. Das Haus, im Jahre 1910 von der Ehefrau des damaligen Gouverneurs Davidson entworfen, ist heute Sitz des Staatspräsidenten. Auf dem Grundstück, das der Öffentlichkeit nicht zugänglich ist, befinden sich das Grab des 1827 verstorbenen Quéau de Quinssy und eine Büste Pierre Poivres, der 1772 die ersten Zimt- und Gewürzplantagen auf der Insel anlegen ließ.

Sans Souci, Bel Air

Nachdem man wiederum zum Uhrturm zurückgekehrt ist, biegt man nach links in die Albert Street und an der St. Paul's Cathedral, der anglikanischen Kirche, noch einmal links in die Revolution Avenue ein. Sie führt ein paar hundert Meter lang schnurgerade in die höhergelegenen Vororte St. Louis, Bel Air und – über die Sans Souci Road – nach Sans Souci, wo der ins Exil verbannte zypriotische Erzbischof Makarios 1956/57 eine Villa bewohnte. Auf dem Friedhof von Bel Air liegen die Gräber des Piraten Jean François Hodoul und eines gewissen Pierre Louis Poiret, der vor seinem Tod im Jahre 1856 behauptete, Ludwig XVII., der Sohn Ludwigs XVI. und Marie Antoinettes, zu sein.

* Grand Trianon

Wo die Revolution Avenue ihre erste Kurve macht, findet man eines der schönsten Beispiele der Kolonialarchitektur der Seychellen, das 'Grand Trianon'. Das Haus, in dem der Afrikaforscher Henry Morton Stanley auf der Rückfahrt von seiner Suche nach David Livingstone Station machte, beherbergt heute ein Restaurant.

Blick auf den Hafen von Victoria

Man kehrt wieder in Richtung Stadtzentrum zurück, biegt in die Quincey oder die Benezet Street links ein und gelangt nach kaum 200 m zum Sir Selwyn Clarke Market. Der Markt, der nach einem Gouverneur benannt ist, der sich in den dreißiger Jahren um die öffentlichen Schulen verdient machte und dafür von den Siedlern als 'Sozialist' beschimpft wurde, ist einer der buntesten und volkstümlichsten Flecken der Stadt. Zum Verkauf geboten werden Fisch, Gewürze, Gemüse und tropische Früchte. Besonders samstags zwischen 5 und 8 Uhr morgens trifft sich hier fast die gesamte Insel. Die Straßen rings um den Markt bieten gute Beispiele der traditionellen Kolonial-Architektur der Seychellen.

Victoria (Fortsetzung) Market

Nur wenig weiter, am Ende der Church Street, kommt man zur der katholischen Kathedrale (Kathedrale der Unbefleckten Empfängnis), die 1874 vollendet wurde. Sonntags werden hier die ehelichen Kinder getauft, freitags die – wesentlich zahlreicheren – unehelichen. Der Glockenturm der Kirche aus dem Jahre 1936, 'Le Clocher', dessen Glocken die volle Stunde zweimal schlagen, einmal zur richtigen Zeit und dann noch einmal, zwei Minuten später, als ob man die Säumigen und Langschläfer extra aufrütteln müsse, ging mit dem Roman "Where the Clock Chimes Twice" des englischen Schriftstellers Alec Waugh in die Weltliteratur ein. Neben der Kathedrale steht das Haus des Kapuzinerordens, das ebenfalls aus den dreißiger Jahren stammt.

Katholische Kathedrale

Wenn man von hier der Straße English River oder der Küstenstraße nordwärts folgt, erreicht man das Nationalarchiv (National Archives), in dem wertvolle Dokumente zur Geographie, Geschichte und Literatur der Seychellen aufbewahrt werden.

National Archives

Im Süden der Stadt dagegen, oberhalb der Mont Fleuri Road, die zum Flughafen führt, liegt der Botanische Garten, der im Jahre 1901 nach dem Muster des berühmten Gartens von Curepipe (Sammlung tropischer Pflan-

Botanischer Garten

Katholische Kathedrale in Victoria

Victoria, Botanischer Garten (Fortsetzung)

zen) auf Mauritius angelegt wurde. In der schönen gepflegten Anlage findet man jedoch nur wenige einheimische Pflanzenarten, lediglich ein paar Meereskokosnuß-Palmen, Brotfruchtbäume und 'Lataniers'. Der Rest, d.h. 95 Prozent der Pflanzen, besteht aus importierten Arten, die die Seychellois 'Exoten' nennen. Hier kann man auch in aller Ruhe für die Seychellen typische Tiere – etwa Riesenschildkröten und Fliegende Hunde – beobachten.

An den Botanischen Garten schließt sich der Bel-Air-Orchideengarten an, der nach langen Auseinandersetzungen enteignet wurde, woraufhin dann der vormalige Besitzer große Teile des wertvollen Pflanzenbestandes verbrannte.

Cascade

Höhe: Meereshöhe
Einwohnerzahl (Distrikt): 2300
Entfernung nach Victoria: 8 km

Kirche des hl. Andreas

Cascade, ein kleines Dorf, das an der Straße von Victoria zum Flughafen liegt, besitzt eine dem hl. Andreas geweihte Kirche, die weithin sichtbar auf einem Felssockel thront. Am 30. November, dem Namenstag des Schutzpatrons, findet eine Prozession zur Kirche und eine Weihe der Fischerboote des Ortes statt.

Weg zum Wasserfall

Von der kleinen Lagune direkt unterhalb der Kirche führt ein Spazierweg landeinwärts in die Berge, der nach einem Aufstieg von etwa 30 bis 40 Minuten an einem Wasserfall des Cascade River endet, von dem die Ortschaft ihren Namen erhalten hat.

Küstengewässer bei Cascade

Anse Royale

Höhe: Meereshöhe
Einwohnerzahl (Distrikt): 4200
Entfernung nach Victoria: 20 km

Anse Royale, die älteste Siedlung von Mahé, die 1771/72 von Gillot im Auftrag Pierre Poivres in der gleichnamigen Bucht gegründet wurde, ist heute die zweitgrößte Ansiedlung der Insel. Gillot hatte hier die Plantage 'Jardin du Roi' angelegt, auf der Poivre mit Erfolg die ersten Zimt- und andere Gewürzpflanzen kultivierte. Sehenswert sind in dem Ort zwei Kirchen, die 1889 bzw. 1930 erbaut wurden. **Allgemeines**

Der lange Strand der Anse Royale Bay ist eines der bei der Bevölkerung beliebten Ausflugsziele Mahés. Die von einem Saumriff geschützte Lagune eignet sich vor allem zum Schnorcheln. An der langen Küste findet man eine Reihe von Pensionen und Restaurants. **Anse Royale Bay**

Baie Lazare Village

Höhe: 50–100 m ü.d.M.
Einwohnerzahl (Distrikt): 2200
Entfernung nach Victoria: 26 km

Die neugotische Kirche des Franz von Assisi dominiert den Ort und bietet einen schönen Blick auf die Bucht Baie Lazare. Beide wurden nach Lazare Picault, dem Kommandanten der französischen Expedition, die 1742 zum ersten Mal den Boden der Seychellen betrat, benannt. **Allgemeines**

Baie Lazare

Von Baie Lazare Village aus erreicht man nach einem kurzen Fußmarsch Val Mer und den Strand der Baie Lazare oder auch die beiden Strände Anse Soleil und Anse la Liberté. Da das Gebiet von Anse Soleil mitsamt dem kleinen Dorf in Privatbesitz ist, kann es passieren, daß die Einwohner des Ortes von Strandbesuchern 'Wegezoll' erheben.

Plantage

Im Landesinneren liegt das Val d'Endor, die größte Plantage für tropische Früchte auf den Seychellen.

Anse à la Mouche

Höhe: Meereshöhe
Einwohnerzahl (Distrikt Anse Louis): 1450
Entfernung nach Victoria: 22 km

Allgemeines

Anse à la Mouche ist eine der ältesten Siedlungen der Seychellen. Sie ist weit auseinandergezogen, und ihre bis zu 150 Jahre alten Kolonialhäuser liegen oft versteckt zwischen den Bäumen. In einem dieser Häuser, dicht an der Hauptstraße nach Baie Lazare Village, dort wo die Anse à la Mouche in die Anse aux Poules Bleues übergeht, hat der Maler Michael Adams sein Atelier sowie einen Ausstellungs- und Verkaufsraum eingerichtet.

Strandleben

Der Strand ist im Gegensatz zu den meisten anderen der Westküste von einem Saumriff geschützt. Deshalb ist das Baden hier auch bei windigem Wetter ungefährlich. Nachmittags kann man hier und in dem nördlich anschließenden Dorf Anse Boileau der Ankunft der Fischer zuschauen, die mit ihren Booten teilweise von mehrtägigen Fahrten zu den abgelegeneren Außeninseln zurückkehren.

Grand' Anse

Höhe: Meereshöhe
Einwohnerzahl (Distrikt): 1850
Entfernung nach Victoria: 12 km

Grand' Anse

Der Ort Grand' Anse besitzt einen der längsten und schönsten Sandstrände Mahés. Allerdings ist das Baden an der Grand' Anse wegen der starken Strömungen gefährlich. Hier ertrank 1962 der damalige Gouverneur der Seychellen. An der Grand' Anse steht das große Hotel Le Méridien Barbarons.
Die kleine Küstenebene von Grand' Anse wird sehr intensiv genutzt. Neben einer Musterfarm der Regierung befindet sich hier eine große Fernmelde-Sendestation, deren Antennenmasten weithin sichtbar sind.

Port Glaud

Höhe: Meereshöhe
Einwohnerzahl (Distrikt): 1400
Entfernung nach Victoria: 12 km

Zentrum des Tourismus

Port Glaud ist das zweite Tourismus-Zentrum der Insel nach Beau Vallon. Zwar besitzt der Ort keine eigenen großen Strände, aber Besucher der Hotels in diesem Küstenstrich können auf der Port Glaud vorgelagerten Insel ⟶ Thérèse Badefreuden genießen und Wassersport treiben.

Teeplantagen

An den Hängen des Morne Blanc oberhalb der Ortschaft breiten sich die großen Teeplantagen der Insel aus; eine gemütliche Teestube an der Forêt

Noire Road bietet deren Produkte an und gibt einen schönen Blick über die Küste und die vorgelagerten Inseln frei.

Nur ein bis zwei Kilometer weiter bergauf liegt die Mission Lodge, eine von der anglikanischen Kirche 1875 errichtete Missionsschule, die schon 1889 wieder geschlossen wurde. Die kurze Allee von der Straße und dem Parkplatz, die zu einem weiteren schönen Aussichtspunkt führt, wird von mächtigen Drachenblut(Sandragon)-Bäumen gesäumt.

Nördlich von Port Glaud, an der Spitze des Landvorsprungs, der die Anse L'Islette von Port Launay trennt, kann man von See her merkwürdige, wie in den Fels gehauene, regelmäßige Treppenstufen bewundern. Von diesen Stufen an der Pointe l'Escalier weiß man in der Tat nicht, ob sie durch eine Laune der Natur entstanden sind oder ob sie vielleicht schon von Malaien angelegt wurden, die auf ihren Seereisen nach Madagaskar hier Station gemacht haben könnten.

Bel Ombre

Höhe: Meereshöhe
Einwohnerzahl (Distrikt): 1900
Entfernung nach Victoria: 6 km

Bei Bel Ombre gibt es einen langen, aber schmalen Sandstrand, der sicherlich nicht spektakulär, dafür aber auch – vor allem an Wochenenden – nicht so überlaufen ist wie der des benachbarten Beau Vallon. Hier befinden sich zwei oder drei der besten Restaurants der Insel.

In den Klippen am westlichen Rand des Strandes sind noch Reste der Ausgrabungsarbeiten zu sehen, mit denen vor einigen Jahren unter großem Einsatz von Geld und Mitteln nach dem angeblich hier vergrabenen Schatz des legendären 'Corsaire' La Buse gesucht wurde. La Buse hatte, bevor er auf der Insel Réunion gehängt wurde, ein Kryptogramm in die Menge geworfen und darin verschlüsselte Andeutungen gemacht, wo die von ihm geraubten Reichtümer versteckt wären; auf diese Weise hatte er den Appetit von Generationen von Schatzsuchern geweckt.

Beau Vallon

Höhe: Meereshöhe
Einwohnerzahl (Distrikt): 3500
Entfernung nach Victoria: 4 km

Bei Beau Vallon erstreckt sich an der Beau Vallon Bay der beliebteste Badestrand der Seychellen, einer der längsten (ca. 1,5 km) und breitesten (20 bis 25 m) palmenbestandenen Strände der Seychellen überhaupt. Hier konzentriert sich fast ein Drittel der touristischen Einrichtungen der Insel. Vor allem in den Strandabschnitten um die zwei größten Hotels herum werden die verschiedensten Möglichkeiten für Aktivitäten am Strand und Wassersport geboten.

In den Hotels findet ferner das lebhafteste Nachtleben der Seychellen statt: Tanzabende und folkloristische Darbietungen können von Einheimischen und Feriengästen besucht werden.

Vom Strand der Beau Vallon Bay aus werden auch Bootsausflüge zu den Inseln Thérèse und Conception an der Westküste und zu der großen Insel Silhouette im Nordwesten organisiert.

Strand der Beau Vallon Bay

Marianne

Inselfläche: 0,95 km²
Bewohnerzahl: 5 – 10

Schiffsverkehr

Von Praslin und La Digue werden Ausflugsfahrten hierhin organisiert.

Lage und Allgemeines

Marianne, eine der Inseln der Praslin-Gruppe, liegt 4 km südöstlich von ⟶ Félicité, 8 km östlich von ⟶ La Digue und 58 km nordöstlich von ⟶ Mahé – auf 4° 21′ südlicher Breite und 55° 55′ östlicher Länge.
Die kleine Granitinsel am östlichen Rand des Mahé-Plateaus, die sich bis zu 128 m hoch über den Meeresspiegel erhebt, ist nur vom Verwalter und den Arbeitern der Kokosplantagen bewohnt.

Moyenne · Île Moyenne

Inselfläche: 0,09 km²
Bewohnerzahl: 8

Schiffsverkehr

Von Victoria aus gelangt man mit einem Boot (10 Min.) nach Moyenne.

Lage und Allgemeines

Die Insel Moyenne liegt im Sainte Anne Marine National Park zwischen ⟶ Ste Anne Island und ⟶ Cerf Island, 5 km vor Victoria und nur ein paar hundert Meter nördlich von ⟶ Long Island.
Die 450 m lange und 250 m breite Insel befindet sich in Privatbesitz, kann jedoch besucht werden. Auf ihr wachsen zahlreiche Tropenpflanzen, Takamaka-Bäume und Kasuarinen.

Ihren Namen erhielt die Insel Moyenne im Jahre 1742 durch Lazare Picault, der sie aufgrund ihrer Mittellage zwischen Sainte Anne, Long Island und Round Island so benannte. Die Insel diente vor 200 Jahren Piraten als Unterschlupf. Auch hier soll, der Legende zufolge, ein alter Piratenschatz verborgen liegen. Von 1899 bis 1919 unterhielt hier eine Engländerin ein Hundeasyl für herrenlose Tiere von Mahé, das 'Haus der Hunde', das heute noch besichtigt werden kann.

Moyenne (Fortsetzung) Geschichte

Rund um die Insel führt ein gekennzeichneter Wanderweg, und die Bäume tragen teilweise Namensschilder.

Wanderweg

Der Friedhof der Insel, auf dem nur zwei Gräber – vermutlich von Piraten – angelegt sind, wird schon in Dokumenten von 1892 erwähnt.

Bemerkenswertes

Brendan Grimshaw, der englische Besitzer der Insel, ist im übrigen ein leidenschaftlicher Erzähler von Piraten- und Geistergeschichten, die alle seine Insel zum Gegenstand haben.

North Island · Île du Nord

Inselfläche: 2,01 km^2
Bewohnerzahl: 80

Nach North Island bestehen unregelmäßige Bootsverbindungen von Mahé (Port Glaud, Beau Vallon Bay) für Tagesausflügler.

Schiffsverkehr

North Island liegt etwa 30 km nordwestlich von Mahé und 6 km nördlich von Silhouette – auf 55° 15′ östlicher Länge und 4° 23′ südlicher Breite.

Lage und Allgemeines

North Island, eine der ersten Inseln der Seychellen, die im Jahre 1609 von Engländern erforscht wurde, ist eine der typischsten Granitinseln des Mahé-Plateaus. Die Berge der Insel erreichen bei einer Grundfläche von nur 2 km^2 eine Höhe von 214 m ü.d.M. Die Insel wird in bescheidenem Maße landwirtschaftlich genutzt, ihre Häuser stehen in einer langen Reihe am Strand.

Plate · Île Plate

Inselfläche: 0,54 km^2
Bewohner: keine

Plate, wie Coëtivy eine isolierte Koralleninsel, liegt 140 km südlich von Mahé auf 55° 20′ östlicher Länge und 5° 50′ südlicher Breite.

Lage

Poivre (Atoll)

⟶ Amiranten-Gruppe · Amirantes · Les Amirantes, African Banks, St. Joseph (Atoll), Poivre (Atoll)

Praslin

Inselfläche: 37,56 km^2
Bewohnerzahl: 6000
Hauptort: Baie Ste Anne

Flugverkehr	Von Mahé besteht eine regelmäßige Flugverbindung bis zu 20 mal täglich. Der Flug mit den Twin-Otter- oder Britten-Norman-Islander-Maschinen der Air Seychelles dauert nur etwa 15–20 Minuten.
Schiffsverkehr	Die Überfahrt mit den Booten "La Belle Praslinoise", "La Bellone" sowie "Cousin" dauert ca. 2 1/2 Stunden.

Praslin

1 km

© Baedeker

Rouge
Point

St Pierre Islet

...te
...illes

Chauve Souris
Island

Anse Volbert   *Anse Matelot*

...nse Volbert
...e Village   *Anse Gouvernement*   Pointe
Joséphine

C ô t e   d ' O r   △ Fond Diable
213 m   *Anse La Blague*

Côte d'Or River   *Anse Magde*   Anse
la Blague   Pointe
La Farine

...dlands   *A u   M o r n e*

...allée de Mai   Baie
Ste Anne   *Anse La Farine*

...ational Park   *Font B'Offay River*   *Baie Ste Anne*   △ 75 m

367 m
Praslin

...nd   *A z o r e*
...r   *Pellssier River*   ■ Pier   Round
Island (Île Ronde)

La Prude River   *F o n d
D a l b a r e t z*

...naka   *Anse
Cimitière*   *Anse
Bois de
Rose*   Anse
Marie-Louise   Pointe
Cabris   Roches Boquet

Consolation   *Anse
Marie-Louise*

Pointe Cocos   *Anse
Consolation*   Pointe Consolation

Praslin bietet über 500 Gästebetten in zehn größeren und 15 kleineren Hotels, Gasthäusern und Pensionen. Die Insel ist nach Mahé das mit Abstand beliebteste Reiseziel der Seychellen.

Unterkunft

Das Sport- und Unterhaltungsangebot ist nicht so vielfältig wie auf Mahé, bietet aber eine Reihe von Möglichkeiten: Windsurfen, Tauchen und

Freizeit und Sport

Praslin

Freizeit und Sport (Fortsetzung)	Schnorcheln, Hochseefischen, Fahrradfahren, Wandern und Wasserski. Die Schnorchel- und Tauchbedingungen sind besonders gut in den Gewässern um die kleine Insel St. Pierre und um Curieuse, ferner in der Anse Petite Cour und der Anse Possession an der Nordostküste sowie in der Anse La Blague im Südosten.
Lage	Die Insel Praslin liegt zwischen 4° 17′ und 4° 22′ südlicher Breite und 55° 41′ und 55° 48′ östlicher Länge. Die Entfernung nach Mahé beträgt 38 km, nach La Digue 5 km, nach Aride 10 km und nach Félicité 15 km. Praslin erstreckt sich 12 km in nordwestlich-südöstlicher Richtung und mißt in der Breite maximal 5 km.
Klima	Das Klima auf Praslin ist dem von Mahé sehr ähnlich. Allerdings kommt es wegen der geringeren Höhe der Insel zu weniger Niederschlägen, und die Nebelzone der oberen Lagen Mahés fehlt völlig. Die Wasserversorgung der Insel wird aus dem größten Wasserfall der Insel in der Vallée de Mai gesichert.
Geschichte und Herkunft des Inselnamens	Im Jahre 1744 entdeckte Lazare Picault auf seiner zweiten Erkundung der Seychellen die Insel, die er wegen des dichten Bewuchses mit Meereskokosnuß-Palmen 'Île aux Palmes' nannte. Erst 1768 wurde sie aus Anlaß der offiziellen Inbesitznahme durch Frankreich von Marion Dufresne nach dem damaligen Marineminister Gabriel de Choiseul, Herzog von Praslin, benannt.

Orte und Buchten an der Küste

Praslin ist die zweitgrößte Granitinsel des Seychellen-Archipels. Die Insel wird von mehreren Höhenzügen geformt, deren höchster Gipfel sich 367 m ü.d.M. erhebt. Sie hat einen wesentlich weniger gebirgigen Charakter als

Baie Ste Anne, der Hauptort von Praslin

Mahé, ihr rötlicher Granit formt sanfte Hügel statt steiler, schroffer Felswände. Praslins Strände sind schöner und länger als die von Mahé. Das
gilt besonders für die der Ostküste und für die Anse Lazio im Norden.

Orte und Buchten
an der Küste
(Fortsetzung)

Baie Ste Anne ist der Hauptort der Insel. Hier findet man das zentrale Krankenhaus, die größte Schule, die Bootsanlegestelle, eine Bank, die Post
und ein Polizeirevier. Wenn man die Ortschaft auf der Küstenstraße in
Richtung Norden verläßt, stößt man nach nur knapp 2 km auf eine Wege-
gabelung. Rechter Hand geht es zur Anse La Blague, die nicht besonders
sehenswert ist, aber für den Taucher eines der schönsten Reviere Praslins
bietet. In der Petite Anse hat ein Maler sein Domizil aufgeschlagen.

Baie Ste Anne

Folgt man dagegen der Straße, die nach links durch den Palmenhain führt,
gelangt man zum Strand von Côte d'Or und zur Anse Volbert. Flankiert wird
dieser lange breite Sandstreifen im Süden durch die Anse Gouvernement
mit ihrem neuerbauten, für die Verhältnisse der Seychellen recht luxuriösen
Hotel, und im Norden, nach Passieren der Pointe Zanguilles, durch die
Anse Petite Cour.

Anse Volbert

Nur ein paar hundert Meter weiter nördlich stößt man dann auf die Anse
Possession, jene Bucht, in der Marion Dufresne die Insel im Jahre 1768
durch das Aufstellen eines Gedenksteins für Frankreich in Besitz nahm
und ihr (bis dahin 'Île aux Palmes', s. S. 112) ihren heutigen Namen gab.

Anse Possession

Etwas weiter, in Anse Boudin verläßt der Weg die Küste und gabelt sich.
Links geht es zu einer Sendestation in den Bergen, rechts zur Anse Lazio,
dem schönsten Strand von Praslin und einem der ansprechendsten der
Seychellen überhaupt. An der wellenförmigen Uferlinie, an der rote, rundgeschliffenen Granitfelsen wie Murmeln im Wasser liegen, brechen sich
vor allem bei Nordwestmonsun die hohen Wellen des kristallklaren Meerwassers. Da sich die Schönheit dieses Strandes in den letzten Jahren
jedoch herumgesprochen hat, ist der einst recht einsame Flecken heute oft
gut besucht.

✷✷Anse Lazio

Die schöne Bucht Anse Lazio im Norden der Insel

Praslin

Pointe Cabris

Wenn man dagegen von Baie Ste Anne aus der Küstenstraße in Richtung des Landungssteges folgt, kommt man an der großen Schule, der katholischen Kirche und einer kleinen Werft vorbei.

Kurz vor dem Parkplatz an der Mole biegt die Küstenstraße nach rechts ab und erklimmt in steilen Serpentinen das Vorgebirge der Pointe Cabris mit dem kleinen Hotel 'Château de Feuilles', das wegen seiner ausgezeichneten Küche oftmals auch als 'gastronomischer Nabel' der Seychellen bezeichnet wird.

Anse Consolation

Auf dem Weg zur Südspitze der Insel gelangt man dann nach Anse Marie-Louise und weiter zur Anse Consolation, die keinen schönen, aber mit ihren Fels- und Korall-Formationen bizarren Strand besitzt. Bei klarem Wetter sieht man von hier aus sehr gut die Insel Mahé.

Grand' Anse

Die asphaltierte Straße führt am schmalen, langen Sandstrand der Südostküste entlang bis Grand' Anse. . Erwähnenswert ist hier allenfalls das neueröffnete Restaurant gegenüber der kleinen Felseninsel 'Grande Roche', an dessen Strand man auch baden kann.

Kurz vor Grand' Anse, der zweitgrößten Siedlung Praslins, mündet der Weg wieder in die Straße, die, von Baie Ste Anne und der Vallée de Mai kommend, hier die Küste erreicht.

In nordöstlicher Richtung wird der Küstenstreifen nun breiter und hat streckenweise einen fast parkähnlichen Charakter. Plantagen säumen die Straße. Drei kleinere Hotels erlauben es, Ferien abseits des Touristenbetriebs von Anse Volbert zu machen; und der kleine Flughafen der Insel taucht rechter Hand auf.

∗St. Marie's Point

Im Norden werden die Strände wieder breiter. Nachdem die Straße einen Bogen um die größte Geflügelfarm der Insel geschlagen hat, teilt sie sich in einen schmalen Weg, der am Strand entlang nach Anse Kerlan und zu

St Marie's Point

den höchst spektakulären Felsklippen von St. Marie's Point führt. Von hier bietet sich auch ein traumhaft schöner Blick auf zwei halbmondförmige Strände bietet die, nur von einer schmalen Landzunge getrennt, mit ihren Bögen gegeneinander gekehrt liegen. Die Betonstraße endet am Lémuria Resort.

St. Marie's Point (Fortsetzung)

✳✳ Vallée de Mai National Park

Im Süden der Insel Praslin erstreckt sich das Vallée de Mai, die einzigartige Heimat der sagenumwobenen Meereskokosnuß (Coco de Mer; s. S. 24). Hier findet man noch eine Vegetation vor, wie sie bereits lange vor der Ankunft der ersten Europäer bestanden hat. Das 324 ha große und geradezu paradiesische Fleckchen Erde ist 1983 in die UNESCO-Liste des Weltnaturerbes aufgenommen worden.

Weltnaturerbe

Der Vallée de Mai National Park ist täglich von 8.00 bis 17.30 Uhr zugänglich. Ein Buspendeldienst ist eingerichtet.

Öffnungszeiten

Die Zahlen, die im folgenden in Klammern stehen, beziehen sich auf den Plan des Nature Trail im Vallée de Mai National Park.

Hinweis

Schon der Eingang des Parks wird von mehreren 20 bis 30 m hohen 'männlichen' und 'weiblichen' Exemplaren, relativ freistehenden Palmen, eingerahmt, an denen man besonders gut die Samen- bzw. Fruchtstände beobachten kann. Der Talgrund und die unteren Hänge tragen einen dichten Wald aus Coco de Mer- und Latanier-Palmen, durch den an manchen Stellen kaum ein Sonnenstrahl dringt, während die trockeneren, nordwestlich gelegenen Höhen vor allem mit Palmiste-Palmen und anderen einheimischen Hölzern bestanden sind.

Parkrundgang

Nach dem Parkeingang (1) ist die Vegetation noch gemischt. Neben einheimischem Bois Rouge (Rotholzbäume) findet man hier den aus anderen Weltgegenden bekannten Philodendron, der hier aber ein außerordentlich störender Eindringling ist und den heimischen Palmenarten gefährlich werden kann.

Die dicht stehenden Cocos de Mer, nur wenige Meter weiter rechts des Weges stehend (2), sind wahrscheinlich mehr als 1000 Jahre alt, wenn man eine Wachstumsrate von 5 cm im Jahr bei jungen Bäumen (bei älteren

Vallée de Mai National Park

Nature Trail

© Baedeker

Praslin,
Vallée de Mai
National Park
(Fortsetzung)

noch weniger) zugrundelegt. Diese dichtbestandenen Palmen-Areale sind als abgeschlossene Kleinstbiotope relativ resistent und haben die 'Coco de Mer'-Palme wahrscheinlich trotz des für sie katastrophalen Vordringens der Europäer davor bewahrt, ausgerottet zu werden.

An der folgenden Weggabelung (3) biegt man links ab und steigt in einen der schönsten Palmen-Mischwälder der Seychellen hinunter (4), der sich in der Nähe des kleinen Bachlaufes noch mehr verdichtet. Hier (5) findet man fünf der sechs endemischen Palmenarten (darunter drei Latanier-Palmen) der Seychellen und drei der vier einheimischen Fächerpalmen-Arten.
Der Weg führt nun wieder zurück zu Punkt 4 und dann weiter nach links bis zu einem höhergelegenen Aussichtspunkt (Viewing Lodge), von dem aus die verschiedenen Vegetationszonen des Tals gut beobachtet werden können.

Nach ein paar hundert Metern durchquert man dann einen weiteren dichten 'Coco de Mer'-Wald (6 bis 7), in dem Bäume jeden Alters gemischt mit ein paar Palmiste-Palmen wachsen. Den mit über 30 m höchsten Baum der Vallée de Mai kann man bewundern, wenn man von der Sitzbank (8) aus geradeaus am Hang emporschaut. Von hier aus führt der Weg wieder bergauf (9); nach einem Abstecher zu einem weiteren Aussichtspunkt (10) gelangt man in einen fast reinen 'Bois rouge'-Wald, ein typisches Beispiel für die Vegation in mittleren Höhenlagen der Vorkolonialzeit.

Durch eine weitere 'Bois rouge'-Zone (11) kommt man zu einer Brücke (12), die über einen Wasserlauf führt, der in einiger Entfernung im Felsgestein entspringt. Abends kann man hier oft den für die Seychellen typischen Gecko (Aeluronyx sechellensis) beobachten.

Ein paar Schritt weiter erreicht man eine Weggabelung (13) und biegt in den Zedernweg ein, der nach einiger Zeit auf den Hauptweg stößt (16). Der randliche Weg führt zu einer Brücke (14) über einen Fluß, der oft trocken liegt, und anschließend zu einer weiteren Brücke (15), von der aus man zum Ausgangspunkt bzw. Eingang zurückkehren kann.

Folgt man dem Zedernweg südwärts, so kommt man zu einem Teich, der als 'Lilienteich' bezeichnet wird (16); Wasserlilien sind hier noch nicht ausgemacht worden, doch nachts sind auffallende grüne Baumfrösche (Megalixalus seychellensis) zu sehen. Oberhalb vom Lilienteich (Weggabelung) führt der Hauptweg linker Hand nach Norden, dort befinden sich inmitten tropischer Pflanzen zwei Brücken (17 und 18), die über Wasserläufe der Vallée de Mai führen.

Vasa-Papagei

Eine weitere Attraktion des Vallée de Mai National Park bildet der Vasa-Papagei ('Black Parrot'), der sich vor allem an fruchttragenden Bäumen aufhält, oft aber auch in der Umgebung des Kiosks am Parkplatz oder am Parkeingang zu beobachten ist.

Providence (Atoll)

→ Farquhar (Atoll), St. Pierre, Providence (Atoll)

Round Island · Île Ronde

Inselfläche: 0,02 km^2
Bewohnerzahl: 1

Im Vallée de Mai National Park ▶

Ste Anne Island

Round Island
(Fortsetzung)
Schiffsverkehr

Nach Round Island werden von Mahé aus Ausflugsfahrten – z.T. mit Glasbodenschiffen – organisiert.

Lage und
Allgemeines

Round Island ist eine der Inseln des Sainte Anne Marine National Park in der Bucht von Victoria, rund 4 km von der Küste Mahés und 0,9 km von Sainte Anne entfernt. Die nur knapp 200 auf 200 m große Insel – nicht zu verwechseln mit der gleichnamigen Insel südöstlich von Praslin – wurde im Jahre 1742 von Lazare Picault entdeckt und von ihm wegen ihrer Form 'Île Ronde', die 'runde Insel' genannt.

Im 19. Jh. gabe es auf der Insel eine Leprastation für Frauen, heute befindet sich hier der Verwaltungssitz des Ste Anne Marine National Park.

Ste Anne Island

Inselfläche: 2,19 km^2
Bewohner: einige Hotelangestellte

Lage und
Allgemeines

Ste Anne Island oder Sainte-Anne ist die nördlichste Insel des gleichnamigen Marine National Park und liegt etwa 5 km vor dem Hafen von Victoria. Die Insel, mit 2,2 km Länge und 1,4 km Breite die größte der nach ihr benannten Inselgruppe in der Bucht von Victoria, erreicht in dem 250 m hohen Mount Ste Anne ihre höchste Erhebung.

Geschichte und
Herkunft des
Inselnamens

Die Insel wurde – wie Mahé 1742 – am Namenstag der hl. Anna von Lazare Picault entdeckt und deshalb nach dieser benannt. Auf Ste Anne Island enstand im Jahre 1770 die erste dauerhafte europäische Siedlung auf den Seychellen, die jedoch wenig später zugunsten der neuentstandenen Orte auf Mahé wieder aufgegeben wurde.

Ste Anne Island aus der Vogelperspektive

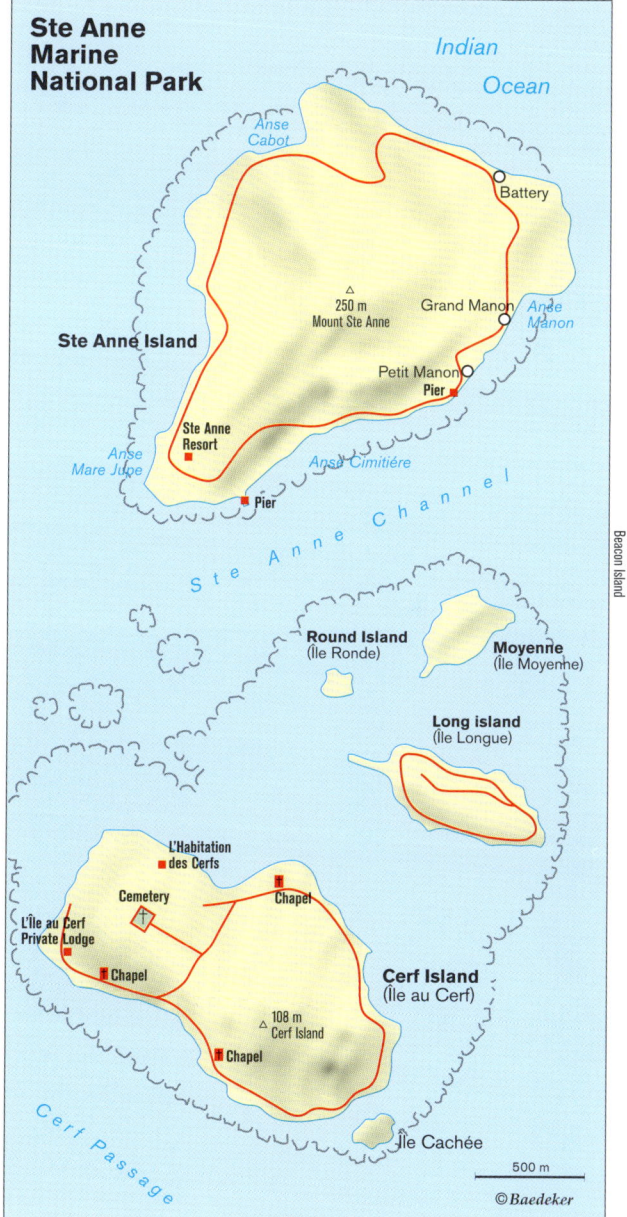

Ste Anne Marine National Park

Indian Ocean

Anse Cabot

○ Battery

△ 250 m
Mount Ste Anne

Grand Manon ○

Anse Manon

Ste Anne Island

Petit Manon ○

■ Pier

Ste Anne Resort ■

Anse Mare Jupe

Anse Cimitiére

■ Pier

Ste Anne Channel

Round Island
(Île Ronde)

Moyenne
(Île Moyenne)

Long island
(Île Longue)

■ L'Habitation des Cerfs

Cemetery

■ Chapel

L'Île au Cerf Private Lodge

■ Chapel

■ Chapel

△ 108 m
Cerf Island

Cerf Island
(Île au Cerf)

Cerf Passage

Île Cachée

500 m

©Baedeker

Beacon Island

119

Ste Anne Island

Ste Anne Island
(Fortsetzung)
* Ste Anne Marine
National Park

Im Jahre 1973 wurde der nach Sainte Anne benannte National Park unter staatlicher Verwaltung eingerichtet, zu dem Nationalpark gehören alle Inseln der Gruppe (→ Cerf Island, → Long Island, → Moyenne, → Round Island) und die sie umgebenden Korallenbänke. Angeln und das Sammeln von Korallen, Muscheln und Schnecken sind hier strikt verboten. Gute Tauchgründe finden sich vor der Südküste von Ste Anne Island. Leider stören die gegen Ende der siebziger Jahre auf der Insel errichteten Öltanks das harmonische Bild empfindlich.

Ste Anne Marine National Park

→ Cerf Island
→ Long Island
→ Moyenne
→ Round Island
→ Ste Anne Island

St. François (Atoll)

→ Alphonse, Bijoutier, St. François (Atoll)

St. Joseph (Atoll)

→ Amiranten-Gruppe · Amirantes · Les Amirantes, African Banks, St. Joseph (Atoll), Poivre (Atoll)

Palme am Strand von Silhouette

St. Pierre

⟶ Farquhar (Atoll), St. Pierre, Providence (Atoll)

Silhouette

Inselfläche: 19,95 km²
Bewohnerzahl: ca. 200

Die Anreise von Mahé dauert mit dem Hubschrauber 20 Minuten.

Flugverkehr

Silhouette besitzt ideale Strände zum Baden und Schnorcheln. Die beiden Buchten Anse Lascars und Anse Patates im Südosten der Insel sind bekannt wegen der schönen Muscheln, die man dort findet.

Freizeit und Sport

Silhouette liegt 20 km vor der Nordwestküste von Mahé und 7 km südlich von North Island auf 4° 30′ südlicher Breite und 55° 15′ östlicher Länge.

Lage und Allgemeines

Die drittgrößte Insel des Archipels ist eine fast originalgetreue Wiedergabe von Mahé, was ihre gebirgige Physiognomie wie auch ihre Fauna und Flora angeht. Auf der Insel, die nur 5,5 km lang und etwa gleich breit ist, erhebt sich der Mont Dauban (751 m ü.d.M.), der zweithöchste Berg der Seychellen. Der dichte Urwald, der große Teile von Silhouette bedeckt, ist ein gutes Beispiel vorkolonialer Vegetationsformen, wie sie auf Mahé selten geworden sind. Auch fleischfressende Pflanzen wachsen auf Silhouette.

Die bewohnten Zentren der Insel sind Anse Mondon im Norden und Grand Barbe im Westen sowie La Passe an der Ostküste, wo sich auch das ein-

Siedlungen

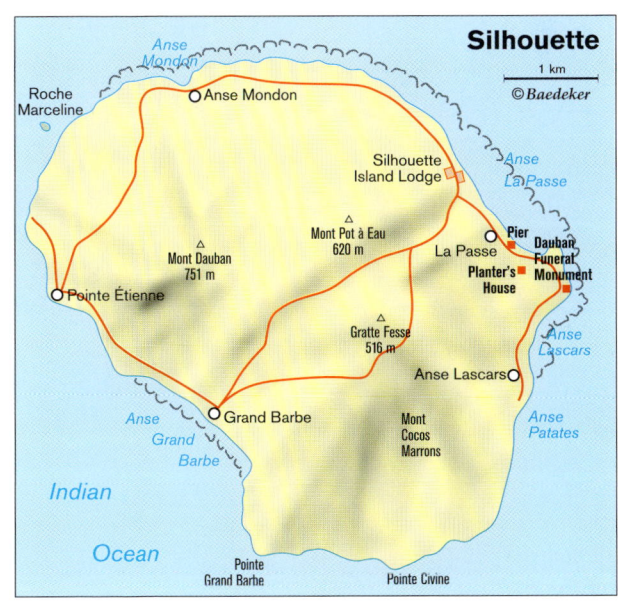

121

**Siedlungen
(Fortsetzung)**

zige Hotel und das Krankenhaus von Silhouette befinden. Auf der Insel gibt es keine Straßen, sondern ausschließlich Wanderwege; die Wanderungen sollte man möglichst in Begleitung eines Führers unternehmen, um sich auf der verhältnismäßig großen Insel nicht zu verlaufen.

Wirtschaft

Die Bewohner der Insel Silhouette lebten lange Zeit fast ausschließlich von der Kopra-Produktion. Heute gibt es kleinere Zimtplantagen. Angebaut werden ferner Zuckerrohr, tropische Früchte und Gemüse sowie Kaffee und Tabak. Nordwestlich der Silhouette Island Lodge ist darüber hinaus eine riesige Hühnerfarm mit Tausenden von Tieren entstanden.

**Geschichte
und Herkunft
des Inselnamens**

Gräber von arabischen Seeleuten lassen vermuten, daß die Insel schon im 9. Jh. – im Zusammenhang mit der Entdeckung der Komoren – von diesen zumindest gelegentlich besucht wurde. Ob es damals eine regelrechte Niederlassung gegeben hat, ist allerdings fraglich.

1767 wurde die Insel zum ersten Mal von Europäern erforscht. Benannt wurde sie dann im Jahre 1771 nach dem Franzosen Etienne de Silhouette, dem 'Contrôleur Général des Finances' und vormaligen Finanzminister König Ludwigs XV., dessen Name wegen seiner Pläne zur Rettung der königlichen Finanzen, die er immer nur in vagen Umrissen vorstellte, in den Sprachgebrauch einging.

Sehenswertes

Das pompöse Familiengrab der Daubans, die lange Zeit über die Insel herrschten, ein altes Kolonialhaus, das eines der schönsten der Seychellen ist, ferner die dreißig arabischen Gräber von Anse Lascars sind die wichtigsten Sehenswürdigkeiten von Silhouette. Darüber hinaus kann man die alte Zuckerrohrmühle und die Ölmühle der Insel besichtigen.

Sonnenuntergang über Thérèse

Thérèse · Île Thérèse

Inselfläche: 0,74 km^2
Bewohnerzahl: 2

Die Insel ist mit einer regelmäßigen Fährverbindung in wenigen Minuten von Port Glaud (Mahé) aus zu erreichen.

Schiffsverkehr

Die schönen Sandstrände der Insel Thérèse werden vor allem von den Hotelgästen der Hotels zwischen Port Glaud und Grand Anse aufgesucht, da es dort an der Küste von Mahé keine nennenswerten Strände gibt.

Strände

Die Insel Thérèse liegt nur 0,6 km vor der Nordwestküste von Mahé und schließt die Bucht von Port Glaud gegen das Meer hin ab. Die Insel, die sich in Privatbesitz befindet, ist ca. 1,5 km lang und 0,75 km breit. Ihre höchste Erhebung liegt 164 m ü.d.M. Auf Thérèse gibt es noch eine Reihe freilebender Riesenschildkröten.

Lage und Allgemeines

Praktische Informationen von A bis Z

Angeln und Hochseefischen

⟶ Sport

Anreise

Die meisten Direktverbindungen zwischen großen europäischen Metropolen und den Seychellen (Flugdauer: ca. 9 Std.) bietet die Fluggesellschaft Air Seychelles. Maschinen dieses Unternehmens starten (z.T. mehrmals wöchentlich) in Frankfurt am Main und München (Code-Sharing mit Thomas Cook Flug/Condor), Zürich, Paris, London und Rom. Ferner bietet Air Seychelles mit Partner-Fluggesellschaften Umsteigeverbindungen via Dubai, Nairobi (Kenia), Malediven, Mauritius und Réunion an.

Mit dem Flugzeug
Air Seychelles

Auskunft in Deutschland:
Tel. (0 89) 55 25 33 38, Fax (0 89) 54 50 68 55
E-Mail: info@airseychelles.de
www.airseychelles.de

Auskunft in Österreich:
Tel. (01) 5 87 15 86, Fax (01) 5 87 14 89
E-Mail: airseychelles@bfs.at

Auskunft in der Schweiz:
Tel. (01) 8 16 45 24, Fax (01) 8 11 02 71
E-Mail: airpass@swissonline.ch

Mehrmals wöchentlich bieten die beiden Fluggesellschaften Air France und British Airways (⟶ Fluggesellschaften) zeitsparende Umsteigeverbindungen mit Ziel Seychelles via Paris bzw. London ab allen größeren mitteleuropäischen Flughäfen an.

Weitere Fluggesellschaften

Gelegentlich laufen Kreuzfahrtschiffe den Hafen von Victoria (Mahé) an. Auskunft erteilt:

Mit dem Schiff
Kreuzfahrtschiffe

Princess Cruises – Seetours
Frankfurter Straße 233
D-63263 Neu-Isenburg
Tel. (0 61 02) 81 10 06
Fax (0 61 02) 81 19 10
www.princesscruises.com

Mehrmals monatlich legen Containerschiffe im Hafen von Victoria (Mahé) an, die zwischen den großen Nordseehäfen und Ostafrika bzw. dem Indischen Subkontinent verkehren. Auskunft erteilt:

Frachtschiffreisen

Frachtschiff-Touristik Kapitän Peter Zylmann
Exhöft 12, D-24404 Maasholm
Tel. (0 46 42) 60 68 u. 62 02
Fax (0 46 42) 67 67
www.frachtschiffreise.de

◀ *Motorboot "La Créole"*

Apotheken

Anreise
mit dem Schiff
(Fortsetzung)

Hunt, Deltel & Co. Ltd.
P.O.Box 14
Victoria, Mahé, Seychelles
Tel. (002 48) 38 03 00
E-Mail: hundel@seychelles.net

Mahé Shipping Co. Ltd.
P.O.Box 336
Victoria, Mahé, Seychelles
Tel. (002 48) 32 21 00
E-Mail: maheship@seychelles.net

Apotheken

Auf Mahé

Apotheken gibt es auf den Seychellen nur wenige. Die wichtigste befindet sich im Central Hospital, Mont Fleuri, Tel. 38 80 00;
Öffnungszeiten: Mo. – Fr. 8.00 – 18.00, Sa. und So. 8.00 – 12.00 Uhr

In Victoria gibt es außerdem drei private Apotheken:
Behram's Pharmacy, Victoria House, Tel. 22 55 59;
Öffnungszeiten: Mo. – Fr. 8.15 – 13.00 und 14.00 – 16.00,
Sa. 8.00 – 12.00 Uhr

Fock-Heng Health Care, Revolution Avenue, Tel. 32 27 51;
Öffnungszeiten: Mo. – Fr. 8.30 – 17.00, Sa. 8.30 – 12.30 Uhr

Lai Lam, Market Street, Tel. 32 23 36;
Öffnungszeiten: Mo. – Fr. 8.15 – 12.00 und 13.00 – 16.00,
Sa. 8.15 – 13.00 Uhr

Auf Praslin und
La Digue

Auf Praslin und La Digue gibt es in einigen Gemischtwarenläden Schmerztabletten sowie einfache Medikamente zu kaufen. Alles andere erhält man in den Krankenhäusern:

Baie Ste Anne, Praslin, Tel. 23 23 33;
Öffnungszeiten: Mo. – Fr. 8. – 16.00, Sa. 8.00 – 12.00 Uhr

Logan Hospital, La Digue, Tel. 23 42 55

In den Krankenhäusern benötigt man zum Kauf von Medikamenten ein ärztliches Rezept.

Ärztliche Hilfe

Allgemeines

Es gibt auf den Seychellen (Mahé, Praslin, La Digue) eine gut organisierte ärztliche Versorgung. 37 Ärzte und 31 Zahnärzte, Psychologen und medizinisch geschulte Fachkräfte und 426 Krankenhausbetten stehen für Bevölkerung und Touristen zur Verfügung. Alle Ärzte sprechen englisch und/ oder französisch. Das Central Hospital von Mahé verfügt über Krankenwagen. Von den anderen Inseln werden Patienten in dringenden ärztlichen Notfällen mit dem Flugzeug ins Krankenhaus von Victoria transportiert. Die Notrufnummer, Tel. 999, gilt auf allen Inseln.

Mahé

Das Central Hospital (mit Zahnklinik) befindet sich in Victorias Vorort Mont Fleuri an der Hauptstraße zum Flughafen, Tel. 38 80 00.
In allen Orten und Bezirken Mahés gibt es außerdem kleinere Kliniken:
Anse Royale, Tel. 37 12 22
Anse aux Pins, Tel. 37 55 35

Anse Boileau, Tel. 355555
Baie Lazare Village, Tel. 361151
Beau Vallon, Tel. 388000 (über das Central Hospital)
Béolière, Tel. 378259
English River, Tel. 388476
Glacis, Tel. 388492
North East Point, Tel. 241044
Port Glaud, Tel. 378223
Takamaka, Tel. 366231

Ärztliche Hilfe,
Mahé
(Fortsetzung)

Das Krankenhaus von Praslin befindet sich in Baie Ste Anne, am Anfang der Straße zum Vallée-de-Mai-Nationalpark, Tel. 233333

Praslin

Außerdem gibt es zwei kleinere Kliniken in Grand Anse, Tel. 233414, und Anse Kerlan, Tel. 233855.

Auch La Digue besitzt ein Krankenhaus: Logan Hospital, Tel. 234255

La Digue

Für ausländische Hotelgäste ist ein spezieller ärztlicher Dienst eingerichtet worden. Er umfaßt:

Ärztlicher Dienst
für Hotelgäste

Auf Mahé den Arztbesuch und/oder die Behandlung im Central Hospital nach vorheriger Anmeldung oder zu den regulären Sprechstunden (Mo.–Fr. 8.00–12.00 Uhr), Tel. 388000,
ggf. auch in der nächstgelegenen Klinik (s. oben), Sprechstunden Mo.–Fr. 8.00–20.00, Sa. 8.00–12.00 Uhr.
Arztvisiten im Hotel (Mo.–Fr. 14.00–18.00 Uhr) müssen an der Hotelrezeption angemeldet werden, ggf. auch direkt unter der Telefonnummer des Central Hospital, Tel. 388000. In Notfällen kommt der Arzt auch nach 18.00 Uhr und an Wochenenden ins Hotel.

Mahé

Auf Praslin und La Digue: Sprechstunden in der nächstgelegenen Klinik (s. oben) nach vorheriger Anmeldung Mo.–Fr. 8.00–16.00 und Sa. 8.00–12.00 Uhr. Ein ärztlicher Notdienst besteht hier werktags nach 16.00 und samstags nach 12.00 Uhr für das gesamte Wochenende, Tel. 233333 (Praslin) bzw. 234255 (La Digue).

Praslin und
La Digue

Bei Besuch der Sprechstunde wird bar bezahlt (ca. SCR 150), bei Hotelbesuchen des Arztes wird der Betrag (ca. SCR 350–400) mit dem Hotel verrechnet. Eine Erstbehandlung in der Klinik kostet pauschal SCR 100.

Ausflüge und Veranstalter

Die Ausflugsmöglichkeiten auf und zwischen den Seychellen-Inseln sind vielfältig. Bustouren auf der Insel Mahé, Bootsfahrten zu den unbewohnten Inseln, Exkursionen in die Nationalparks, 'Island Hopping' mit dem Flugzeug oder die Erkundung von Mahé oder Praslin mit dem Wagen gehören zu den beliebtesten Möglichkeiten. Wer seinen Urlaub nur auf Mahé und/oder Praslin gebucht hat, sollte es trotzdem nicht versäumen, den Inseln La Digue, Cousin, Curieuse oder einer der anderen kleineren Inseln zumindest einen Tagesbesuch abzustatten.

Ausflüge

Von den im folgenden angeführten Touren bieten einige Veranstalter auch sog. Packages aus mehreren Ausflugsmöglichkeiten an (z.B. Fahrt im Glasbodenboot, Rundfahrt um die Insel Mahé und Seychellen-Abend an einem Tag).

Packages

Die Bustouren der örtlichen Reiseveranstalter auf Mahé dauern einen ganzen oder halben Tag und bringen den Besucher zu den wichtigsten Sehenswürdigkeiten der Insel (Ruinen der alten Mission, Anse Boileau,

Mit dem Autobus

Ausflüge und Veranstalter

Ausflüge
mit dem Autobus
(Fortsetzung)
Takamaka, Teeplantage, Botanischer Garten, Victoria). Sie können in den Büros der Veranstalter oder an deren Schaltern in allen größeren Hotels gebucht werden. Die Preise für ganztägige Ausflüge umfassen meist auch ein – oft kreolisches – Mittagessen (für Kinder gibt es auf alle Preise bis zu 50 % Ermäßigung).

Auf Mahé werden u.a. die folgenden Ausflüge angeboten: Mahé-Tour (ganztägig), Nordmahé-Tour (halbtägig), Südmahé-Tour (halbtägig), Berg-Tour (halbtägig, schließt ggf. Besuch des Botanischen Gartens ein), Marktbesuch in Victoria (ggf. verbunden mit einem Bootsausflug in den Ste Anne Marine National Park oder einer Wanderung in den Bergen von Mahé).

Mit Schiff
und Boot
Von Mahé aus finden – oft mit modernen, halbgetauchten und verglasten Panorama-Booten – Exkursionen in den Ste Anne Marine National Park statt, bei denen die Korallengebiete von Ste Anne, Cerf, Moyenne, Cachée, Round und Long Island besucht werden. Oft kann während des Landgangs auf einer der Inseln in den örtlichen Restaurants zu Mittag gegessen werden, oder es bleibt Zeit zum Baden oder Schnorcheln.

Von Mahé aus werden ferner Bootsausflüge nach Silhouette, Thérèse, Conception, L'Islette (von Beau Vallon Bay aus), nach North Island (nur Oktober – April), Aride (November – Mai) sowie Praslin und La Digue (auch ein Weg davon mit dem Flugzeug) organisiert. Außerdem gibt es Mini-Kreuzfahrten bei Sonnenuntergang um Nordmahé herum (Nacht- bzw. Abendkreuzfahrten inclusive Transfer, Cocktail, Grill und Musik).

Von Praslin aus gelangt man in nur halbstündiger Überfahrt mit den Fähren und Schonern "La Silhouette", "Lady Mary" und "Idéal" nach La Digue. Exkursionen zur Vogelinsel Cousin und zum Curieuse Marine National Park werden täglich an Praslins West- bzw. Ostküste organisiert. Der Besuch auf Cousin ist in den Brutmonaten der Seevögel (April und Mai) besonders empfehlenswert. Zur Vermeidung von Störungen ist der Zutritt auf vier Tage in der Woche (Di. – Fr.) und maximal 20 Personen pro Gruppe

Versorgungsschiff zwischen La Digue und Praslin

begrenzt. Auch nach Aride finden von Praslin aus in den Monaten November bis Mai täglich Exkursionen statt. Weitere Ausflugsziele sind Félicité, Coco Island und Marianne. Ferner werden See-Touren rund um Praslin angeboten.

Ausflüge
mit Schiff
und Boot
(Fortsetzung)

Die Hotels der Insel Praslin und die drei örtlichen Reisebüros organisieren außerdem kleine Exkursionen nach St. Pierre (mehrmals täglich ab Anse Volbert) sowie tägliche Bus-Touren auf Praslin und Besichtigungen des Vallée-de-Mai-Nationalparks. Gruppen können einen Schoner chartern. Informationen erhält man in den Hotels.

Motorboote für Ausflüge und Hochseefischen, und/oder Yachten und Schoner mit zwei bis zehn Plätzen oder preiswertere Katamarane für mehrtägige und -wöchige Touren kann man auf Mahé, Praslin, La Digue, Denis, Bird, Desroches und Frégate mieten (Adressen ⟶ Sport). Manche Hotels haben auch eigene Boote, die sie vermieten.

Mit gecharterten
Booten

Auch Exkursionen mit dem Flugzeug ('Island Hopping') sind beliebt. Die Flugverbindungen zwischen den wichtigsten Inseln mit den kleinen Maschinen von Air Seychelles bzw. den Hubschraubern von Helicopter Seychelles sind schnell und zuverlässig und bieten auch denjenigen Besuchern, die nicht das Hotel wechseln wollen, die Möglichkeit, andere Inseln der Seychellen im Rahmen von Tagesausflügen kennenzulernen.

Mit Flugzeug
oder Hub-
schrauber

Angebote: Südmahé mit dem Bus und Rundflug um die Insel (halbtägig), Praslin (ganztägig), Praslin und La Digue (Flug/Boot, ganztägig), Praslin und Cousin, (Flug/Boot, ganztägig), Bird Island (mit Übernachtung in der Bird Island Lodge).

Zu den Koralleninseln gibt es regelmäßige Charterflüge mit Maschinen der Air Seychelles, die teilweise direkt bei den Hotels der Inseln bezahlt werden.

Rundflüge über die Inseln werden auch auf Wunsch individuell organisiert; Reservierungen: Tel. 381000 oder über die Reiseveranstalter (s. unten).

Für Selbstflieger ist der Aero Club am Flughafen zuständig, Tel. 376520.

Vor allem auf Mahé sind Mietwagen ein ideales Mittel, um die Insel intensiv kennenzulernen. Beliebt, aber immer seltener, sind die halboffenen Mini-Mokes, im übrigen ist die ganze Spannweite von Hubraumklassen vorhanden (⟶ Mietwagen und Fahrradverleih). Auf La Digue empfiehlt es sich, ein Fahrrad zu mieten.
Vorsicht am Strand! Die offenen Wagen sind begehrte Objekte für Langfinger, die leider auch auf den Seychellen ihr Unwesen treiben. Zu oft endet allzu große Sorglosigkeit mit dem Verlust von Geld, Wertgegenständen und Papieren.

Mit dem
Mietwagen

Diejenigen, die sich im selbstgesteuerten Mietwagen auf den oft recht schlecht beschilderten Straßen nicht zurechtfinden, können stunden- oder tageweise Taxen mit Fahrer mieten (⟶ Taxi).

Taxitouren

⟶ Sport

Tauchtouren

Creole Holidays
Kingsgate House
Independence Avenue
P.O. Box 611
Victoria, Mahé
Tel. 280100
Fax 225111
E-Mail: creole@seychelles.net

Veranstalter
auf Mahé

Ausflüge und Veranstalter

Veranstalter
auf Mahé
(Fortsetzung)

Mason's Travel Ltd.
Michel Building
Revolution Avenue
P.O. Box 459
Victoria
Tel. 322642; Fax 324173
E-Mail: info@masonstravel.com

Travel Services Seychelles (TSS) Ltd.
Mahé Trading Building
P.O. Box 356
Victoria
Tel. 322414; Fax 321366
E-Mail: tss01@seychelles.net
Flughafenbüro: Tel. 373017

Orchid Travel
Pirates Arms Building
Independence Avenue
P.O. Box 556
Victoria
Tel. 224953; Fax 225087
E-Mail: orchid@seychelles.net

7° South Ltd.
Revolution Avenue
P.O. Box 475
Victoria
Tel. 322682/322292; Fax 321322
E-Mail: 7south@seychelles.net

Premier Holidays Ltd.
Premier Building
P.O. Box 290
Victoria
Tel. 225777; Fax 225888
E-Mail: premier@seychelles.net

Reservation Centre Bird
P.O. Box 404
Victoria
Tel. 224925 u. 225074

Für Ausflüge mit dem Boot auch:

Marine Charter Association
P.O. Box 469
Victoria
Tel. 322126; Fax 224679

auf Praslin

Mason's Travel
Grand' Anse
Tel. 233211; Fax 233455

Creole Holidays
Airstrip
Amitié
Tel. 233223

TSS
Amitié
Tel. 233438; Fax 233340

La Digue Island Lodge
Anse La Réunion
Tel. 234232

Auskunft

Seychelles Tourist Office
c/o The Mangum Group
Herzogspitalstr. 5,
D-80331 München
Tel. (089) 2366 2169
Fax (089) 2604009
www.mangum.de
E-Mail: think@mangum.de

Deutschland,
Österreich

Seychelles Tourist Office
Flughofstrasse 61
CH-8152 Glattbrugg
Tel. (01) 8108170
Fax (01) 8110271
E-Mail: airpass@swissonline.ch

Schweiz

Seychelles Tourism Marketing Authority
P.O. Box 1262
Victoria, Mahé
Tel. 620000
Fax 620620
www.aspureasitgets.com
E-Mail: seychelles@aspureasitgets.com

Auf den
Seychellen

Sonstige Reiseauskünfte:
Internationale Flüge: Tel. 384400
Inlandsflüge: Tel. 381340
Helicopter Seychelles: Tel. 373900
Fähre Mahé – La Digue: Tel. 234013
Fähre Mahé – Praslin: Tel. 233238
Schnellboot Mahé – Praslin: Tel. 324843
Fähre Praslin – La Digue: el. 232329
Walks & Trails: Tel. 225303
Wettervorhersage: Tel. 384070

Autobusse

24 Buslinien der SPTC (Seychelles Public Transport Corporation) verbinden Victoria mit sämtlichen Orten und Hotels der Insel. Selbst die entferntesten Strände können mit diesem billigen Verkehrsmittel erreicht werden.
Die Buslinien ab Victoria im einzelnen:

Mahé

 1 Anse aux Pins
 2 Les Cannelles
 4 Montagne Posée – La Salette
 5 Takamaka – Anse aux Pins (Rundkurs)
 6 Les Cannelles – Baie Lazare
 9 Les Cannelles – Port Launay
11 Anse Boileau – Takamaka (Rundkurs)
12 La Misère
13 Grand' Anse – Port Launay
14 Sans Souci – Port Launay
21 Bel Ombre

<table>
<tr><td>Autobusse,
Mahé
(Fortsetzung)</td><td>22 Beau Vallon
24 Glacis (La Gogue)
25 North East Point
26 La Gogue
27 Maldive
30 Roche Caiman
31 Belvedere
32 Le Niol
33 Les Mamelles
34 Dan Lenn
35 Sans Souci</td></tr>
</table>

Buslinien, die nicht in Victoria beginnen:

 9 Anse à la Mouche – La Chalette
10 Anse Gaulettes – Val d'Endor
11 Anse Boileau – La Misère
15 Port Glaud – Sans Souci

Der Busbahnhof in Victoria befindet sich in der Palm Street gegenüber dem Unity House, Ecke 5th June Avenue. Von 5.20 bis 21.30 Uhr fahren hier sonntags bis donnerstags regelmäßig Busse in alle Richtungen Mahés ab, danach gibt es einen Nachtservice. Freitags und samstags wird der Liniendienst bis 1.30 Uhr nachts aufrechterhalten. Auskunft: Tel. 224550.

Praslin

Praslins Busse fahren auf der Küstenstraße von Anse Kerlan über den Flughafen, Grand' Anse, Baie Ste Anne und Anse Volbert nach Anse Boudin und zurück. Die Fahrtzeit beträgt etwa eine Stunde.

Badestrände

⟶ Strände

Banken

Öffnungszeiten

Die Banken auf den Seychellen haben, soweit nicht anders vermerkt, die folgenden Öffnungszeiten:

Mo. – Fr. 8.30 – 14.30 Uhr.
Einige Banken sind auch samstags 8.30 – 11.00 Uhr geöffnet.

Mahé

Banque Française Commerciale,
Océan Indien
State House Avenue/Albert Street
P.O.Box 122
Victoria
Tel. 284555
Fax 322676;
Anse Royale
Tel. 371166

Bank of Baroda
Albert Street
P.O.Box 124
Victoria
Tel. 323038
Fax 324057
E-Mail: baroda@seychelles.net

Barclays Bank International
Independence Avenue
P.O. Box 167
Victoria
Tel. 224101
Fax 224678;
Market Branch
Albert Street/Huteau Lane
Tel. 224101
Beau Vallon
Tel. 247391;
Schalter am internationalen Flughafen,
Tel. 373029
Öffnungszeiten: Mo.–Fr. 8.30–12.30,
Sa. 8.30–10.45 Uhr

Central Bank of Seychelles
Independence Avenue
P.O.Box 701
Victoria
Tel. 225200
Fax 225265

Development Bank of Seychelles
Independence Avenue
P.O. Box 217
Victoria
Tel. 224471
Fax 224274
E-Mail: dbs.md@sey.net

Habib Bank
Francis Rachel Street
P.O. Box 702
Victoria
Tel. 224371
Fax 225614
E-Mail: habibsez@seychelles.net

Nouvobanq
State House Avenue
P.O. Box 241
Victoria
Tel. 225011

Seychelles Savings Bank
Independence Avenue
P.O.Box 531
Victoria
Tel. 225251
Fax 224713
E-Mail: savbank@seychelles.net

Barclays Bank International
Grand' Anse
Tel. 233344
Baie Ste Anne
Tel. 232218

Seychelles Savings Bank
Grand' Anse
Tel. 233810

Mahé,
(Fortsetzung)

Praslin

Behinderte

Barclays Bank International
La Réunion
Tel. 23 41 48
Öffnungszeiten: Di. und Do. 11.30 – 14.00 Uhr

Seychelles Savings Bank
La Passe
Tel. 23 41 35
Öffnungszeiten: Mo. – Fr. 8.15 – 13.00 und 14.00 – 15.30 Uhr

Behindertenhilfe

Rollstühle
Rollstühle stehen am Flughafen für Passagiere zur Verfügung. Für den Aufenthalt auf den Seychellen kann ein Rollstuhl im Central Hospital von Mont Fleuri, Victoria, ausgeliehen werden. Auskunft: Tel. 38 80 00.

Hotels
Die am besten auf Körperbehinderte vorbereiteten Hotels sind:
Reef Hotel & Golf Club, Berjaya Beau Vallon Bay Beach Resort, Coral Strand Hotel und The Plantation Club (alle auf Mahé); ein Teil ihrer Zimmer liegt ebenerdig. Allerdings gibt es nur selten rollstuhlgerechte Türbreiten.

Hinweis
Gäste mit Behinderungen sollten ihre speziellen Zimmerwünsche bereits bei der Reservierung angeben.

Bibliotheken

Auf den Seychellen gibt es die folgenden Bibliotheken:
National Library (Libreri Nasyonal)
5th June Avenue/Francis Rachel Street
Victoria
Tel. 32 13 33
Öffnungszeiten: 8.30 – 17.00, Sa 8.30 – 11.45 Uhr;
sie besitzt vor allem Biographien und eine Auswahl englischer und französischer Literatur.
Die Zweigstellen auf Praslin liegen bei der Schule in Baie Ste Anne und in Grand' Anse. Auf der Insel La Digue gibt es eine öffentliche Bibliothek in der Schule von La Réunion.

Hinweis
Viele Hotels haben eine kleine Bibliothek mit englischen, französischen und manchmal auch deutschen Romanen für ihre Gäste, die meist von früheren Besuchern dagelassen wurden.

Bücher

Deutschsprachige Veröffentlichungen sind auf den Seychellen nur vereinzelt erhältlich; dafür gibt es aber in einigen Gemischtwarenläden und Buchhandlungen auf Mahé, Praslin und La Digue französische und englische Romane zu kaufen.

Buchhandlungen
auf Mahé
Cosmorama
Huteau Lane
Victoria
Tel. 32 26 65

Jivan Imports
Albert Street
Victoria
Tel. 32 23 10

Camping

Zelten ist auf den Seychellen nicht gestattet. Schlafen am Strand ist nur mit polizeilicher Genehmigung erlaubt, das heißt in der Praxis verboten.

Diebstahl

In letzter Zeit kommen Diebstähle, die früher auf den Seychellen fast unbekannt waren, häufiger vor. Begünstigt wird diese Entwicklung teilweise auch durch die Sorglosigkeit vieler Besucher, die gedankenlos Wertsachen am Strand, in offenen Autos oder nicht abgeschlossenen Hotelzimmern liegen lassen. Wertgegenstände gehören in den Hotelsafe, wo sie zumindest versichert sind. Achtung vor allem bei den beliebten, aber nicht abschließbaren Mini-Mokes am Strand!

Diplomatische und konsularische Vertretungen

Honorarkonsulate in Deutschland:
Rauchstr. 26
D-10787 Berlin, Tel. (0 30) 7 26 11 10

Alter Wall 40
D-20457 Hamburg, Tel. (0 40) 34 66 06

Frankfurter Straße 63 – 69
D-65760 Eschborn, Tel. (0 61 96) 96 03 90

Summerstr. 8
D-82211 Herrsching, Tel. (0 81 52) 56 94

Honorarkonsulat in Österreich:
Gusshausstraße 12
A-1040 Wien, Tel. (01) 5 05 41 79

Honorar-Generalkonsulat in der Schweiz:
General-Guisan-Quai 22
CH-8002 Zürich, Tel. (01) 2 85 79 79

Vertretungen der Seychellen

Honorarkonsulat der Bundesrepublik Deutschland:
Maryse Eichler-Jorre de St. Jorre
Mont Fleuri
Victoria, Mahé, Tel. 26 12 22

Honorarkonsulat der Republik Österreich:
Bodco Building, Harbour Trading Estate
Port Victoria
Victoria, Mahé, Tel. 22 46 66

Konsularagentur der Schweizerischen Eidgenossenschaft:
Kingsgate House, Suite 18
P.O. Box 935
Victoria, Mahé, Tel. 32 21 14

Vertretungen auf den Seychellen

Botschaft der Bundesrepublik Deutschland:
Williamson House
4th Ngong Avenue, P.O. Box 30180
Nairobi, Kenia, Tel. (00 25 42) 71 25 27

Botschaften in Kenia (zuständig für die Seychellen)

Botschaften in
Kenia (Fts.)

Botschaft der Republik Österreich:
City House, 2. Stock
Wabera Street/Standard Street
P.O. Box 30560
Nairobi, Kenia, Tel. (002542) 228281

Botschaft der Schweizerischen Eidgenossenschaft:
International House, 7. Stock
Mama Ngina Street
P.O. Box 30752
Nairobi, Kenia, Tel. (002542) 228735

Diskotheken

⟶ Nachtleben

Elektrizität

Das Stromnetz der Seychellen ist auf 220 V/50 Hz Wechselstrom angelegt. Die Steckdosen entsprechen dem englischen Typ, in den Hotels sind allerdings meist Rasierstecker nach Euronorm vorhanden. Adapter für die englischen Steckdosen sind in den Hotels oder Geschäften erhältlich.

Essen und Trinken

Allgemeines

Die einheimische, kreolische Küche beruht auf einer Mischung aus französischen, indischen, chinesischen, afrikanischen und englischen Einflüssen. Ihre Basis sind Reis und Fisch bzw., was die Gewürze betrifft, Curry und Gelbwurzel. Im übrigen werden vor allem Nelken, Zimt, Knoblauch, Minze, Ingwer, Peperoni, Kardamom und Muskat zum Würzen verwendet.

Fisch

Fisch ist eines der Hauptnahrungsmittel. Hühner- und Rindfleisch sind fast so verbreitet wie Fisch, seltener gibt es Schweinefleisch. Auf dem Markt von Victoria findet man Thunfisch, Schwertfisch, Hai, Muscheln, Langusten, Hummer und Flußkrebse. Sehr beliebt sind der leuchtendrote Bourgeois und die drei Arten von Papageienfischen. Die Zubereitungsarten sind: gegrillte Fischsteaks, Curry (Kari) von Fisch (oft sehr scharf gewürzt) oder in Bananen- und Kokospalm-Blättern gedünsteter Fisch. Das beliebteste einheimische Gericht ist 'Kat-kat banann', dessen Zutaten Fisch, Bananen und Milch der Kokosnuß sind.

Früchte und
Gemüse

Typische Früchte- und Gemüsegerichte stehen fast immer auf dem Menüplan: 'Satinis' (Chutneys), d.h. kleingeschnittene (geraspelte) und in Öl gebratene Früchte und Gemüsestücke, ferner 'Ladob', das sind in Kokosmilch gegarte Früchte. Es gibt über ein Dutzend verschiedene Bananensorten und, je nach Jahreszeit, frische tropische Früchte.
Als ausgesprochene Leckerbissen gelten das süße Gelee der noch nicht ausgereiften Meereskokosnuß, das als Nachtisch gereicht wird, und der 'Millionärssalat', der aus dem grünen Teil des Stammes der Palmiste-Palme, knapp unterhalb des Blattansatzes gewonnen wird. Man muß dazu eine ganze Palme fällen, was den Namen des Salates erklärt: Eine Palme ergibt nur zehn Portionen. Da das Fällen dieser Palmen verboten ist, gibt es den Salat nur, wenn eine Palme von alleine umfällt.

Süßspeisen

Gut schmecken auch die Süßspeisen mit viel Kokosnuß, Vanille und karamelisierten Bananen.

Die typischen alkoholischen Getränke der Seychellois sind 'Calou' aus dem Saft unreifer Kokosnüsse, ferner 'Bacca' – aus Ananas. Aber auch der Bierkonsum hat in den letzten Jahren beträchtlich zugenommen.

Essen und Trinken (Fortsetzung) Getränke

→ dort

Restaurants

Fahrradverleih

→ Mietwagen und Fahrradverleih

Feiertage

1./2. Januar: Neujahr
1. Mai: Tag der Arbeit
5. Juni: Tag der Machtübernahme (Liberation Day)
18. Juni: Nationalfeiertag
29. Juni: Unabhängigkeitstag (Independence Day), Nationales Jugendsportfest
15. August: Mariä Himmelfahrt, besonders festlich auf La Digue
1. November: Allerheiligen
8. Dezember: Mariä Empfängnis
25. Dezember: Weihnachten
Karfreitag, Ostersamstag, Ostersonntag, Fronleichnam: Für diese Tage gilt auf den Seychellen die gleiche Regelung wie in Großbritannien: Fällt der Feiertag auf einen Sonntag, ist der darauffolgende Montag arbeitsfrei.

Fluggesellschaften

Auf den Seychellen:
Victoria House, Francis Rachel St./State House Ave., P.O. Box 386
Victoria/Mahé
Tel. 381000, Fax 225933
E-Mail: info@airseychelles.com
www.airseychelles.com

Air Seychelles

In Deutschland:
c/o Aviareps Airline Management Group AG
Landsberger Str. 155, D-80687 München
Tel. (089) 55253338, Fax (089) 54506855
E-Mail: info@airseychelles.de
www.airseychelles.de

In Österreich:
c/o BSF Touristik GmbH
Opernring 1/R/8, A-1010 Wien
Tel. (01) 5871586, Fax (01) 5871489
E-Mail: airseychelles@bfs.at

In der Schweiz:
Airpass AG
Flughofstr. 61, CH-8152 Glattbrugg
Tel. (01) 8164524, Fax (01) 8110271
E-Mail: airpass@swissonline.ch

Auskunft in Deutschland: Tel. (01803) 888866
www.thomascook.de

Thomas Cook
Flug/Condor

Boeing 767-300 der Air Seychelles

Fluggesellschaften (Fortsetzung) Air France	Auskunft in Deutschland: Tel. (01805) 830830 Auskunft in Österreich: Tel. (01) 502222400 Auskunft in der Schweiz: Tel. (01) 4391818 Auskunft auf den Seychellen: Tel. 373176 www.airfrance.com
British Airways	Auskunft in Deutschland: Tel. (01805) 266522 Auskunft in Österreich: Tel. (01) 79567567 Auskunft in der Schweiz: Tel. (0848) 845845 Auskunft auf den Seychellen: Tel. 384400 www.britishairways.com

Flugverkehr

Anreise	→ dort
Flughäfen	Flughäfen bzw. Landebahnen gibt es auf den folgenden Inseln der Seychellen: Mahé, Praslin, Frégate, Bird, Desroches, Denis, D'Arros, Marie Louise, Rémire, Alphonse, Astove, Farquhar, Coëtivy, Assomption.
Air Seychelles	Air Seychelles (→ Fluggesellschaften) unterhält mit neunsitzigen Britten-Norman Islanders und 20-sitzigen Twin Otters einen täglichen Linienverkehr nach Praslin und bietet in Zusammenarbeit mit den örtlichen Hotels Charterflüge nach Alphonse, Bird, Denis, Desroches und Frégate an.
Auskunft	Für die übrigen Inseln erteilt die Island Development Company Auskunft: Islands Development Company, P.O. Box 638 New Port/Victoria Tel. 224640

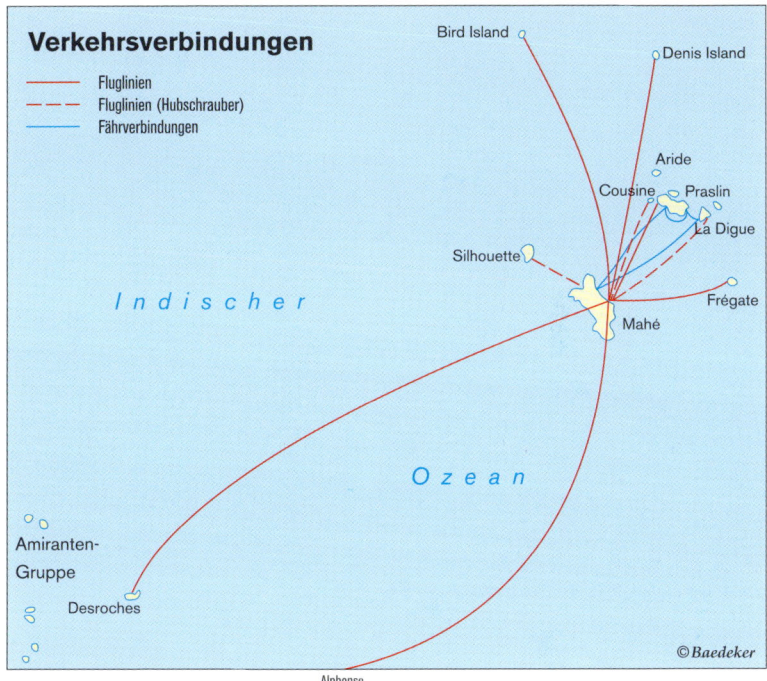

Verkehrsverbindungen

— Fluglinien
--- Fluglinien (Hubschrauber)
— Fährverbindungen

Bird Island

Denis Island

Aride

Cousine Praslin

La Digue

Silhouette

Indischer

Frégate

Mahé

Ozean

Amiranten-
Gruppe

Desroches

© *Baedeker*

Alphonse

Weitere Auskünfte:
Seychelles International Airport (Pointe La Rue, Mahé), Tel. 384000
Internationale Flüge und Luftfracht, Tel. 384400
Inlandflüge, Tel. 381340;
Flughafen Praslin, Tel. 233214

International (Victoria House, Mahé), Tel. 381000, Fax 225933;
www.airseychelles.com
Inland (Seychelles International Airport/Mahé), Tel. 381340;
Flughafen Praslin, Tel. 233214

Mahé – Praslin: täglich bis zu zwanzigmal in jeder Richtung,
Flugdauer 1/4 Std.

Mahé – Bird: Abflug ab Mahé Mo. 12.30, Di. – Fr. 10.50, So. 12.00 Uhr,
ab Bird jeweils 40 Minuten später, Flugdauer 1/2 Std.

Mahé – Denis: Abflug ab Mahé Di., Do. u. Fr. 10.20, So. 11.00 Uhr,
ab Denis jeweils 3/4 Std. später, Flugdauer 1/2 Std.

Mahé – Desroches: Abflug ab Mahé Mi., Fr., Sa., So. Mo. 13.30,
ab Desroches jeweils 14.55 Uhr, Flugdauer 3/4 Std.

Mahé - Alphonse: Abflug ab Mahé Mi., Fr., Sa., So., Mo. 10.30 Uhr,
ab Alphonse jeweils um die Mittagszeit, Flugdauer ca. 1 Std.

→ Ausflüge mit dem Flugzeug

Auskunft
(Fortsetzung)

Reservierungen
(Air Seychelles)

Inlandflüge

Island Hopping

So sehen die wichtigsten Geldscheine der Seychellen aus.

Galerien

⟶ Museen und Galerien

Geld

Allgemeines	Währungseinheit ist die Rupie (Seychelles Rupee, SCR) = 100 Cents. Es gibt Banknoten zu 10, 25, 50 und 100 Rupees, Münzen zu 1 und 5 Rupien sowie zu 1, 5, 10 und 25 Cents.

Wechselkurse
(Stand: 1/2003)

1 SCR = 0,19 EUR	1 EUR = 5,35 SCR
1 SCR = 0,28 CHF	1 CHF = 3,64 SCR

Devisen-
bestimmungen

In der Republik Seychellen werden die Devisen bewirtschaftet. Der Umtausch von Devisen ist nur bei dafür autorisierten Stellen (Banken, Hotels etc.) statthaft.
Ausländische Touristen müssen alle Rechnungen von Hotels, Reiseveran-staltern, Auto- und Bootsvermietern etc. in Devisen (US-Dollar, Euro, Schweizer Franken) bezahlen.
Landeswährung darf bei der Ausreise bis zu einem Betrag von 1000 SCR mitgeführt werden; allerdings können die Behörden Nachweise verlangen, wo die Seychellen-Rupien eingekauft worden sind. Geldwechsel ist nur im Bankweg legal. Das Rückwechseln von Seychellen-Rupien ist nur gegen Bankbestätigung erlaubt.
Die Ein- und Ausfuhr von Fremdwährungen unterliegt derzeit keiner Beschränkung. Jedoch empfiehlt es sich, höhere Beträge bei der Einreise auf jeden Fall zu deklarieren. Die Ausfuhr von Fremdwährungen ist jedoch nur bis zur Höhe des deklarierten Betrages gestattet.

Reisechecks (Traveller Cheques) werden normalerweise nur in Banken umgetauscht. Hotels, Restaurants, Geschäfte, Souvenirläden usw. nehmen sie nur in beschränktem Maße in Zahlung. Hinweis: Für Reisechecks erhält man in der Regel vorteilhaftere Kurse berechnet als für Bargeld.

Geld (Fts.)
Reiseschecks

Hotels, Mietwagenunternehmen sowie die meisten Restaurants und einige Geschäfte akzeptieren mindestens eine oder zwei der international gebräuchlichen Kreditkarten (u.a. American Express, Diners Club, Visa, Eurocard/Mastercard). Die Vertretungen der wichtigsten Kreditkarten-Unternehmen:

Kreditkarten

American Express
c/o TSS, Mahé Trading Building, State House Avenue
Victoria
Tel. 32 24 14

Diners Club
Mahé Trading Building, State House Avenue
P.O. Box 599
Victoria
Tel. 22 53 03

Master Card
P.O. Box 167
Victoria
Tel. 38 38 38

Visa Card
P.O. Box 167
Victoria
Tel. 38 38 38

Geldwechsel ist außer zu den regulären Schalterstunden der ⟶ Banken an den Bankschaltern im Flughafen bei Ankunft und Abflug der internationalen Flüge sowie an den Rezeptionen der großen Hotels möglich. Die Kurse der Banken müssen dem regierungsamtlichen Kurs entsprechen, in den Hotels sind die Umtauschkurse oft ungünstiger.

Geldwechsel

Gesundheitsvorschriften

Bei der Einreise aus Europa sind keinerlei Impfungen vorgeschrieben. Eine Impfbescheinigung über Gelbfieber und Cholera wird bei der Einreise aus Infektionsgebieten verlangt. Auskünfte erteilt:

Director of Immigration
Independence House
Victoria
Tel. 22 40 30

Ministry of Health
International Vaccination Unit, Mont Fleuri
Victoria
Tel. 38 80 00

Die Gefahr eines Sonnenbrandes darf nicht unterschätzt werden. Sonnencremes mit hohem Lichtschutzfaktor, Sonnenbrille und Sonnenhut sollten zum Reisegepäck gehören. Achtung, beim Schnorcheln! Durch die Reflexion des Wassers sind die Sonnenstrahlen noch gefährlicher. Unbedingt ein T-Shirt tragen! An manchen Stränden gibt es Seeigel: Badeschuhe helfen, die schmerzhaften Stiche zu vermeiden. Bei Verletzungen

Gefahren am Strand

141

Gottesdienste

Gesundheits-
vorschriften,
Gefahren am
Strand (Fts.)

durch Korallen ist eine sorgfältige Desinfektion angebracht, da manche Arten Giftstoffe ausscheiden. Wer im flachen Wasser der Lagunen watet, muß auf Steinfische gefaßt sein, die sich hervorragend der graubraunen Umgebung anpassen und deren Stiche lebensgefährlich sein können. Dasselbe gilt für die Berührung mit dem Feuerfisch. Es ist ratsam, sofort einen Arzt aufzusuchen.

Golf

→ Sport

Gottesdienste

Katholische
Gottesdienste

In fast allen Ortschaften der Seychellen gibt es katholische Kirchen und Kapellen. Gottesdienste werden zu folgenden Zeiten abgehalten:

Auf Mahé

Sa. 17.00, So. 7.00, 9.00 und 17.00 Uhr

Auf Praslin

Grand' Anse: So. 8.30 oder 10.00 Uhr
Baie Ste Anne: 8.30 oder 10.00 Uhr (alternierend)

Auf La Digue

Sa. 17.00 Uhr, So. 6.30 Uhr

Anglikanische
Gottesdienste

Auf den beiden Inseln Mahé und Praslin finden auch anglikanische Gottesdienste statt.

Auf Mahé

Anglikanische Gottesdienste werden auf Mahé in der St. Paul's Cathedral, Ecke Revolution Avenue/Albert Street in Victoria abgehalten: So. 6.30 und 8.30 Uhr

Auf Praslin

Grand' Anse: am 1. und 3. So. im Monat 7.00 Uhr, am 2. und 4. So. 8.30 Uhr
Baie Ste Anne: am 1., 3. und ggf. 5. So. im Monat 8.30 Uhr
Consolation (Château de Feuilles): am 2. und 4. So. im Monat 7.00 Uhr
Anse Kerlan: am 1. und 3. So. im Monat 10.00 bzw. 10.30 Uhr

Hotels

Allgemeines

Insgesamt gibt es rund 4800 Gästebetten auf den Seychellen, davon alleine 3600 auf Mahé. Andere Anlagen sind im Bau; jedoch soll die Kapazität auf den Seychellen insgesamt die Zahl von 5000 Betten nicht überschreiten.
Die Pensionen, Guesthouses genannt, sind oft ehemalige Privathäuser und meist individuell eingerichtet. In vielen Guesthouses sind – übrigens ebenso wie in den meisten Hotels – Restaurants eingerichtet, die offen sind für Passanten.

Preise

Die Hotelpreise sind nicht eben niedrig, denn die Seychellen rechnen zu den kostspieligen Urlaubszielen. In der Hauptsaison liegen die Preise (Übernachtung für zwei Personen im Doppelzimmer einschließlich Frühstück) in etwa zwischen 60 EUR und 500 EUR pro Nacht. Günstiger sind die Preise in den einfacheren Guesthouses, in denen ein Paar bereits für 40–60 EUR nächtigen kann.

Kinder

Kinder bis 12 Jahre können vielfach zu reduzierten Preisen im Zimmer der Erwachsenen schlafen; man sollte im Einzelfall danach fragen.

Saison

Als Hauptsaison gelten Weihnachten und Silvester, Ostern und der Monat August.

Eine der besten Adressen auf der Insel Mahé ist das Coral Strand Hotel.

Bird Island Lodge (24 Bungalows); Tel. 22 49 25, Fax 22 50 74 (Buchung in Victoria auf Mahé: P.O. Box 404). Die palmblattgedeckten Bungalows der Lodge verfügen über ansprechend ausgestattete Zimmer mit kleinen, zum Meer hin ausgerichteten Terrassen. Restaurant. Preis: über 250 EUR.

Bird Island

Denis Island Lodge (25 Bungalows); Tel. 32 11 43, Fax 32 10 10 (Reservierung unter Tel. 32 33 92 in Victoria). Die Hotelanlage liegt an der Westküste der Insel und bietet viel Komfort. Für das Essen im Restaurant werden meist Produkte verwendet, die auf der Insel wachsen. Preis: über 250 EUR.

Denis Island

Desroches Island Lodge (20 Z.); Tel. 22 90 03, Fax 32 13 66. Diese Lodge ist die einzige Unterkunft auf den Amiraten-Inseln. Als Spezialität des Restaurants werden die Fischgerichte gerühmt. Preis: über 250 EUR.

Desroches

Bernique Guest House (12 Z.); Anse la Réunion, Tel. 23 42 29, Fax 23 42 88. Gepflegte Anlage inmitten vieler Kokospalmen. Bis zum Strand sind es zu Fuß etwa 10 Minuten. Der Besitzer organisiert Ausfahrten mit einem Glasbodenboot. Preis: 60 bis 200 EUR.

La Digue

Choppy's Bungalows (10 Bungalows); Anse la Réunion, Tel. 23 42 24, Fax 23 42 24. Kleine Anlage unweit der Anlegestelle für die Fähren von Praslin. Die einfach gehaltenen Bungalows liegen direkt am Strand. Halbpension muß, Vollpension kann genommen werden. Preis: 130 bis 300 EUR.

La Digue Island Lodge (50 Wohneinheiten); Anse la Réunion, Tel. 23 42 33, Fax 23 43 66. Schönes, aber teures Hotel; der Mindestaufenthalt beträgt drei Tage. Swimmingpool, Windsurfen. Preis: über 250 EUR.

Patatran Village (12 Chalets); Anse Patates, Tel. 23 43 33, Fax 23 43 44. Hotel über einer Bucht. Preis: 160 bis 350 EUR.

Hotels

Norden:
Auberge Club des Seychelles (40 Z.); Danzilles, Bel Ombre, Tel. 24 75 50, Fax 24 77 03. Das landschaftlich sehr reizvoll gelegene Hotel hat eine kleine Badebucht, die nur den Hotelgästen zur Verfügung steht. Ideal zum Schnorcheln (Ausrüstungsverleih). Preis: 160 bis 350 EUR.

Beau Vallon Bungalows (12 Z.); Beau Vallon, Tel. 24 73 82, Fax 24 79 55. Kleine überschaubare Anlage. Bekannt für seine vorzüglichen kreolischen Gerichte ist das dazugehörige Restaurant. Preis: 100 bis 200 EUR.

Berjaya Beau Vallon Bay Beach Resort (232 Z.); Beau Vallon, Tel. 24 71 41, Fax 24 79 43. Eine anspruchsvolle Anlage, in der jedoch das Preis-Leistungs-Verhältnis stimmt. Geboten werden Möglichkeiten für Wassersport aller Art; Tauchzentrum. Ferner gibt es ein Spielkasino und ein Restaurant mit kreolischer und internationaler Küche. Preis: ab 100 EUR.

Coco d'Or Hotel (11 Z.); Beau Vallon, Tel. 24 73 31, Fax 24 74 54. Das von einer Familie geführte Haus liegt in einer von hohen Palmen bestimmten Landschaft und trotzdem am Meer. Preis: 100 bis 250 EUR.

Coral Strand Hotel (146 Z.); Beau Vallon, Tel. 24 70 36, Fax 24 57 17. Das luxuriös ausgestattete Haus liegt sehr schön am Beau Vallon Beach. Die Zimmer sind recht komfortabel. Preis: ab 300 EUR.

Le Méridien Fisherman's Cove (48 Z.); Bel Ombre, Tel. 24 72 47, Fax 24 77 42. Ein strohgedecktes Hotel am schönen Strand von Beau Vallon. Die Zimmer – alle mit Meerblick – befinden sich entweder im zweistöckigen Hauptgebäude oder sind als Chalets gestaltet. Preis: ab 400 EUR.

Le Northolme Hotel (19 Z.); Glacis, Tel. 26 12 22, Fax 26 12 23. Auf einer Landzunge gelegen, bietet das Hotel einen herrlichen Blick auf die nördliche Küste von Mahé. Tauchzentrum; Restaurant. Preis: über 250 EUR.

Sunset Beach Hotel (25 Z.); Glacis, Tel. 26 11 11, Fax 26 12 21. Das Hotel, im spanischen Stil erbaut, liegt unmittelbar an der Küste und hat einen eigenen Strand. Restaurant und Bar. Preis: über 250 EUR.

Victoria:
Auberge Louis XVII. (10 Z.); La Louise, Tel. 34 44 11, Fax 34 44 28. Von dem familiär geführten Hotel aus bietet sich ein herrlicher Blick über Victoria. Swimmingpool; Restaurant und Bar. Preis: 100 bis 200 EUR.

Südosten:
Casuarina Beach Hotel (12 Z.); Anse aux Pins, Tel. 37 60 26, Fax 37 60 16. Direkt am Strand der Anse aux Pins liegt dieses kleine Hotel, das ein sehr gutes Preis-Leistungs-Verhältnis bietet. Preis: 130 bis 280 EUR.

Westen/Südwesten:
Château d'Eau (5 Z.); Barbarons, Tel. 37 83 39, Fax 37 83 88. Das sehr gepflegte Haus im Plantagenstil steht in einem wunderschönen Garten und verfügt über einen eigenen Badestrand. Die Sonnenuntergänge sind geradezu atemberaubend. Preis: über 220 EUR.

Le Méridien Barbarons (125 Z.); Barbarons, Tel. 37 82 53, Fax 37 84 84. Teures, aber dafür in herrlicher Umgebung gelegenes Hotel der Spitzenklasse. Von fast allen Zimmern blickt man aufs Meer. Zwei Restaurants bieten internationale und kreolische Küche. Preis: über 260 EUR.

The Plantation Club (200 Z.); Baie Lazare, Tel. 38 68 26, Fax 38 68 79. Das Hotel im Südwesten Mahés bietet Gelegenheit für Freizeitaktivitäten aller Art, z.B. Tennisplatz und Tauchzentrum. Ferner drei Restaurants, Snackbar am Pool; Spielkasino und Banketträume. Preis: ab 260 EUR.

Berjaya Praslin Beach Hotel (77 Z.); Anse Volbert, Tel. 232222, Fax 232244. Das Hotel liegt an der Anse Volbert, einem der schönsten Strände Praslins. Es gibt ein Angel- und Wassersportzentrum sowie Abendunterhaltung. Restaurant; Pizzeria am Strand. Preis: 150 bis 350 EUR. Hotels (Fts.)
Praslin

Château de Feuilles (12 Z.); Pointe Cabris, Tel. 233031, Fax 233916. Unweit der Fähranlegestelle liegt dieses hübsche Hotel in einem großzügig dimensionierten und liebevoll angelegten Park. Swimmingpool. Preis: 150 bis 300 EUR.

Coco de Mer Hotel (40 Z.); Anse Bois de Rose, Tel. 233900, Fax 233919. Der Garten des Hotels grenzt an einen palmengesäumten Strand. Neben einem Tauchzentrum gibt es Gelegenheit zum Hochseeangeln und zum Schnorcheln. Restaurant und Bar. Preis: über 260 EUR.

Beach Villas Guesthouse (12 Z.); Grand' Anse, Tel. 233445, Fax 233098. Im Chalet-Stil gebautes kleines Hotel mit familiärer Atmosphäre. Von den Zimmern aus hat man eine herrliche Sicht auf die Nachbarinseln Cousin und Cousine Island. Üblicherweise gibt es Bed & Breakfast, auf Wunsch aber auch andere Arrangements. Preis: 60 bis 170 EUR.

La Réserve (32 Z.); Anse Petite Cour, Tel. 232211, Fax 232166. Sehr ruhige Hotelanlage an der Nordküste von Praslin. Alle Arten von Wassersport, außerdem Tennis. Im Haus befindet sich ein bekanntes Restaurant mit kreolischer und internationaler Küche. Preis: über 250 EUR.

Marechiaro (13 Bungalows); Grand' Anse, Tel. 233337, Fax 233993. Die palmblattgedeckten Bungalows verteilen sich in einem gepflegten Garten gegenüber der Grand' Anse. Zu schön gelegenen Badeplätzen muß man zwar ein Stück weit fahren, doch stimmt hier das Verhältnis von Preis und Leistung. Restaurant. Preis: 200 bis 600 EUR.

Village du Paradis (10 Z.); Côte d'Or, Tel. 232224, Fax 232273. Kleine, saubere Anlage direkt an der Côte d'Or. Die Bungalows sind im landestypischen Stil gebaut. Abends bisweilen Folkloredarstellungen, tagsüber Schnorcheln und Ausfahrten mit dem Boot. Preis: 160 bis 400 EUR.

Silhouette Island Lodge; Tel. 344154, Fax 344178. Das einzige Hotel der Insel befindet sich in der Nähe der Anlegestelle der Boote, die von Mahé herüberkommen. Die gemütlichen Zimmer sind in zwölf Bungalows untergebracht, die in einem Palmenhain stehen. Erwarten Sie auf Silhouette kein ausgefeiltes Sportprogramm – es gibt keins. Schöne Strände entdeckt man bei Wanderungen an der Küste. Preis: über 250 EUR. Silhouette

Karten

Globetrotter Tourist Map "Seychelles"
Maßstab: 1:33000
Die Karte enthält Einzeldarstellungen der wichtigsten Inseln sowie einen Cityplan von Victoria, Mahé. Touristenkarte

Ordnance Survey Map "Mahé" (Maßstab: 1:50000) Topographische
Karten

Ordnance Survey Map "Praslin" (Maßstab: 1:30000)
Mit Darstellung der Insel La Digue und einigen anderen Nachbarinseln.

Map Division
Independence House
5th June Avenue
Victoria, Mahé Landkarten-
verkauf

Kleidung

Die Kleidung ist fast immer leger, ungezwungen. Manche Hotels (z.B. Denis Island Lodge) verlangen ab 19.30 Uhr in der Bar und im Restaurant lange Hosen für Männer. Jackett- oder Krawatten-Pflicht besteht nicht. Am Strand hat sich die 'topless'-Mode durchgesetzt. FKK ist allerdings auf den Seychellen nicht gern gesehen.

Kunstgewerbe

→ Souvenirs

Mietwagen und Fahrradverleih

Allgemeines

Da die Anzahl der zugelassenen Mietwagen pro Verleih-Unternehmen auf den Seychellen gesetzlich begrenzt ist, drängeln sich auf dem lukrativen Markt erstaunlich viele Anbieter. Die gängigsten Fahrzeugtypen sind: Mini-Mokes, die bei Urlaubern sehr beliebt sind, japanische Klein- und Mittelklassewagen – nur ausnahmsweise findet man europäische Modelle – und japanische Wagen mit Vierradantrieb (Typ Jeep). Bei Reisen in den Monaten Juli/August sowie über Weihnachten/Neujahr und Ostern ist es ratsam, den Mietwagen schon von Deutschland, Österreich oder der Schweiz aus vorzubestellen, da der gewünschte Typ eventuell nicht immer verfügbar ist. Alle Hotels haben einen oder mehrere Mietwagenunternehmer, mit denen sie zusammenarbeiten. Diese sind oft in der Hotelhalle mit einem eigenen Schalter vertreten, aber Preisvergleiche lohnen sich dennoch. Alle Unternehmen bringen die Wagen zur Übergabe in die Hotels.

Wagenübernahme

Bei der Übernahme des Wagens sollte man vor allem auf den Benzinstand im Tank achten, der immer – fast – leer ist. Bei der Rückgabe wird dann soviel aufgefüllt, wie anfänglich im Tank war. Vor allem ist es ratsam, auf den technischen Zustand der Wagen zu achten. Vor der Vertragsunterzeichnung überprüfe man vor allem Sicherheitsgurte (nicht in allen Wagen vorhanden), Reifenzustand und Bremsen.

Tankstellen

Bei längeren Ausflügen ist zu bedenken, daß es auf Mahé nur wenige und auf Praslin sogar nur zwei Tankstellen gibt.
Auf Mahé: in Beau Vallon an der Straßengabelung vor der Polizeistation (Tel. 24 72 56); in Victoria fast direkt am Clock Tower neben dem Gerichtsgebäude in der Francis Rachel Street; an der Einfahrt zum Flughafen; in Port Glaud an der Einfahrt zum Berjaya Mahé Beach Hotel; in Baie Lazare; in Anse Royale. – Auf Praslin: in Grand' Anse und Baie Ste Anne. Öffnungszeiten: tgl. 6.00–23.00 Uhr (Änderungen möglich).

Preise

Die Preise für Mietwagen (pro Tag) variieren je nach Wagentyp und Unternehmen. Man kann auch einen Wagen mit Chauffeur mieten. Einige Verleiher berechnen Mini-Mokes, Kleinwagen und Jeeps zu fast demselben Preis, andere machen Unterschiede. Fahrräder zu mieten (Praslin, La Digue) ist wesentlich preisgünstiger.

Mietwagenstationen

Mahé

Alpha Rent-a-Car
St. Claire Building
Olivier Maradam Street, Victoria
Tel. 32 20 78; Fax 32 40 02

Avis
Shalom Building
P.O. Box 1227
Le Chantier
Tel. 22 45 11, 37 30 45
Fax 22 51 93
www.avis.com

City Car Hire
Anse aux Pins
Tel. 37 52 89
Fax 37 53 20

Eden's Car Hire
St.Louis
Tel. 26 63 33
Fax 26 64 41

Europcar
Providence
P.O. Box 641
Victoria
Tel. 37 33 36, 37 32 99
www.europcar.com

Exoticars
P.O. Box 620
Mare Anglaise
Tel. 24 80 80
Fax 24 83 33

Hertz
Revolution Avenue
P.O.Box 600
Victoria
Tel. 32 42 47
Fax 32 41 11
www.hertz.com

Ideal Car Rental
P.O. Box 1343
Les Mamelles
Tel. 34 42 80, 37 32 99

Jean's Car Hire
P.O. Box 522
St. Louis
Tel. 26 62 78

Joe's Car Hire
Le Rocher
Tel. 32 34 20, 34 42 39

Kobe Car Hire
P.O. Box 375
Le Rocher
Tel. 32 18 88, 34 48 88

Mahé Cars
P.O. Box 277
Les Mamelles
Tel. 37 35 27, Tel. 37 32 99

Mietwagen-
stationen auf
Mahé (Fts.)

Mietwagen und Fahrradverleih

Mietwagen-
stationen
auf Mahé (Fts.)

Mein's Car Hire
P.O. Box 169
St. Louis
Tel. 266005, 266366
Fax 375732

Nelson's Car Hire
P.O. Box 461
St.Louis
Tel. 266923
Fax 266032

Petit Car Hire
P.O. Box 1248
Victoria
Tel. 373133
Fax 373095;
Notruf (nachts): 510665

Ram Car Hire
P.O. Box 739
St. Louis
Tel. 266333

Silversands Rent-a-Car
P.O. Box 279
Baie Lazare
Tel. 361133

St. Louis
Motor Hire
P.O. Box 522
St.Louis
Tel. 266270, 373405

Sunshine Cars
P.O. Box 127
Victoria
Tel. 224571, 225560
Fax 224204
e-mail: sunshine@seychelles.net

Union Vale Car Hire
P.O. Box 509
Beau Vallon
Tel. 247052, 510252
Fax 321421

Victoria Car Hire
P.O. Box 640
Anse aux Pins
Tel. 376314
Fax 376306

Mietwagen-
stationen
auf Praslin

Austral Car
Côte d'Or
Tel. 232015

Praslin Holiday Car Rental
Grand' Anse
Tel. 513219
Fax 233969

Prestige Car Hire
Grand' Anse
Tel. 233226
Fax 233050

Standard Car Hire
Amitié
Tel. 233555
Fax 233163

Wagen mit Chauffeur gibt es bei Tropicar, Hertz, Mein's und Exoticars und einigen anderen Verleihfirmen.

Wagen mit Fahrer

Einen luxuriösen privaten Tour-Service für 1 bis 7 Personen bietet an:
Umberto Ugo Sala
Tel. 242273, 515471, 516116
Fax 242273
www.seychelles.net/viptour/

V.I.P. Tours

Fahrradverleih

Côte d'Or Bicycle Hire
Anse Volbert
Tel. 232071

Praslin

Sunbike Rent-a-Bicycle
Grand' Anse
Tel. 233033

Marechiaro Hotel
Grand' Anse
Tel. 233337

Indian Ocean Lodge
Grand' Anse,
Tel. 233324

Tarosa Proprietary & Rent-a-Bicycle
La Passe
Tel. 234250

La Digue

La Digue Island Lodge
Anse Réunion
Tel. 234232

Museen und Galerien (Mahé)

National Archives
La Bastille (nördlicher Stadtrand), Tel. 321333
Öffnungszeiten: Mo. – Fr. 8.30 – 15.30, Sa. 9.00 – 12.00 Uhr.

Museen in Victoria

National Museum of History
State House Avenue
Tel. 321333
Öffnungszeiten: Mo. – Fr. 8.30 – 17.00, Sa. 9.00 – 12.00 Uhr.

Natural History Museum
Tel. 321333
Öffnungszeiten: Mo. – Fr. 8.30 – 16.30, Sa. 8.30 – 12.00 Uhr.

Museen in Victoria (Fts.)	National Culture Centre Tel. 32 13 33 Öffnungszeiten: Mo. – Fr. 8.00 – 16.30, Sa. 8.30 – 12.00 Uhr.
Galerien in Victoria	National Gallery Fiennes Parade, Tel. 32 13 33 Öffnungszeiten: Mo. – Fr. 8.30 – 16.00 Uhr
	Kaz Zanana Revolution Avenue, Tel. 32 41 50
Galerien außerhalb Victorias	Michael Adams Anse aux Poules Bleues, Tel. 36 10 06 Öffnungszeiten: Mo. – Fr. 9.00 – 16.00, Sa. 9.00 – 12.00 Uhr (oder nach tel. Vereinbarung)
	Tom Bowers (Bronzeskulpturen) Les Cannelles, Anse à la Mouche, Tel. 37 15 18 Öffnungszeiten: Mo. – 9.00 – 18.00 Uhr.
	Sculpture Studio Antonio Fillipin Beau Vallon, Tel. 24 76 58
	Studio Devoud Les Mamelles, Tel. 34 41 48

Nachtleben

Das Nachtleben auf den Seychellen und die abendliche Unterhaltung in den Hotels entsprechen weithin dem Charakter eines eher ruhigen, naturverbundenen Ferienziels. Lediglich in den großen Hotels in der Beau Vallon Bay und an der Westküste von Mahé werden regelmäßig Tanzabende, Modenschauen, Barbecues oder Sega- und Kamtole-Vorführungen veranstaltet.

Spielkasinos	Im Plantation Club Hotel und im Berjaya Beau Vallon Bay Beach Resort befinden sich die beiden Spielkasinos von Mahé. Auf Praslin gibt es das Casino des Îles (Tel. 23 25 00 u. 22 59 32) an der Côte d'Or.
Diskotheken	Auf Mahé: Barrel Disco, Victoria, Tel. 32 21 26 (Do. – So.) Flamboyant Disco, Victoria, Tel. 32 11 13. Sparks Disco, Anse Gaulette, Tel. 36 10 02.

Ferner gibt es Diskotheken im Berjaya Mahé Beach Resort (jede Nacht), im Coral Strand Hotel (Mi. u. Sa.), im Reef Hotel & Golf Club (Mi.), im Berjaya Beau Vallon Bay Beach Resort und im Le Méridien Barbarons Hotel (Fr, Sa., So.).

Auf Praslin:
The Lost Horizon (Open-Air), Baie Ste Anne (Fr., Sa., So.).
Ma belle Amie, Côte d'Or (Fr., Sa.).

Gelegentlich werden in den Hotels Paradise Sun und Marechiaro Disko- und Tanzabende veranstaltet.

Auf La Digue:
Diskothek in Choppy's Bungalows (Fr., Sa., So.).

Im Vallée de Mai auf Praslin ▶

Naturschutzgebiete

Nationalparks
etc.

Als besondere Naturreservate ausgewiesen sind das geologisch hoch-interessante Aldabra-Atoll sowie die Inseln Cousin, Aride und das La Digue Veuve Reserve (Black Paradise Flycatcher Reserve). Als Schutzgebiete, in denen wirtschaftliche Aktivitäten verboten sind, hat man den Morne Sey-chellois National Park auf Mahé und den Vallée de Mai National Park auf Praslin ausgewiesen.
Ferner gibt es einige 'Marine National Parks': um die Ste-Anne-Insel-gruppe (mit den Inseln Ste Anne, Cerf, Moyenne, Round, Long) sowie um die Baie Ternay (Baie Ternay National Park) und bei Port Launay (Port Lau-nay Marine National Park) auf Mahé, um die Insel Curieuse bei Praslin und um die Insel Silhouette.
Geschützte Gebiete sind darüber hinaus die Île Coco bei Praslin sowie die African Banks in der Amiranten-Gruppe.

Führungen

Man kann die Schutzgebiete bzw. Nationalparks selbständig erkunden oder aber einen Führer engagieren, der auf Besonderheiten hinweist und Erläuterungen gibt.
Besonders reizvoll ist der Vallée de Mai National Park. An der Kasse bekommt man eine ausführliche Broschüre, mit deren Hilfe man das Naturschutzgebiet erwandern kann.

Auskunft

Nature Seychelles
Tel. 22 50 97
Fax 22 51 21
E-Mail: nature@seychelles.net
www.nature.org.sc

Notrufe

Rufnummer für
die Seychellen

Der Notruf 999 gilt auf allen Seychellen-Inseln für Feuerwehr, Polizei und Arzt bzw. Krankenwagen.

DRK-Flugdienst

Der DRK-Flugdienst hat seinen Sitz in Bonn.
Telefon von den Seychellen: 00 49/2 28/23 00 23

Deutsche
Rettungsflugwacht

Die Deutsche Rettungsflugwacht hat ihre Zentrale in Filderstadt.
Telefon von den Seychellen: 00 49/7 11/70 10 70

Öffnungszeiten

Geschäfte

Die Geschäfte sind im allgemeinen während der folgenden Zeit geöffnet: Mo. – Fr. 8.00 – 17.00 Uhr; einige halten von 12.00 bis 13.00 oder 13.30 Uhr eine Mittagspause ein. Samstags sind viele Geschäfte von 8.00 bis 12.00 Uhr geöffnet; in einigen Geschäften kann man auch am Sonntagmorgen einkaufen.

Büros

Mo. – Fr. 8.00 – 12.00 und 13.30 – 16.00 Uhr

Apotheken

→ dort

Banken

→ dort

Postämter

→ Post, Telegraf, Telefon

Tankstellen

→ Mietwagen und Fahrradverleih

Polizei

Die Polizei ist auf allen Inseln unter dem Notruf 999 zu erreichen. Das Polizeihauptquartier befindet sich in Victoria (Revolution Avenue, Tel. 28 80 00).
Weitere Polizeireviere auf Mahé:
Airport, Tel. 38 41 61
Anse aux Pins, Tel. 37 62 17
Anse Boileau, Tel. 35 51 11
Anse Étoile, Tel. 24 13 26
Anse Royale, Tel. 37 12 26
Baie Lazare, Tel. 36 11 30
Beau Vallon, Tel. 24 72 42
Cascade, Tel. 37 33 16
Glacis, Tel. 28 80 00
Mont Fleuri, Tel. 28 82 50
New Port, Tel. 28 80 00
Port Glaud, Tel. 37 83 55
Takamaka, Tel. 36 62 49

Polizeireviere auf Praslin:
Baie Ste Anne, Tel. 23 32 51
Grand Anse, Tel. 23 32 51

Polizeirevier auf La Digue:
La Passe, Tel. 23 42 51

Notruf

Post, Telefon

Hauptpost von Victoria (Mahé):
Liberty House, Ecke Albert St./Independence St., Tel. 22 52 22
Öffnungszeiten: Mo. – Fr. 8.00 – 16.00, Sa. 8.00 – 12.00 Uhr.
Postkarten und Briefe kann man an der Hotelrezeption abgeben.

Hauptpost

Brief und Postkarten nach Europa sind meist fünf Tage oder länger unterwegs. Luftpost muß bis 12.00 Uhr an der Hauptpost aufgegeben werden, wenn sie mit den Flügen am gleichen Abend oder am nächsten Morgen das Land verlassen soll.

Briefe und Postkarten nach Europa

'First Class':
Porto für einen Luftpostbrief nach Europa (bis 10 g): 3,80 SCR, bei schwereren Briefen kommen 2,00 SCR für jede weitere 10 g dazu; Postkarten: 3,00 SCR

Posttarife

'Second Class':
Porto für (Luft- und Landtransport-)Briefe bis 20 g: 2,80 SCR

Telefongespräche nach Europa sind in allen Hotels, von öffentlichen Fernsprechern und von Karten-Telefonen aus möglich. Auf der Post und in anderen Verkaufsstellen kann man Telefonkarten in verschiedenen Werthöhen erwerben.

Telefon

Die beiden Telefongesellschaften Airtel (Telecom) und Cable & Wireless (C&W) unterhalten Mobilfunknetze, wobei das von C&W mit dem Netz von BT Cellnet in Großbritannien verknüpft ist.

Mobiltelefon ('Handy')

Telefongespräche nach Deutschland, Österreich und in die Schweiz kosten je nach Anbieter ca. 1,50 EUR Minute. In den Hotels werden saftige Preisaufschläge verlangt.
Viele Unternehmen und Institutionen auf den Seychellen sind auch via Internet bzw. E-Mail erreichbar.

Telefongebühren

Reisedokumente

Telefon-
Ländernetz-
kennzahlen für den
Selbstwählverkehr

Vorwahl für Gespräche von den Seychellen nach Europa:
Deutschland: 0049
Österreich: 0043
Schweiz: 0041
Anschließend wird die Ortsvorwahl unter Weglassen der ersten 0 und die Nummer des gewünschten Anschlusses gewählt.
Die Telefonvorwahl der Seychellen von Deutschland aus ist 00248.

Telefax-Dienst

Ein öffentlicher Telefax-Dienst besteht an den Schaltern der Cable & Wireless, Francis Rachel Street, Victoria.

Internet-Café

Maison Suleman, Victoria, Mahé, Tel. 226210
E-Mail: bureau@seychelles.net
Öffnungszeiten: Mo.–Fr. 9.00–20.00, Sa. 9.00–13.00 Uhr.
In diesem Internet-Café kann man für 20 SCR pro 15 Minuten E-Mails abrufen und versenden und im Netz surfen.

Reisedokumente

Reisepaß,
Kinderausweis
und Visum

Staatsangehörige aller Nationen benötigen für die Einreise einen Reisepaß, der noch mindestens sechs Monate nach der Einreise gültig ist, ein Rückflugticket, einen Unterkunftsnachweis für mindestens drei Übernachtungen sowie genügend finanzielle Mittel. Bei der Ankunft wird ein Visum für längstens drei Monate ausgestellt, das beim Director of Immigration (Independence House, Victoria, Mahé, Tel. 224030) verlängert werden kann, sofern ausreichende finanzielle Mittel für den weiteren Aufenthalt vorhanden sind. Der deutsche Kinderausweis wird anerkannt. Der Eintrag eines Kindes in den Reisepaß eines Elternteils reicht aus.

Führerschein

Der nationale bzw. der neue EU-Führerschein wird für die Dauer des Urlaubs anerkannt.

Bestimmungen für
Haustiere

Für Haustiere ist ein Gesundheitszeugnis erforderlich. Die Tiere müssen bis zu einem halben Jahr in Quarantäne gelebt haben. Auskünfte erteilt die Veterinary Section, Tel. 322190, Union Vale (Gesundheitsministerium) Bei einem Aufenthalt von weniger als 6 Monaten ist die Mitnahme von Haustieren grundsätzlich nicht gestattet.

Reisezeit

Dank ihrer äquatornahen Lage sind die Seychellen ein Ganzjahres-Reiseziel, es ist angenehm warm. Von Mai bis September ist es etwas kühler und trockener; die meisten Niederschläge fallen von Dezember bis Februar. Nähere Angaben sind dem Klima-Kapitel (S. 18–20) zu entnehmen.

Reiten

→ Sport

Restaurants (Auswahl)

La Digue

La Digue Island Lodge, Anse la Réunion, Tel. 234233. Zum gleichnamigen Hotel gehörendes Restaurant mit einheimischer und internationaler Küche. Gelegentlich Büfett oder Barbecue. Bar. Preis: über 20 EUR.

Patatran, Anse Patates, Tel. 23 43 33. Vorzügliche kreolische Küche, aber auch die kleinen Gerichte sind nicht ohne. Preis: über 20 EUR.

La Digue
(Fortsetzung)

Norden:
Chez Plume, Anse Boileau, Tel. 35 50 50. Hier kocht der Chef nicht nur selbst, er angelt auch. Und was er tagsüber aus dem Meer fischt, landet abends als raffinierte Kreation auf den Tischen der Gäste im Restaurant. Preis: über 25 EUR. Mo. geschlossen.

Mahé

La Perle Noire, Beau Vallon, Tel. 24 70 46. Manchmal übertrifft sich der Koch selbst, ein andermal kommt aus der Küche "bloß" kreolische Durchschnittskost. Preis: über 25 EUR.

La Scala, Bel Ombre, Tel. 24 75 35. Eines der besten Restaurants auf Mahé – in grandioser Lage auf einem Felsen am Ende der Beau Vallon Bay bei Bel Ombre. Es ist teuer, aber gut! Preis: über 25 EUR. So. geschlossen.

Victoria:
Auberge Louis XVII., La Misère Road, Tel. 34 44 11. Auf der Speisekarte stehen nur wenige Gerichte, aber der Chef hat immer ein "Special Menu" in petto, dessen Zusammenstellung man ihm getrost überlassen kann. Man sollte rechtzeitg reservieren. Preis: über 30 EUR. So. geschlossen.

Bel Air, im Stadtteil Bel Air, Tel. 22 44 16. Jeden Tag gibt es ein anderes, stets vorzüglich schmeckendes kreolisches Menu, jedoch erst abends ab 19.30 Uhr. Selbstbedienung am Büfett. Preis: über 25 EUR.

Bellevue d'Or, in La Louise (südliche Umgebung), Tel. 34 44 33. Wegen seiner vorzüglichen Fischgerichte ist das Bellevue d'Or; nicht nur bei Besuchern, sondern auch unter Einheimischen bekannt. Gute Weine. Preis: über 25 EUR.

Marie Antoinette, im Stadtteil St. Louis, Tel. 26 62 22. Das Besondere an diesem Restaurant ist, daß es nur ein (täglich wechselndes) kreolisches Mittags- und Abendmenü gibt. Unbedingt anmelden! Preis: 20 bis 40 EUR.

Pirates Arms, Independence Avenue, Tel. 22 50 01. Hauptstadttreff in der Nähe des Uhrturms. Man sitzt auf einer überdachten Veranda, trinkt ein SeyBrew-Bier und knabbert frittierte Octopus-Ringe. Die Menschen im Zentrum lassen sich von hier gut beobachten. Preis: 10 bis 20 EUR.

Süden:
Kaz Kreol, Anse Royal, Tel. 37 16 80. Der Wind weht die Serviette über den Strand, und auf der Pizza liegen reichlich Krabben. Gute kreolische Küche, tagsüber leger, abends schick. Preis: 20 bis 30 EUR.

Vye Marmit, Domain de Val de Pré, Tel. 37 61 55. Traditionelle kreolische Küche; nostalgische Atmosphäre im Kunsthandwerkerdorf. Preis: über 30 EUR.

Bonbon Plume, Anse Lazio, Tel. 23 21 36. Am schönsten Strand der Seychellen liegt dieses Restaurant mit Tischen unter Takamaka-Bäumen. Kreolische Küche, Mittagskarte bis 13.45 Uhr, für Gruppen kann auf Wunsch auch ein Abendessen zubereitet werden. Preis: 20 bis 30 EUR.

Praslin

Capricorn, Anse Kerlan, Tel. 23 32 24. Zwar liegt das Restaurant etwas abseits, doch der Weg dorthin lohnt sich wegen der allseits gelobten kreolischen Küche. Preis: 20 bis 35 EUR.

Château de Feuilles, Baie Ste Anne, Tel. 23 33 16. Restaurant im gleichnamigen Hotel. Geboten wird französische und kreolische Küche – teuer, aber exzellent! Rechtzeitig reservieren. Preis: über 30 EUR.

Rundfunk und Fernsehen

Rundfunk   Radio Seychelles sendet auf der Mittelwelle 219 MHz, 1368 kHz täglich um 7.00, 12.00 und 19.00 Uhr Nachrichten in englischer und um 7.30, 13.00 und 21.00 Uhr in französischer Sprache.

Fernsehen   Die Fernsehprogramme der Seychelles Boradcasting Corporation (SBC) werden zu folgenden Zeiten ausgestrahlt: Mo.–Fr. 16.30–22.30, Sa., So. 12.30–23.00 Uhr.
Nachrichten in englischer Sprache werden um 18.00 Uhr, in französischer um 19.00 Uhr gesendet.

Schiffsverkehr

Anreise   → dort

Allgemeines   Zwischen den Inseln Mahé, Praslin und La Digue bestehen regelmäßige Boots- und Fährverbindungen. Mit Versorgungsschiffen kann man auf die Außeninseln fahren. Die Fahrt zu den Inseln der Amiranten-Gruppe dauert 12, die nach Farquhar/Aldabra 20 Tage hin und zurück.

Fährverbindungen   Von Mahé aus bestehen regelmäßige Fährverbindungen nach Praslin und La Digue (→ Karte bei 'Flugverkehr'). Die angegebenen Zeiten sind lediglich Richtwerte. Man sollte sich vor Ort noch einmal vergewissern:

Mahé – Praslin   "Cat Cocos" (Schnellkatamaran; Tel. 32 48 43, Fax 32 48 45): Abfahrten Mahé Mo. 7.30, 16.00; Di. 7.30, 16.00; Mi. 7.30, 16.00; Do. 7.30, 16.00; Fr. 7.30, 13.00, 16.00; Sa. 7.30, 16.00; So. 7.30, 10.30, 16.30 Uhr.
Abfahrten Praslin Mo. 9.00, 17.30; Di. 9.00, 17.30; Mi. 9.00, 17.30; Do. 9.00, 17.30; Fr. 9.00, 14.30, 18.00; Sa. 9.00, 17.30; So. 9.00, 15.00, 18.00 Uhr. Ankunft jeweils 1 Std. später.

"La Bellone" (Tel. 23 22 31): Mo. Abfahrt Praslin 5.00, Ankunft Mahé 8.00, Abfahrt Mahé 11.00, Ankunft Praslin 14.00 Uhr.

"Cousin" (Tel. 23 33 43): Mo. u. Do. Abfahrt Praslin 5.30, Ankunft Mahé 8.00, Abfahrt Mahé 11.00, Ankunft Praslin 13.30 Uhr; Di., Mi., Fr. Abfahrt Praslin 6.00, Ankunft Mahé 8.30, Abfahrt Mahé 11.00, Ankunft Praslin 13.30 Uhr.

La Digue – Mahé   Die Fahrt von La Digue nach Mahé und zurück dauert ca. 3 Stunden, sie wird von Montag bis Freitag durchgeführt. Auf der Strecke fahren die Schiffe "Assumption" (Tel. 34 41 63) und "La Belle Edma" (Tel. 23 40 13); einen festen Fahrplan gibt es nicht.

Praslin – La Digue   Von Praslin aus erreicht man in knapp halbstündiger Überfahrt mit den Schonern "La Silhouette" und "Lady Mary" die Insel La Digue.
Abfahrt Praslin Mo.–Fr. 7.00; tgl. 9.30, , 10.30, 14.30, 17.00 Uhr.
Abfahrt La Digue Mo.–Fr. 7.30; tgl. 10.00, 11.30, 15.30, 17.30 Uhr.

Auskunft   William Rose Interisland Ferry Service (Praslin – La Digue)
Baie Ste Anne/Praslin
Tel. 23 23 29, Fax 23 23 74.

Segeln und Bootsverleih

→ Sport

Souvenirs

Vielerlei auf den Inseln vorhandene Rohmaterialien – von Palmen- und Bananenblättern bis zu Kokosnuß- und Muschelschalen – werden zu netten Urlaubsmitbringseln weiterverarbeitet. Es gibt schön geflochtene Hüte, Körbe und Tischmatten, Schnitzereien aus Kokosnußschalen und verschiedenen Hölzern sowie hübschen Schmuck aus Muschelbruchstükken. Wohl das beliebteste Souvenir ist der Pareo, ein bunt gemustertes Baumwolltuch. In etlichen Galerien kann man wunderschöne Batikstoffe, hübsche Töpferware und nicht alltägliche Gemälde erstehen.

Kunsthandwerk

Auf den Seychellen, die für ihre vielen atemberaubend duftenden Blütenpflanzen bekannt sind, wird natürlich auch Parfüm hergestellt. Wahre Renner sind die drei Düfte von Kréolfleurage.

Parfüm

Sehr groß ist auf den Seychellen auch der Artenreichtum an Gewürzpflanzen. Vor allem Vanille, Zimt, Patschuli und diverse Pfeffersorten gibt es in Hülle und Fülle.

Gewürze

In Gefäßen, die geformt sind wie die berühmte 'Coco de mer', ist ein cremiges alkoholisches Getränk mit köstlichem Kokos-Aroma abgefüllt. Mit Eiswürfeln serviert läßt 'Coco d' amour' in kühleren heimatlichen Gefilden Sehnsüchte an tropische Nächte wach werden.

Coco d'amour

Prinzipiell geschützt ist auch die als Souvenir außerordentlich geschätzte Coco de Mer (Meereskokosnuß). Die Regierung der Seychellen gibt jedoch eine beschränkte Anzahl von Nüssen zum Verkauf frei, wobei auch die Preise fixiert sind. Wer ein Coco de Mer ausführen will, benötigt ein amtliches Zertifikat.

Coco de Mer

Mangelnde Aufklärung, fehlende staatliche Überwachung und problematisches Gewinnstreben bestimmter Bevölkerungskreise im Ursprungsland tragen dazu bei, daß ahnungslose Touristen Teile oder ganze Exemplare geschützter Pflanzen und Tiere angeboten bekommen. Verstöße gegen das Washingtoner Artenschutzübereinkommen können jedoch bei der Wiedereinreise ins europäische Heimatland zu erheblichen Komplikationen (Beschlagnahme, hohe Strafen) führen. Man verzichte daher auf lebende Urlaubssouvenirs sowie auf Produkte aus geschützten Tieren und Pflanzen. Im Falle der Seychellen gilt dies insbesondere für Korallen, Schildpatt von Schildkrötenpanzern, vielerlei Muschelschalen, Gehäuse verschiedener Schnecken, ausgestopfte Vögel, präparierte Schmetterlinge und dergleichen mehr.

Artenschutz und Urlaubssouvenirs

Weitergehende und aktuelle Informationen zum Thema Artenschutz erhält man bei den deutschen, österreichischen und schweizerischen Zolldienststellen und Naturschutzämtern sowie bei:

Aktuelle Informationen

WWF
Rebstöcker Str. 55
D-60326 Frankfurt am Main
Tel. 069/7 91 44-0
www.wwf.de.

Beliebte Reisemitbringsel sind die schönen Briefmarkenserien der Seychellen. Recht originell, aber nicht gerade billig sind die in einer Werkstatt in La Plaine St-André ganz und gar von Hand gefertigten Modellschiffchen.

Sonstige Souvenirs

Das Haupteinkaufszentrum der Seychellen ist der Markt von Victoria. Die wichtigsten Einkaufsstraßen von Victoria findet man rund um den Clock-Tower: Independence, Francis Rachel und Albert Street. Prall gefüllte Galerien und Souvenirläden gibt es inzwischen fast überall auf den drei größten Inseln Mahé, Praslin und La Digue.

Einkaufszentren

Beliebte Souvenirs: Briefmarkenserien

Anschriften von
Kunstgewerbe-
geschäften
(Mahé)

Handwerksarbeiten und Kunst findet man bei:
Seychelles Handicraft Association (Duty Free Building)
Francis Rachel Street
Victoria

Seychelles Potter's Cooperative (Seypot)
P.O. Box 669
Les Mamelles
Tel. 34 40 80

Ron Gerlach Batik Studio
P.O. Box 207/Mahé
Studio in Beau Vallon, Tel. 24 78 75
Öffnungszeiten: 10.00 – 17.00 Uhr

Kreolfleurage (Parfüm)
P.O. Box 258/ Mahé
North East Point
Tel. 24 13 29

Michael Adams (Malerei, Radierungen)
P.O. Box 405/Mahé
Anse aux Poules Bleues
Tel. 36 10 06

Domaine de Val de Pré
(früher Vilaz Tradisyonnel)
Anse aux Pins
Craft Workshops: Tel. 37 61 00

La Marine
(handgefertigte Modellschiffe)
Le Cap
Tel. 37 14 41

Gérard Devoud (Malerei)
P.O. Box 72
Les Mamelles (Budget Rent-a-Car)
Tel. 34 41 48

Wild Ginger
P.O. Box 1051
Beau Vallon
Tel. 247332

Sunstroke Design Studio (Textildesign)
Tel. 224767

Spielkasinos

→ Nachtleben

Sport

Sport steht neben dem Erleben der Natur auf der Liste attraktiver Freizeit-
beschäftigungen auf den Seychellen ganz obenan. Angeboten werden
zahlreiche Wassersportarten, Tennis und Golf.

Die Angelbedingungen im relativ flachen Wasser des Seychellen-Plateaus
sind ideal. Das Hochseefischen ist dort zwar noch ein relativ junger Sport,
der aber vor allem auf den Außeninseln eine rapide Entwicklung erlebt. Es
gibt in den sehr fischreichen Gewässern um die Seychellen-Platte herum
gute Fanggründe. Die am meisten geangelten Fische sind: Segelfische,
Wahoo (Acanthocybium Solandri), verschiedene Thunfischarten und Boni-
tos (kleiner Thunfisch), Barrakudas, Blauer und Schwarzer Marlin und
Haie. Bei einigen Fischarten wurden rund um die Seychellen Fangwelt-
rekorde aufgestellt (bis zu 455 kg). Besonders geeignet sind die Gewässer
um Denis und Bird Island, weil die Seychellenbank hier steil bis in 1800 m
Tiefe abfällt. In den Lagunen kann man gut mit Bodenangeln fischen.

Angeln und
Hochseefischen

Die beste Zeit für Angeln und Hochseefischen bilden die Monate November bis Mai, ungünstig sind dagegen Juli und August, weil dann das Meer
durch den Südostmonsun sehr unruhig wird. Ausrüstungen erhält man bei:

Indian Ocean Marine Fishing Port
P.O. Box 469
Mont Fleuri
Tel. 224505

Casamar
P.O. Box 272
Victoria
Tel. 225371

Boote für halbe oder ganze Tage werden in den meisten großen Hotels vermietet und bei den folgenden Stellen:

Marine Charter Association
P.O. Box 272
Avenue 5th June
Victoria
Tel. 322126
Fax 225371

Game Fishing Enterprise
P.O. Box 134
Les Mamelles
Tel. 344266

Sport

Angeln und Hochseefischen (Fortsetzung)

H. Barallon
Anse à la Mouche
Tel. 37 10 69

Bejaya Beau Vallon Bay Beach Resort
P.O. Box 550
Beau Vallon
Tel. 24 71 41

Badminton, Boccia, Krocket

Badminton, Boccia und Krocket kann man in manchen Hotels oder in der Schule von Mont Fleuri spielen.

Golf

Folgende Hotels haben einen Golfplatz:

Reef Golf & Club Hotel (an der Ostküste von Mahé)
9 Löcher (auch für Nicht-Hotelgäste zugänglich)
Anse aux Pins
Tel. 37 62 51;
Lémuria Resort of Praslin
(an der Nordwestküste von Praslin)
18 Löcher
Anse Kerlan
Tel. 28 12 81, Fax 28 10 01
e-mail: lemuria@seychelles.net

Paragliding

Möglichkeit zum Paragliding besteht am Strand von Beau Vallon Bay (Mahé; Abb. s. S. 166) und auf Thérèse Island:

Aquatic Watersports Centre
Beau Vallon
Tel. 24 71 41
Fax 24 79 43

Radfahren

Immer mehr Touristen erkunden vor allem die Inseln Mahé, Praslin und La Digue per Fahrrad. Allerdings macht das Radfahren im verkehrsreichen Norden von Mahé nur wenig Spaß.
→ Mietwagen und Fahrradverleih

Reiten

Mahé:
Magic Carpet Arab Horse Riding Club
Anse à la Mouche
Tel. 51 23 80

La Digue:
L'Union Estate
Tel. 23 42 40

Segeln und Bootsverleih

Auf allen Inseln werden Segel- und Motorboote (auch Katamarane) zum Verleih – mit und ohne Personal – angeboten. Verleihstellen auf Mahé:

Seychelles Yacht Club
P.O. Box 504
5th June Avenue
Victoria
Tel. 32 23 62

Marine Charter Association
P.O. Box 469
5th June Avenue
Victoria
Tel. 32 21 26
Fax 22 46 79

Katamaran

Travel Services Seychelles
Mahé Trading Building
P.O. Box 356
Victoria
Tel. 32 24 14
Fax. 32 13 66

Segeln und
Bootsverleih
(Fortsetzung)

Naval Services
P.O. Box 797
New Port, Victoria
Tel. 22 45 26, Fax 22 55 93

Verleihstellen auf Praslin:

Indian Ocean Lodge
P.O. Box 543
Grand' Anse
Tel. 23 33 24, Fax 23 39 11

Inter Island Cruising Pty. Ltd.
c/o Maison des Palmes
Grand' Anse
Tel. 23 34 11
Fax 23 38 80

Squash wird in der École Polytechnique und am North East Point (Mahé) gespielt.

Squash

Da die Seychellen-Hauptgruppe vor allem aus Granitinseln besteht, ist der Korallenbewuchs an vielen Stellen nur spärlich, wenn man ihn mit dem der anderen Inseln des Indischen Ozeans, den Antillen, dem Great Barrier Reef

Tauchen und
Schnorcheln

Sport

Tauchen und
Schnorcheln
(Fortsetzung)

von Australien oder dem Roten Meer vergleicht. Die 'Landschaft' weist dieselbe Physiognomie wie über Wasser auf. Die Attraktion der Seychellen sind eher die großen Fische, die hier – wie in kaum einem anderen Ozean – in großer Zahl und Vielfalt vorhanden sind. Die besten Tauchgründe sind meist nur kleine und begrenzte Stellen im offenen Wasser, weit weg von den Inseln. Um sie zu finden, muß man die Unterwasserlandschaft sehr gut kennen. Es ist deshalb ratsam, mit einheimischen Führern zu tauchen.

Haie gibt es meist nur an der Außenseite der Riffe und am Steilabfall des Seychellen-Plateaus. Um die Inseln herum kommen kleinere Arten vor, die ohne Grund keine Menschen angreifen. Dafür bieten die Spalten und Höhlen der Granitbasis des Seychellen-Plateaus einen idealen Lebensraum für Riffbarsche, Rochen, Ammenhaie, ferner Schildkröten, Krabben und Langusten. Beliebt ist das Tauchen an dem 1970 vor Mahé gesunkenen Tanker 'Ennerdale', dessen von der englischen Marine gesprengte Wrackteile in 8 bis 32 m Tiefe verstreut liegen. Als gute Tauchgründe gelten auch die Gewässer von Cocos Island und die Grand Anse auf La Digue (→ Tauchgebiete). Tauchtouren werden von den Reiseagenturen organisiert; ggf. ist ein Tauchschein erforderlich. Man kann auch während des Urlaubs einen Tachschein erwerben.

Die meisten Tauchschulen geben eine Einführungsstunde im Hotelpool gratis. Voraussetzung für die Kurse sind: Mindestalter 12 Jahre, körperliche Fitneß sowie Schwimm- bzw. Schnorchelkenntnisse. Die meisten Tauchschulen arbeiten nach dem 'PADI'-System. Adressen für Kurse und Geräteverleih auf Mahé:

Adressen
auf Mahé

Big Blue Divers
Vacoa Village
Mare Anglaise
Tel. 26 11 06, Fax 24 78 54
e-mail: bigblue@seychelles.net

Le Diable des Mers
Beau Vallon Beach
Tel./Fax 24 71 04

Island Vebtures (Seycheklles) Ltd.
Victoria
Tel. 24 78 45, Fax 24 74 33
e-mail: ivdivsey@seychelles.net

Pye Koko
Baie Lazare
Victoria
Tel. 36 13 61, Fax 36 13 33

Seychelles Underwater Centre
Victoria
Tel. 34 54 45, Fax 34 42 23
e-mail: divesey@seychelles.net

West Rand Holdings
Port Glaud
Tel. 51 46 33, Fax 37 84 41

Bleu Marine
Anse La Blague
Tel. 51 57 65, Fax 23 22 84

Côte d'Or Octopus Diving
Anse Volbert
Tel./Fax 23 23 50
e-mail: octopus@seychelles.net

Hotel Coco de Mer Dive Centre
Anse Bois de Rose
Tel. 233900, Fax 233919

Scubamania Dive Centre
Grand' Anse
Tel. 233337, Fax 233993

Pro Diving Seychelles
Anse de la Réunion
Tel. 234232, Fax 234366

Denis Island Lodge
Tel. 321143, Fax 321010

Frégate Island Private
Tel. 324545, Fax 324499

Silhouette Lodge Diving Centre
Tel. 224003, Fax 224897

Die beste Zeit zum Tauchen sind die Monate April und Mai sowie Oktober und November, weil dann das Wasser ruhiger ist. Das gilt vor allem für den Ste Anne Marine National Park, für einige Küstenbereiche von Mahé (Police Bay, Anse Royale Bay, Anse aux Pins) und Thérèse, ferner für Silhouette, Südost-Curieuse, Aride und Frégate. Die Übergangsperioden sind geeignet für: Ave Maria-Felsen, Ennerdale Wrack, Anse Petit Cour (Praslin), La Digue, Recifs und Bird Island. Von Juni bis September kann man u.a. an folgenden Stellen gut tauchen: Beau Vallon Bay und Barbarons Beach (Mahé), La Digue (Nordwestseite), Grande Sœur und Petite Sœur.

Tennis kann man in mehreren Hotels auf Mahé spielen, darunter Barbarons, Fisherman's Cove und Reef. Zum Teil sind die Plätze auch mit Flutlicht ausgerüstet. Ferner besteht Möglichkeit auf Praslin (Praslin Beach Hotel und La Réserve). Buchung durch die Hotels.

Bei Wanderungen in den Bergen der Granitinseln sollte man einige Grundregeln beachten: Man sollte nicht während der Mittagszeit wandern, da es dann sehr heiß und feucht werden kann. Ferner ist darauf zu achten, daß man ausreichende Trinkvorräte bei sich hat: Auch wenn die Wege nur kurz erscheinen, kann eine Bergtour manchmal mehr Stunden dauern als geplant. Darüber hinaus sollte man gutes Schuhwerk tragen (keine Turnschuhe!) und keine schwere Kamera-Ausrüstung mit sich führen. Auch sollte man die steileren und schwierigeren Bergpfade bei feuchtem Wetter und bei Bergnebel meiden. Geht man langsam, so hat man mehr von der Landschaft und den Pflanzen.
Viele Wege führen über privates Land. Die Eigentümer haben generell nichts gegen Wanderer, aber man sollte ihren Anweisungen folgen. Aus Gründen des Umweltschutzes sollte man – vor allem in der Trockenzeit – keine Zigarettenstummel oder Streichhölzer wegwerfen. Führer für längere Touren kann ggf. das Fremdenverkehrsbüro vermitteln (→ Auskunft).
Die Beschreibung verschiedener Wanderwege sowie Angaben über den Schwierigkeitsgrad findet man in dem Kapitel 'Routenvorschläge und Wanderungen' dieses Reiseführers (s. S. 68).

Windsurfing ist auf den Seychellen sehr beliebt. Einige Hotels auf Mahé, Praslin, La Digue, Desroches und Denis verleihen Surfboards (außer auf Desroches meist kostenlos) und/oder bieten Kurse für Anfänger und Fortgeschrittene an. Auf Mahé gibt es auch Schulen außerhalb der Hotels am Strand von Beau Vallon Bay. Auskunft:
Seyislands Water Sports Centre Ltd.
Anse á la Mouche (Mahé), Tel. 371197

Windsurfing und Wasserski

Sprache

Amtssprachen	Die drei Amtssprachen auf den Seychellen sind Seselwa (Kreolisch), Französisch und Englisch.
Kleines Seselwa-Wörterbuch	Die Aussprache dieses kreolischen Dialekts erinnert sehr stark an das Französische.

Guten Morgen, guten Tag	Bonzour
Guten Abend	Bonswar
Auf Wiedersehen	Orevwar
Ja	Wi
Nein	Non
Bitte	Silvouple
Danke, Vielen Dank	Mersi, Mersi bokou
Wie geht's?	Koman sava? Ki i dir?
Mir geht es gut. Und Ihnen?	Mon byen, mersi. Oumenm?
Wie heißen Sie?	Koman ou apele?
Ich heiße ...	Mon apel ...
Ich bin Deutscher	Mon Alman
Ich verstehe nicht	Mon pa konpran
Wo ist die Bank, bitte?	Oli labank silvouple?
... der Markt	... bazar
... die Bar	... bar
... der Schlüssel	... mon lakle
... mein Zimmer	... mon lasanm
... mein Gepäck	... mon bagaz
Guten Appetit	Bon apetit
Das ist schön	Sa i zoli

Bitte einen Kaffee	En kafe, silvouple	Sprache (Fortsetzung)
... ein Bier	En labyer, ...	
... die Speisekarte	Meni, ...	
... die Rechnung	Bil, ...	
Wo wohnen Sie?	Kote ou reste?	
Wieviel kostet das?	Konbyen sa? Konbyen mon dwa ou?	
Entschuldigen Sie bitte, haben sie Feuer?	Eskiz mwan, ou annan dife, silvouple?	
Wie spät ist es, bitte?	Keler i ete, silvouple?	
Wann startet das Flugzeug, bitte?	Keler avyon i kite, silvouple?	
Wann geht das Schiff?	Keler bato i ale?	
Ist das unser Boot?	Nou bato sa?	
... Bus	... bis	
Wie heißt dieser Strand?	Kimannyer sa lans i apele?	
Wie heißt dieser Fisch?	Kimannyer sa pwason i apele?	
Kann ich bitte telefonieren?	Mon kapab servi telefonn, silvouple?	
Wann schließt die Bar?	Keler bar i fermen?	
Möchten Sie tanzen?	Oule danse?	
Kann ich hier Geld wechseln?	Mon kapab sanz larzan isi, silvouple?	
Den Zimmerschlüssel, bitte	Lakle lasanm, silvouple	
Wo bekomme ich Briefmarken?	Kote mon kapab aste tenm?	
Null	Zero	
Eins	En	
Zwei	De	
Drei	Trwa	
Vier	Kat	
Fünf	Senk	
Sechs	Sis	
Sieben	Set	
Acht	Wit	
Neun	Nef	
Zehn	Dis	
Morgen	Demen	
Übermorgen	Apredemen	
Gestern	Yer	
Morgens	Bomaten	
Abends	Aswar	
Montag	Lendi	
Dienstag	Mardi	
Mittwoch	Merkredi	
Donnerstag	Zedi	
Freitag	Vandredi	
Samstag	Sanmdi	
Sonntag	Dimans	

Strände

Es gibt auf den Seychellen zwar viele tolle Strände, aber nur wenige sind wirklich zum Baden geeignet. Bei hohem Wellengang herrschen in Buchten ohne vorgelagerte Riffe gefährliche Strömungen. Badeverbotsschilder sind unbedingt zu beachten. Ferner hat man mit sog. Sandflöhen zu rechnen, gegen deren schmerzhafte Bisse empfindliche Personen sehr allergisch reagieren können. Es handelt sich jedoch nicht um richtige Flöhe, sondern um Mücken, die auf dem Sand leben und die zu bestimmten Jahreszeiten massenhaft auftreten können. Die üblichen Schutzmittel gegen Insekten reichen aus, um der Plage Herr zu werden.

Vorsicht
beim Baden

Strände

Vorsicht vor Seeigeln und vor Steinfischen! Wer von letzteren gestochen wird, muß unbedingt einen Arzt aufsuchen. Beim Spazierengehen auf Korallenuntergrund in flachem Wasser ist es ratsam, Bade- oder Strandschuhe zu tragen. Quallen kommen selten vor, können aber schwere Verbrennungen (Vergiftungen) hervorrufen. Beim Schnorcheln sollte man ein T-Shirt anziehen, da die Sonne sonst schlimme Verbrennungen verursacht.

Strände auf Mahé

DANGER!
VERY DANGEROUS
CURRENTS
ATTENTION!
COURANTS TRES
DANGEREUX
ATTENZIONE!
CORRENTI MOLTO
PERICOLOSE
ACHTUNG!
SEHR GEFÄHRLICHE
STRÖMUNG

Insgesamt gibt es auf der Hauptinsel der Seychellen 68, meist kleine Strände, die längsten sind knapp 3 km lang. Die wichtigsten und schönsten sind:

Beau Vallon Bay, der beliebteste Strand mit drei großen Hotels und einem Angebot von fast allen Wassersportarten.

Grand Anse, mit seinem 2 km langen Strand, hat keine Hotels. Von November bis April sind die Wellen hier sehr hoch, weshalb die Bucht sich gut zum Surfen eignet.

Anse à la Mouche. Das Baden ist hier im Gegensatz zu anderen Stränden der Südwestküste auch bei windigem Wetter ungefährlich, da der Strand von dem vorgelagerten Korallenriff gut geschützt ist.

Baie Lazare: Es bestehen gute Möglichkeiten zum Schnorcheln.

Anse Takamaka und Anse Intendance. Hier ist das Baden gefährlich, aber die Strände gehören zu den schönsten Mahés.

Anse Royale Bay: Der Strand, der sich über 3 km hinzieht, ist einer der längsten Strände der Insel. Die korallengeschützte Lagune bietet gute Möglichkeit zum Schnorcheln; als Badestrand ist Anse Royale Bay dagegen nicht sehr attraktiv.

Strände auf Praslin

An der Westküste der Insel gibt es kilometerlange, aber schmale, zum Baden und Schnorcheln nicht sehr geeignete Strände – von Anse Kerlan im Nordwesten über Grand Anse, Anse Bateau, Anse Takamaka bis zur Pointe Cocos. Sie sind meist menschenleer.

![Paragliding am Strand von Beau Vallon Bay (Mahé)]

Paragliding am Strand von Beau Vallon Bay (Mahé)

An der Ostküste von Praslin liegt der schöne, breite Strand von Anse Vol-
bert. Hier sind die meisten Hotels, aber auch Sport- und Unterhaltungs-
möglichkeiten konzentriert. Ebenfalls an der Ostküste lohnt sich der Weg
zur schönen und einsamen Anse Matelot, die vom Hotel L'Archipel zu Fuß
in ca. 1/4 Std. zu erreichen ist.
Zu den schönsten Granitstränden, die es auf den Seychellen gibt, gehört
die Anse Lazio im Norden von Praslin.

Strände auf Praslin
(Fortsetzung)

Der längste Strand der Insel säumt die Anse de la Réunion, die durch ein
Korallenriff gut geschützt ist. Im Norden dagegen ist Anse Patates meist
hohen Wellen ausgesetzt, die sich an den malerischen, roten Granitfelsen
brechen. Anse Gaulettes, Anse Grosse Roche und Anse Banane eignen
sich zum Baden und zum Schnorcheln im flachen Wasser.
Die schönsten Strände von La Digue sind Grand Anse, Petite Anse und
Anse Cocos an der Ostküste, die jedoch durch kein Korallenriff geschützt
werden und bei Südostmonsun hohe und gefährliche Wellen haben, sowie
Anse la Source à Jean in der Nähe des Union Estate, wo Präsident France
Albert René seine Wochenenden verbringt, mit ihren charakteristischen
Felsformationen, die bis ins Meer hineinragen.

Strände auf
La Digue

Tauchen und Schnorcheln

→ Sport

Tauchgebiete

Das interessanteste Tauchrevier im Umkreis der Hauptinsel Mahé ist der
Ste Anne Marine National Park, die Inselgruppe mit Cerf Island, Long
Island, Moyenne, Round Island und Ste Anne, auf der ganzjährig Tauch-
saison ist. Der Artenreichtum von Fischen und Korallen ist hier besonders
groß, und die Unterwasser-Landschaft ist mit ihren Granitblöcken, Steil-
riffen, flachen Korallenriffen und Seegrasebenen äußerst vielfältig.

Ste Anne Marine
National Park

In der Beau Vallon Bay und im Nordwesten Mahés gibt es vor allem zwi-
schen der Nordspitze der Insel und dem Sunset Beach Hotel unter Ein-
schluß der Insel L'Îlot gute Tauchgründe, da sich hier ein fast ununter-
brochenes Korallenriff an der Küste entlang zieht. Südlich des Sunset
Beach Hotels findet man Riffe, die für Tauchanfänger und Schnorchler
geeignet sind. Dasselbe gilt für die Küste vom Hotel Fisherman's Cove bis
nach Danzilles. Die beste Jahreszeit zum Tauchen ist hier April bis Novem-
ber, da der Südostmonsun von der Landmasse abgehalten wird und das
Wasser recht ruhig ist. Gute Tauchgründe sind weiterhin die Police Bay im
Süden, die Insel Thérèse vor der Nordwestküste und die Buchten Petite
Anse und Anse Soleil im Südwesten.

Mahé

Um Praslin herum locken vor allem die schönen Korallenriffe, die die
Längsseiten der Insel schützen. Gute Schnorchelplätze sind die Anse Petit
Cour östlich der Anse Possession, deren Gewässer jedoch nur von See her
zugänglich sind. Auch in der Anse Volbert und insbesondere um die kleine
St.-Pierre-Insel herum findet man seichtes, klares Wasser mit zahlreichen
farbenprächtigen Fischen. Die Insel Curieuse, die von Praslin nur durch
eine schmale Meerenge getrennt ist, bietet mit ihrem klaren Wasser ohne
starke Strömungen vor allem für Unerfahrene gute Bedingungen.

Praslin

Bei La Digue ist vor allem der Ave-Maria-Felsen, 2 km südlich der Insel ein
exzellentes Tauchgebiet. Weitere interessante Punkte sind die Channel
Rocks zwischen La Digue und Round (Praslin), die beiden 'Schwester-
inseln' nordwestlich von La Digue – hier muß man eine Landungsgebühr

La Digue

Sonnenanemone

La Digue
(Fortsetzung)

zahlen, da sie im Privatbesitz sind – sowie der Albatros-Felsen nördlich von Félicité, der leicht mit dem Boot zu erreichen ist.

Silhouette

Die Insel Silhouette bietet vor allem an ihrer Nordostküste schöne Fische und besonders für Unterwasserfotografie geeignetes, klares Wasser, dafür allerdings nur relativ wenige Korallen.

'Ennerdale'

Ein beliebtes Ziel von Tauchern ist das Wrack der 'Ennerdale', eines Tankers, der 1970 hier auf Grund lief und später von britischen Marinetauchern gesprengt wurde, in der Nähe der Felseninsel 'Mamelles' zwischen Mahé und Praslin.

Aride

Um die Granitinsel Aride herum steht auch die Unterwasserwelt unter Naturschutz. Hier darf nichts verändert werden. In der Nähe dieser Insel liegt ein spektakuläres Außenriff des Mahé-Plateaus, das hier steil abfällt.

Frégate

Frégate, eine Insel in Privatbesitz, bietet gute Möglichkeiten zum Schnorcheln und günstige Bedingungen für Unterwasserfotografie am Strand südlich des Landungsstegs. In Anse Parc ist das Wasser bei Ebbe besonders flach und zum Schnorcheln geeignet, während die Chimney Rocks nördlich der Insel nur bei ruhiger See und für erfahrene Taucher zu empfehlen sind. An den steil abfallenden Felsen der Südostseite Frégates findet man große Barrakudas und Haie.

Bird und Denis

In der Nähe der Inseln Bird und Denis, den beiden einzigen Koralleninseln des Mahé-Plateaus, senkt sich der Meeresboden abrupt bis auf 100 m und wenig später auf 1800 m ab. Bei Bird findet man entlang des Außenriffs in etwa 23 m Tiefe Höhlen voller bunter Korallen und Fische. Die stark zerklüftete Korallenbank von Denis bietet solche Höhlen schon in drei bis sieben Meter Tiefe. Hier findet man gelegentlich auch kleinere Haie, Stachelrochen und Meeresschildkröten.

Was schließlich die Amiranten (Desroches, Poivre, Rémire) angeht, so gibt es auf ihren flachen Korallenbänken gute Bedingungen zum Schnorcheln und günstige Möglichkeiten zum Fotografieren, während die Außenriffe ideale Tauchreviere sind.

Taxi

Taxen sind an einem Schild auf dem Dach erkennbar. Die Tarife sind von der Regierung festgesetzt; das Einschalten der Taxameter ist Pflicht. Informationen über die Fahrpreise erhält man in den Hotels. Der offizielle Tarif, der für bestimmte Strecken festgelegt ist, kann in jedem Taxi eingesehen werden. Wenn er nicht ausgehängt ist, kann man eine entsprechende Auskunft verlangen. Trinkgeld zu geben ist nicht üblich. Für Rundfahrten gelten auf festgelegten Routen bestimmte Standardtarife.

Auf der Insel Mahé gibt es ca. 150 Taxen, die rund um die Uhr Passagiere befördern.
Auskunft: Tel. 224701,
nachts (1.00–3.00 Uhr): Tel. 247141

Auskünfte über Tagesausflüge:
Taxi Owners/Drivers Association
Victoria
Tel. 323895

Taxen kann man direkt von folgenden Taxiständen aus anfordern:
Victoria: Tel. 322279/323739/224199
Berjaya Beau Vallon Bay Beach Resort: Tel. 247499
Reef Hotel (Anse aux Pins): Tel. 375609
Le Méridien Barbarons: Tel. 378006
Internationaler Flughafen: Tel. 373349
 Inlandsterminal: Tel. 373119
Einfahrt zum neuen Hafen: Tel. 322239

Auf der Insel Praslin gibt es ca. 20 Taxen. Die Preise liegen hier 20% höher als auf Mahé.

Taxistände findet man:
am Flughafen: Tel. 233429
in Baie Ste Anne, Landungsbrücke: Tel. 232209

Telefon

→ Post, Telegraf, Telefon

Tennis

→ Sport

Trinkgeld

In den Hotels und Restaurants ist das Entgelt für die Bedienung generell im Endpreis enthalten. Man gibt dann etwa 3 bis 5% Trinkgeld. Ist ein besonderer Hinweis auf der Speisekarte vermerkt, gilt bei zufriedenstellendem

Service ein Zuschlag von 10%. Andere Dienstleistungen: für Koffertragen gibt man im allgemeinen 1 SCR, das Zimmermädchen erhält pro Tag des Aufenthaltes 2 bis 3 SCR.

Veranstaltungskalender

→ Feiertage

Verkehr

→ Autobusse
→ Flugverkehr
→ Schiffsverkehr
→ Taxi

Verkehrsvorschriften

Auf den Seychellen herrscht Linksverkehr. In Victoria und den anderen Orten ist die Geschwindigkeit auf 40 km/h, außerhalb der Ortschaften auf 65 km/h begrenzt. Auf Praslin besteht eine generelle Geschwindigkeitsbegrenzung auf 40 km/h. Im übrigen gelten die internationalen Verkehrsregeln. Ausländer müssen 21 Jahre alt sein und einen nationalen oder internationalen Führerschein mit sich führen.
Die Beschilderung der Straßen ist relativ schlecht oder fehlt gänzlich. Eine Orientierungshilfe sind die Polizeiposten an vielen Kreuzungen, die eine deutliche Beschriftung tragen.

Wandern

→ Sport

Windsurfen

→ Sport

Zeit

Auf den Seychellen muß die Uhr im europäischen Winter um drei, im europäischen Sommer um zwei Stunden vorgestellt werden, da das Land keine von der Standardzeit unterschiedene Sommerzeit kennt. Lediglich auf Denis Island gilt eine andere Zeit; hier muß die Uhr nochmals eine Stunde weitergestellt werden.

Zeitungen und Zeitschriften

Zeitungen oder Zeitschriften in deutscher Sprache sind auf den Seychellen vereinzelt erhältlich. In den Hotels und Buchhandlungen werden englische und französische Nachrichtenmagazine (Time, Newsweek, L'Express, Le

Point, Le Nouvel Observateur) und die Wochen-Zusammenfassungen der Tageszeitungen "Guardian" und "Le Monde" verkauft.

Zeitungen und Zeitschriften (Fortsetzung)

Die einzige Tageszeitung der Seychellen ist "Seychelles Nation" mit Artikeln in englischer, französischer und kreolischer Sprache (Auflage ca. 3200 Exemplare). Einmal wöchentlich erscheint "Regar", das wichtigste Sprachrohr der Opposition. Touristische Informationen in englischer und französischer Sprache gibt die Monatszeitschrift "Seychelles Today".

Darüber hinaus werden auf den Seychellen die Zeitschrift "Echo des Îles" (alle zwei Monate) und das Organ der Staatspartei SPPF, "The People", (monatlich) herausgegeben.

Zollbestimmungen

Auf die Seychellen können alle Gebrauchsgegenstände für den persönlichen Bedarf mitgebracht werden, darüber hinaus Gegenstände bis zu einem Wert von SCR 3000 (ca. EUR 600). Wertvolle elektronische Geräte sind bei der Einreise zu deklarieren. Ferner dürfen Personen über 18 Jahre folgende Waren zollfrei einführen: 400 Zigaretten oder 500 g Tabak; 2 l Wein; dazu 200 ml Eau de Toilette oder Parfüm. Mitführen darf man auch Geschenke bis zu einem Gesamtwert von SCR 1000 (Erwachsene; ca. EUR 200,–) bzw. SCR 500 (Jugendliche unter 18 Jahren; ca. EUR 100,–).

Einreise

Streng verboten ist die Einfuhr von Drogen und Waffen (einschließlich Harpunen) aller Art. Auch die Einfuhr pornographischen Materials ist strengstens untersagt.
Tiere dürfen nur nach vorheriger Quarantäne mit auf die Seychellen gebracht werden (→ Reisedokumente).

Vor der Ausreise müssen alle Flugpassagiere, die älter als 12 Jahre sind, im Hotel, bei Banken oder Veranstaltern Coupons im Wert von USD 40 (zahlbar per Kreditkarte oder in bar mit Devisen) erwerben, die als Servicegebühr bei der Paßkontrolle einbehalten werden. Wer das Land verläßt, darf Waren jeder Art und Menge mitführen. Für die Ausfuhr der Meereskokosnuß ist jedoch eine Erlaubnis erforderlich, die autorisierte Händler ausstellen.

Ausreise, Servicegebühr

Bei der Wiedereinreise nach Deutschland und Österreich sind Souvenirs bis zum Wert von EUR 175 zollfrei. Personen über 17 Jahre können außerdem 1 l Spirituosen (bzw. 2 l mit weniger als 22 Vol.-% Alkoholgehalt) oder 2 l Schaumwein, 2 l Wein, 200 Zigaretten oder 100 Zigarillos oder 50 Zigarren oder 250 g Tabak einführen; Personen über 15 Jahre ferner 50 g Parfüm, 100 g Tee oder 40 g Tee-Extrakte, 500 g Kaffee oder 200 g Pulverkaffee. Für Tiere, die von den Seychellen mit nach Deutschland oder Österreich gebracht werden, muß man ein Attest des Veterinärarztes der Seychellen vorweisen.

Wiedereinreise nach Deutschland und Österreich

Abgabenfrei sind Reiseproviant und Gegenstände des persönlichen Bedarfs; an Tabakwaren (für Personen ab 17 Jahre) 200 Zigaretten oder 250 g Tabak, an alkoholischen Getränken (ebenfalls für Personen ab 17 Jahre) 2 l bis 15 Vol.-% und 1 l über 15 Vol.-% sowie Geschenke im Gegenwert bis CHF 100 (bei Personen unter 17 Jahre bis CHF 50).

Wiedereinreise in die Schweiz

→ Geld

Devisen

Register

Verzeichnis der Karten und graphischen Darstellungen

Bildnachweis

Impressum

Ausstattung:
81 Abbildungen (Bildnachweis s. zuvor)
14 Karten und graphische Darstellungen (Kartennachweis s. zuvor), 1 große Reisekarte

Basistext: Dr. Eckhard Supp

Aktualisierung: Dr. Thomas J. Kinne

Bearbeitung: Baedeker-Redaktion (Gisela Bockamp, Helmut Linde)

Kartographie: Franz Huber, München
Ordnance Survey, Southampton (große Inselkarte der Seychellen)

Chefredaktion: Rainer Eisenschmid, Baedeker Ostfildern

5. Auflage 2003

Urheberschaft: Karl Baedeker GmbH, Ostfildern
Nutzungsrecht: Mairs Geographischer Verlag GmbH & Co., Ostfildern

Druck: Mairs Graphische Betriebe GmbH & Co. KG, Ostfildern
Printed in Germany
ISBN 3-87504-418-5

Gedruckt auf 100% chlorfreiem Papier

Verlagsprogramm

Städte in aller Welt

	Florenz	London	San Francisco
Amsterdam	Frankfurt/M.	Madrid	St. Petersburg
Athen	Hamburg	Moskau	Singapur
Barcelona	Hongkong	München	Stuttgart
Berlin	Istanbul	New York	Venedig
Brüssel	Köln	Paris	Weimar
Budapest	Kopenhagen	Prag	Wien
Dresden	Lissabon	Rom	

Reiseländer

	Griechenland	Mexiko	Sri Lanka
Ägypten	Großbritannien	Namibia	Südafrika
Australien	Indien	Nepal	Syrien
Baltikum	Irland	Neuseeland	Thailand
Belgien	Israel	Niederlande	Tschechien
Brasilien	Italien	Norwegen	Tunesien
China	Japan	Österreich	Türkei
Dänemark	Jordanien	Polen	Ungarn
Deutschland	Kanada	Portugal	USA
Dominikanische	Kenia	Schweden	Vietnam
Republik	Kuba	Schweiz	
Finnland	Malaysia	Skandinavien	
Frankreich	Marokko	Spanien	

Regionen · Inseln

	Ibiza · Formentera	Loire	Schwarzwald
Algarve	Istrien ·	Lombardei ·	Seychellen
Andalusien	Dalmat. Küste	Mailand ·	Sizilien
Bali	Istrien ·	Oberital. Seen	Südengland
Bodensee	Kvarner Bucht	Madeira	Südtirol
Bretagne	Italien · Norden	Malediven	Sylt
Burgund	Italien · Süden	Mallorca	Teneriffa
Chicago · Große Seen	Ischia · Capri · Procida	Malta	Tessin
Costa Blanca	Italienische Adria	Mecklenburg-	Toskana
Costa Brava	Italienische Riviera	Vorpommern	Türkische
Djerba · Südtunesien	Kalifornien	Menorca	Mittelmeerküste
Elba	Kanada · Osten	Oberbayern	Umbrien
Elsass · Vogesen	Kanada · Westen	Provence ·	USA · Nordosten
Florida	Kanalinseln	Côte d'Azur	USA · Südstaaten
Franken	Korfu ·	Rhodos	USA · Südwesten
Franz. Atlantikküste	Ionische Inseln	Rügen	Usedom
Fuerteventura	Korsika	Sachsen	Washington DC ·
Gardasee	Kos	Salzburger Land	Capital Region
Gomera	Kreta	Sardinien	Zypern
Gran Canaria	Kykladen	Schleswig-Holstein	
Griechische Inseln	La Palma	Schottland	
Harz	Lanzarote	Schwäbische Alb	

Kleine Städteführer Deutschland und Schweiz

Augsburg	Bonn	Konstanz	Nürnberg
Bamberg	Bremen	Leipzig	Regensburg
Basel	Freiburg	Lübeck	Trier
Berlin	Hannover	Mainz	Wiesbaden